# Dziewczyny
# z Powstania

Anna Herbich

# Dziewczyny z Powstania

## Prawdziwe historie

Znak Horyzont
KRAKÓW 2014

Projekt okładki
Paweł Panczakiewicz / PANCZAKIEWICZ.ART.DESIGN / www.panczakiewicz.pl

Photography on the book cover © Ola Grochowska, www.olagrochowska.com

Na okładce wykorzystano fotografię Magdaleny Koleśnik w roli Klary w filmie *Miasto 44*.
Zdjęcie dzięki uprzejmości Akson Studio, producenta filmu *Miasto 44*

Fotografia Autorki na 4 stronie okładki
Rafał Guz

Opieka redakcyjna
Kamil Janicki

Konsultacja merytoryczna i indeks
Rafał Kuzak

Wybór ilustracji
Ewelina Olaszek

Adiustacja
Krzysztof Chaba

Korekta
Irena Gubernat
Joanna Gaudyn

Łamanie
Katarzyna Leja



ISBN 978-83-240-3009-5

Znak Horyzont
www.znakhoryzont.pl

znak

Książki z dobrej strony: www.znak.com.pl
Społeczny Instytut Wydawniczy Znak, 30-105 Kraków, ul. Kościuszki 37
Dział sprzedaży: tel. (12) 61 99 569, e-mail: czytelnicy@znak.com.pl
Wydanie I, Kraków 2014. Printed in EU

# Spis treści

# Prolog

1 sierpnia 1944 roku w Warszawie znajdowało się pół miliona kobiet. W trakcie sześćdziesięciu trzech dni heroicznej bitwy walczyły, bały się, śmiały, kochały, opłakiwały bliskich. Chroniły swoje dzieci, ukrywały się w piwnicach, biły na barykadach. Przeżywały momenty triumfu i zaznawały goryczy klęski. Wiele z nich zginęło, wiele zostało rannych, niemal wszystkie straciły dorobek całego życia i przeżyły gehennę wypędzenia. Powstanie Warszawskie było również ich doświadczeniem.

W większości przypadków było to doświadczenie niezwykle dramatyczne. Warszawskie kobiety przeszły przez piekło. Niestety, w historii pisanej przez mężczyzn i dla mężczyzn nie poświęcono ich przeżyciom tyle miejsca, na ile zasługiwały. Książka, którą trzymają Państwo w rękach, jest próbą wypełnienia, choćby w niewielkim stopniu, tej luki. Oddaję głos jedenastu z nich. Jedenastu spośród pół miliona bohaterek.

# „SŁAWKA”

## SANITARIUSZKA Z OCHOTY

Granatniki, moździerze, gęsta kanonada z broni maszynowej. Eksplozje, furkoczące odłamki i latające fragmenty budynków. Ogromna siła ognia skierowana prosto na nas. Wszystko to powoduje jeden wielki huk, który jest trudny do opisania. Niemal rozsadzający bębenki. Mimo to coraz wyraźniej słyszę przebijające się przez cały ten tumult wołanie:

– Sanitariuszka! Sanitariuszka!

Nie bacząc na pociski, biegnę w tamtym kierunku.

Działo się to na Woli. Dziesiąty dzień Powstania. O, mój Boże! To były zdarzenia, których nie zapomnę do końca życia. Stawki przechodziły z rąk do rąk. Trwała zażarta bitwa. Nikt nie chciał ustąpić pola. Ani my, ani oni. Biegłam z naszymi chłopcami w natarciu. Szliśmy skokami, co parę kroków przypadaliśmy plackiem do ziemi. Ostrzał niemiecki był niewyobrażalny. Gdy ten żołnierz, do którego mnie wezwano, został ranny, na początku nie wiedziałam, jak się do niego dostać.

Jakoś jednak się tam doczołgałam. Rannym okazał się nasz kolega z oddziału, Tadeusz Arak „Mściwój". Leżał na brzuchu i miał ogromną ranę na grzbiecie. Wyrwało mu kawał ciała. Widziałam przez tę dziurę pulsujące organy wewnętrzne. Założyłam szybko prowizoryczny opatrunek. Taki, żeby tylko jako tako przykryć ranę. Następnie ściągnęliśmy „Mściwoja" bliżej muru getta, gdzie ostrzał był nieco mniejszy.

Tam wzięliśmy go na koc i chcieliśmy zanieść do szpitala Jana Bożego. Czterech chłopaków złapało za rogi koca. „Szatan", „Tchórz", „Wesoły" i „Wszebor", mój przyszły mąż. Przenieśli go jednak zaledwie o kilka kroków, gdy nagle jak nie walnie! Pocisk rąbnął prosto w nich! Wszędzie dym, w uszach gwizd po eksplozji, a na ziemi leżą, jęcząc, nasi żołnierze. Wszyscy czterej ranni. A właściwie pięciu, bo i „Mściwój" też oberwał. Po raz drugi.

Sytuacja była dramatyczna. Dwóch kolegów, w tym mój przyszły mąż, podniosło się jakoś po chwili. Byli lekko ranni, oszołomieni. Dwóch pozostałych podnieść się nie było w stanie. A ja byłam jedna! Nie mogłam oczywiście zająć się wszystkimi. Postanowiłam więc dokończyć zadanie, czyli donieść do szpitala „Mściwoja". On był w najgorszym stanie. Jego życie wisiało na włosku. Potwornie krwawił.

Zaczęłam rozglądać się w rozpaczy. Nagle patrzę, pod murem przemyka kilku mężczyzn – cywilów. Skąd oni się tam wzięli? W tym momencie nie miało to żadnego znaczenia. Zawołałam ich. Wzięli koc. Poszliśmy. Niemcy zaczęli jednak znowu ostro rąbać. Pociski rozpryskiwały się niemal przed naszym nosem. I ku mojemu przerażeniu cywile położyli Tadka na ziemi i oświadczyli, że dalej nie idą.

Sama nie wiem, co we mnie wtedy wstąpiło, po prostu się wściekłam. Wyszarpnęłam zza paska mały pistolet, który dostałam od zastępcy dowódcy naszego plutonu parę godzin przed natarciem. Odbezpieczyłam broń i wycelowałam w nich.

– Albo go niesiecie, albo strzelam w łeb – powiedziałam.

---

*Wojna jest czasem, w którym człowiek jest gotowy na wszystko – nawet na wycelowanie broni w cywilów, którzy nie chcą pomóc rannemu powstańcowi. Bez chwili wahania. Na zdjęciu: portret Haliny z czasów okupacji niemieckiej*

Musiałam wyglądać przekonująco, bo szybko z powrotem złapali za koc i popędziliśmy razem w stronę szpitala.

Czy gdyby wtedy nie posłuchali, to bym strzeliła? Tak, strzeliłabym. Są bowiem w życiu takie sytuacje, w których człowiek jest zdeterminowany i gotowy na wszystko. Wojna jest bez wątpienia jedną z nich. Ten biedny chłopak konał, a ja miałam go ratować. Za wszelką cenę. Taki miałam rozkaz i obowiązek. A to dla żołnierza Armii Krajowej były rzeczy święte.

Weszliśmy do szpitala, a tam, na korytarzu, ranny przy rannym, ściśnięci jak sardynki. Zapach krwi, lekarstw i prochu. Potworne jęki i złorzeczenia. Pobiegłam szukać lekarza, znalazłam go przy pracy, kitel cały we krwi. Po chwili podszedł do „Mściwoja", popatrzył na niego i powiedział, że zaraz się nim zajmą. I rzeczywiście, nie minęło kilka minut, jak zabrano go na salę operacyjną. Ja zostałam pod drzwiami.

Nie pamiętam, ile to trwało. Może godzinę, może kilka. Lekarz wyszedł, dał mi znak, żebym weszła. Pochyliłam się nad Tadeuszem. Wszystko było jasne. Widziałam, że umiera. Był przytomny, szepnął do mnie:

– Pozdrów kolegów... Pomścijcie mnie...

To były jego ostatnie słowa. Szlochałam jak dziecko, całkowicie się rozkleiłam. Trudno mi jest to wytłumaczyć. Przecież byłam w wojsku, widziałam wielokrotnie, jak ludzie giną, widziałam niemieckie rozstrzeliwania.

Wtedy tego było już za wiele. Kiedy po latach spotkałam pewnego weterana Powstania, przyjrzał mi się uważnie i spytał:

– Czy ty byłaś u Jana Bożego, tego i tego dnia?

Zdziwiona odparłam, że tak. Okazało się, że on był ranny i leżał wtedy w tym szpitalu. Zapamiętał moją twarz i to, że tak przeraźliwie, przeraźliwie płakałam. Tak, to było straszne doznanie. To była moja walka o życie. Walka zakończona niepowodzeniem.

## Strach przed NKWD

Czasami kiedy zamykam oczy, przywołuję w pamięci wakacje na Wileńszczyźnie. Na wsi, niedaleko Wilna, w drewnianym domu nad jeziorem. Za domem zaczynał się gęsty las, do którego przechodziłam przez dziurę w parkanie. Do dziś pamiętam zielony, wilgotny mech, po którym wtedy stąpałam. Teraz Wilno i Wileńszczyzna są za granicą. Warszawa jest zaś zupełnie innym miastem. To raptem jedno życie, a tyle się zmieniło.

Dzieciństwo miałam bardzo szczęśliwe. Mój ojciec, weteran wojny 1920 roku, był urzędnikiem w Ministerstwie Komunikacji. Mama zajmowała się domem. Miałam dwie starsze siostry. Mieszkaliśmy na Ochocie. Gdy wybuchła wojna, ojca – a nas razem z nim – ewakuowano z Warszawy. Oczywiście na wschód. Pod Równem, niedaleko granicy sowieckiej, na nasz pociąg posypały się bomby. To właśnie wtedy, choć miałam dopiero trzynaście lat, postanowiłam, że zostanę lekarką.

Pamiętam to uczucie bezsilności, jakiego doświadczyłam tego dnia, gdy wokół było tylu rannych i pokaleczonych ludzi. Tylu cierpiących, którym nie potrafiłam w żaden sposób pomóc. Wreszcie znalazły się jakieś furmanki, na których zawieziono ich do Równego. My także znaleźliśmy się w tym mieście. Był 16 września. Nazajutrz wkroczyli Sowieci. I tak, choć byliśmy warszawiakami, znaleźliśmy się pod okupacją sowiecką.

Bolszewicy wyglądali strasznie, zupełnie jak na karykaturach, które oglądałam w przedwojennych pismach. Obdarci, karabiny na sznurkach, jakieś łapcie. Wygłodzeni i brudni. Obraz nędzy i rozpaczy. Sowieci zaprowadzili w Równem straszny terror, szybko zaczęły się aresztowania. Nas uratował przed nimi pewien Żyd. A zrobił to z miłości…

Otóż zaraz po przybyciu do miasta zakwaterowano nas u pewnej rodziny żydowskiej. Tam był młody chłopak, który całkowicie i nieprzytomnie zakochał się w mojej najstarszej siostrze, Wandzie. W pewnym momencie przyszedł do nas i uprzedził, że nasza rodzina ma zostać wywieziona w głąb Sowietów. Że jesteśmy na czarnej liście NKWD. Dzięki jego pomocy dostaliśmy przepustkę i dotarliśmy do Monasterzysk w pobliżu Stanisławowa. Stamtąd, z Podola, pochodził mój tata. Byliśmy więc u swoich, trochę odetchnęliśmy. Nie trwało to jednak długo. Na początku 1940 roku znowu zaczęły się aresztowania i wywózki. Tym razem na olbrzymią skalę.

W sąsiedztwie powstała komórka Związku Walki Zbrojnej (poprzedniczki AK), której członkowie zaproponowali, że nas przeprowadzą przez zieloną granicę, do Generalnego Gubernatorstwa. O niczym innym nie marzyliśmy, jak tylko o wyrwaniu się z bolszewickiego „raju". Ci ludzie mogli jednak zabrać ze sobą tylko trzy osoby. Rodzice zdecydowali, że pójdą tata i dwie starsze siostry. Tak też się

stało. Dopiero w kolejnym rzucie nasi przewodnicy mieli zabrać mnie z mamą. Nic z tego jednak nie wyszło. Następnego rzutu nie było.

Zostałyśmy więc same. Z tego okresu zapamiętałam przede wszystkim strach. Spałyśmy codziennie gdzie indziej, bałyśmy się, że dopadnie nas NKWD. W końcu, z wielkim trudem, dotarłyśmy do Przemyśla, wówczas miasta granicznego. Tam było oficjalne przejście do Generalnego Gubernatorstwa. Niestety tak oblegane przez tłumy uchodźców, że nie sposób było się w ogóle do niego zbliżyć. Drogę zagradzał zwarty mur ludzkich pleców.

Zorganizowane to było w ten sposób: na granicy stał ogrodzony budynek. Przy jednym wejściu siedziała komisja sowiecka, przy drugim niemiecka. I albo przepuszczali ludzi, albo nie. Tylko jak tam się dostać? Próbowałyśmy kilka razy i nic. Nawet się nie zbliżyłyśmy. W końcu jacyś życzliwi ludzie poradzili: trzeba przerzucić przez płot dziecko. Czyli mnie. Gdy w pobliżu budynku znajdzie się bowiem jakieś samotne dziecko, sowieccy strażnicy na ogół wyszukują w tłumie jego rodziców.

Tak też zrobiłyśmy. Byłam bardzo drobną dziewczynką, nie wyglądałam na czternaście lat. Jakoś się przecisnęłam do płotu, potem ludzie pomogli i przerzucili mnie na drugą stronę. Bałam się bardzo, że nas rozdzielą. Jednak po pewnym czasie faktycznie zjawili się sowieccy żołnierze. Pytali, co tu robię, gdzie mama. Ja na to, że po tamtej stronie. Zaraz ją do mnie ściągnęli.

Przy rewizji było trochę strachu, ale i sporo śmiechu. Mama miała bowiem ze sobą budzik. Najwyraźniej to prozaiczne urządzenie nie było w Sowietach znane, bo żołnierze przyglądali się mu podejrzliwie, jakby to była bomba. Nagle budzik zadzwonił, a oni

---

*Czasy szczęśliwego dzieciństwa – wakacje na Wileńszczyźnie, lata 30. Od lewej: siostra Wanda, Halinka siedząca u taty na barana oraz mamą z siostrą Danutą*

przerażeni aż podskoczyli! Mama nie wytrzymała i zaczęła się śmiać. Wreszcie jakoś im wytłumaczyła, do czego służy ta tajemnicza, skomplikowana maszyna.

W środku budynku spotkała mnie też bardzo nieprzyjemna historia. Zostałam kopnięta przez zniecierpliwionego Niemca. Spadłam ze schodów, ale całe szczęście nic sobie nie zrobiłam. Uznali nas jednak w końcu za mało groźne i pozwolili przejść. Tym sposobem, po roku od wybuchu wojny, wróciłyśmy do Warszawy. Tam już czekał na nas tata i dwie siostry. Rodzina po pierwszej wojennej tułaczce była w komplecie.

## Granaty w tapczanie

Przed wojną należałam do harcerstwa, naturalne więc było dla mnie to, że zaraz po powrocie do Warszawy do tego harcerstwa się zgłosiłam. A stamtąd – jak wiele młodych dziewcząt i chłopców mojego pokolenia – wsiąkłam w konspirację. Podczas zaprzysiężenia przyjęłam pseudonim „Sławka". Zaczęło się od organizacji Konfederacja Narodu. Należała do niej również, o czym wówczas nie wiedziałam, moja siostra Wanda.

Maturę na tajnych kompletach zdałam na krótko przed wybuchem Powstania. Pamiętam egzamin z geografii. Strasznie się z koleżanką martwiłyśmy, że oblejemy. Miałyśmy bowiem bardzo mało czasu na naukę – organizacja cały czas gdzieś nas posyłała z zadaniami. Podczas egzaminu wielka ulga! Dostałyśmy do przeanalizowania topografię Gór Świętokrzyskich, które świetnie znałyśmy z naszych konspiracyjnych eskapad.

Zapadły mi w pamięć również i przykre incydenty z czasów tej nauki. Działo się to podczas lekcji: wchodzi kolega i mówi, że aresztowali Halinę Cieszyńską, dziewczynę z naszej klasy. W tym samym momencie ja i jeszcze jedna koleżanka wstałyśmy i wyszłyśmy bez słowa. Wiadomo – musiałyśmy oczyścić nasze mieszkania z trefnych rzeczy. Później okazało się, że nie było wcale takiej potrzeby.

Kiedy przywieziono Halkę do domu, od razu pokazała Niemcom stertę ulotek pod tapczanem. Bała się, że przeszukają całe mieszkanie i aresztują rodziców. Na szczęście nie aresztowali. Halina nikogo nie wydała, choć przeszła bardzo ciężkie śledztwo. Była przez gestapo maltretowana. Zaraz potem ją rozstrzelali. Za co? Za to, że wpychała Niemcom do kieszeni ulotki, pisane przez członków konspiracji. Ulotki te „podważały wiarę w zwycięstwo". Działo się to w ramach akcji „N".

Moi rodzice nie byli zaangażowani w pracę konspiracyjną, ale popierali ją i nie mieli nic przeciwko naszej działalności. U mnie w domu nie używało się górnolotnych słów, takich jak: ojczyzna, patriotyzm czy honor. To wszystko się rozumiało samo przez się.

W naszym mieszkaniu na Wawelskiej w czasie okupacji stale odbywały się komplety. Przychodzili wykładowcy z Uniwersytetu Warszawskiego i Uniwersytetu Poznańskiego. Od czasu do czasu pomieszkiwali u nas ludzie z organizacji. Z Konfederacji Narodu albo z AK. Rodzice nigdy się temu nie sprzeciwiali. Raz mieszkał u nas młody chłopak. Przypadkiem, podczas sprzątania mieszkania, odkryliśmy, że w tapczanie trzymał… granaty. Spał na tykającej bombie!

Ten jedyny raz mój tata w bardzo ostrych słowach obsztorcował naszego „tajnego" gościa. Bardzo się zdenerwował, że ten chłopak wystawił nas lekkomyślnie na niebezpieczeństwo. Z tym żołnierzem wiąże się jeszcze jedna historia, tym razem ze smutnym zakończeniem. Otóż po krótkim pobycie u nas zamieszkał gdzieś blisko. Czasami go nawet widywałam na ulicy. Raz zaproponował mi, żebym dołączyła do jego konspiracyjnej organizacji jako łączniczka. Zaprosił mnie nawet na spotkanie grupy. Zgodziłam się

przyjść, mimo że przecież należałam już do Konfederacji Narodu. Moja mama, która do tej pory nigdy nie oponowała, kiedy wychodziłam, tym razem nalegała, żebym została w domu. Stanęła w drzwiach i powiedziała:

– Ja cię proszę, nie idź tam. Mam złe przeczucia.

Wreszcie, niezadowolona, ustąpiłam. Delikatnie mówiąc, nie byłam zachwycona. Potem dowiedzieliśmy się, że to spotkanie nakryło gestapo i wszyscy obecni trafili na Szucha.

Kilka miesięcy przed Powstaniem zamieszkała u nas Irenka, córka przyjaciółki mojej mamy. Po pewnym czasie pojawił się młody człowiek, który przychodził do niej z wizytami. Wszyscy bardzo go polubiliśmy. Po pewnym czasie jednak przychodzić przestał. Tata bał się, że może go aresztowali, i zapytał Irenkę:

– Czy coś się stało? Dlaczego pan Mietek nas już nie odwiedza?

– Nie, nic się nie stało. Handluje mięsem i nie ma czasu – odpowiedziała.

Wieczorem przypadkowo usłyszałam rozmowę rodziców. Tata mówi do mamy:

– Słuchaj, Lilka (tak ją nazywał), jak to jest możliwe? To taka przyzwoita rodzina, a ten Mietek handluje mięsem, zamiast być w konspiracji. Co to się porobiło? Do czego to doszło?

Pewnego dnia otrzymałyśmy z koleżanką zadanie: dostać się do świeżo zaplombowanego przez Niemców mieszkania na Lekarskiej. Właśnie tam kogoś aresztowano i trzeba było zabrać kompromitujące materiały. Ponieważ nie mogłyśmy zerwać taśmy zalepiającej drzwi, weszłyśmy po rynnie na balkon i stamtąd dostałyśmy się do

---

*Wejście w konspirację było często naturalnym rozwinięciem przedwojennej służby w harcerstwie. Na zdjęciu: Halina (pierwsza z prawej) wraz z koleżankami Krysią Jaksiówną i Ireną Anacką spacerują po Nowym Świecie w Warszawie, 1938 rok*

środka. Miałyśmy wtedy strasznego pietra. Trudno nawet wyobrazić sobie, co by nas spotkało, gdyby tam był kocioł.

Innym razem przenosiłam pistolet i wpadłam w łapankę. Rzuciłam się do ucieczki i w ostatniej chwili wbiegłam w jakąś bramę. Stamtąd na klatkę schodową i do jednego z mieszkań. Poprosiłam gospodynię, żeby pozwoliła mi przeczekać. Zrobiła to bez wahania. Poczęstowała mnie herbatą, pogawędziłyśmy. Wówczas, w okupowanej Warszawie, takie zachowanie było całkowicie naturalne. Linia podziału była jasna. Z jednej strony my – Polacy, z drugiej strony oni – Niemcy. To była wojna totalna i tej linii się nie przekraczało.

## „Pocałuj mnie na pożegnanie"

Nadszedł wreszcie upragniony 1 sierpnia. Tego dnia czekałam na rozkaz u siebie w domu. Byłam w grupce pięciu dziewczyn, wszystkie z Konfederacji Narodu, przydzielonej do Kedywu. Razem stanowiłyśmy patrol sanitarny oddany do dyspozycji dowódcy Batalionu „Miotła" w Zgrupowaniu „Radosław". Po 27 lipca miałyśmy ustaloną sieć alarmową. Każda z nas miała kolejno zawiadomić następną o godzinie wybuchu Powstania.

1 sierpnia w południe przyszedł do mnie chłopak z podziemia, który podkochiwał się we mnie od dłuższego czasu. Nie odwzajemniałam jego uczucia, chociaż bardzo go lubiłam i często się spotykaliśmy. Od razu było jednak wiadomo, że nic z tego nie będzie. Dlaczego? Bo nosiłam żałobę. Miałam – jak to się wówczas mówiło – adoratora. Nazywał się Jurek i także służył w Konfederacji Narodu. Był w partyzantce, poległ podczas szturmowania jakiegoś niemieckiego posterunku. To było w czerwcu 1943 roku.

A ten mój kolega, który się we mnie podkochiwał, przyszedł po prostu, żeby się ze mną pożegnać. Wprost ode mnie szedł na koncentrację swojego oddziału. Powiedział mi, że godzina „W" została wyznaczona na piątą. Z jednej strony byłam szczęśliwa i podekscytowana, że zaraz się zacznie, a z drugiej przestraszona i zagubiona. Nic bowiem nie wiedziałam. Ani gdzie mam się stawić, ani kiedy. Nie dostałam żadnej informacji.

Tymczasem ten kolega, żegnając się ze mną, powiedział:

– „Sławka", pocałuj mnie. Pocałuj mnie na pożegnanie.

A ja, głupia, żachnęłam się:

– No coś ty!!!

Odmówiłam stanowczo. Potem, gdy spotkałam go na Starówce, nie był już za bardzo skory do rozmowy ze mną. Wkrótce zginął. Do tej pory wyrzucam sobie, że go wtedy nie pocałowałam.

Wróćmy jednak do dnia, w którym to wszystko się zaczęło. Ustaliłam wreszcie, że mam się stawić na ulicy Wolność 16. Pożegnałam się szybko z rodzicami, objęliśmy się i wybiegłam. Nie było wtedy żadnej rozmowy. Mama tylko powiedziała:

– Wróć, dziecinko.

Nie zatrzymywali mnie.

Moje najradośniejsze, najwspanialsze chwile z Powstania to właśnie te pierwsze godziny. Na Okopowej, gdy jechałam tramwajem, było już słychać strzały. Wszyscy się rozbiegli w swoją stronę, a ja oczywiście leciałam na Wolność 16. Raptem zobaczyłam pierwszego powstańca. To było niesamowite uczucie. Szedł w moim kierunku młody człowiek z opaską, ze stenem przed sobą, w bryczesach. I w jasnej kurtce.

Nie ukrywał się, tylko kroczył środkiem ulicy. Polski żołnierz! Wzruszenie po prostu ścisnęło mi gardło. Ten chłopak spokojnie mówił do ludzi, którzy gromadzili się przed bramami:

– Proszę państwa, proszę się cofnąć do bram, proszę nie wychodzić na ulicę, bo tu za chwilę może być bardzo niebezpiecznie.

Wyglądał na szalenie opanowanego, doświadczonego żołnierza. Tak się cieszyłam, że to wyczekiwane przez nas Powstanie wreszcie wybuchło! Że wreszcie nadszedł moment odwetu.

Szybko na domach pojawiły się biało-czerwone flagi, ludzie rzucali się sobie w ramiona. Euforia, radość, wolność! Po pięciu latach upokarzającej okupacji do Warszawy wróciła Polska. Wówczas nikt nie przewidywał, że to się tak skończy. Wierzyliśmy, że szybko przepędzimy Niemców. Zgodnie z instrukcjami do Powstania wyszłyśmy przygotowane na dwa dni walki. Byłam w letniej sukience i z torbą sanitarną na ramieniu.

Kobieta w Powstaniu Warszawskim. To temat właściwie bardzo słabo znany. Czym różniła się nasza sytuacja od sytuacji mężczyzn? Oczywiście największą naszą bolączką była higiena osobista. A właściwie jej brak. Do końca trudno się było do tego przyzwyczaić.

Pewnego razu na Starówce, było to już po wielu dniach walki, poszliśmy odpocząć na kwaterę na Sapieżyńskiej. Ten odpoczynek

zwykle wyglądał tak, że całkowicie wyczerpani, czasem po dwóch dniach trwającej bez przerwy akcji, padaliśmy na podłogę i zasypialiśmy pokotem. Na Sapieżyńskiej koledzy stwierdzili jednak, że zrobią nam przyjemność. I przygotowali dla nas „kąpiel". Przynieśli olbrzymi kocioł, w którym miała być ugotowana kasza. Przed obiadem miałyśmy jednak podgrzać sobie w tym kotle wodę i się umyć.

Skwapliwie z tego skorzystałyśmy. Nie tylko udało nam się porządnie wyszorować, ale umyłyśmy nawet włosy, co w Powstaniu było niebywałym luksusem, wręcz ekstrawagancją. Czułyśmy się wspaniale! To dla kobiet była bardzo ważna sprawa – wyglądać przyzwoicie. Zaraz zabrałyśmy się za gotowanie kaszy. Już miałyśmy wołać chłopców na obiad, gdy nagle w nasz budynek uderzył niemiecki pocisk. Kaliber musiał być spory, bo w ułamku sekundy zwaliła się cała ściana. W górę wzbiła się olbrzymia chmura pyłu, kurzu i drobnych odłamków muru. Gdy to wszystko opadło, przedstawiałyśmy sobą żałosny widok. Stałyśmy nad tym garem po prostu szare. Od stóp do głów pokrywał nas pył. Całe szczęście żadnej z nas nic poważnego się nie stało, ale cały nasz wysiłek poszedł na marne. Byłyśmy bardziej brudne niż przed kąpielą. Kasza również była do niczego. Wylądowało w niej dobre kilka kilo gruzu.

Zawsze wielki podziw wzbudzał we mnie jeden z naszych kolegów, Zbigniew Ścibor-Rylski. Obecnie dość znana postać, szef Związku Powstańców Warszawskich. Jest generałem. Otóż ile razy widziałam go podczas bitwy, wyglądał nienagannie. Ogolony, w wyczyszczonym mundurze. I nie był to wcale wyjątek. Wielu kolegów starało się o siebie dbać. Warunki były trudne, ale to w końcu było wojsko.

---

*Powstanie Warszawskie – chwila wytchnienia od walki. Na zdjęciu widoczny jest przyszły mąż Haliny, Tadeusz „Wszebor" (trzeci od lewej)*

Kolejnym problemem, z jakim borykały się kobiety w Powstaniu, był brak ubrań. Bardzo źle wspominam choćby zdobycie fabryki Monopolu Tytoniowego na Dzielnej. Lał deszcz, było ciemno i chłodno. Szliśmy wzdłuż muru. Był rozkaz, aby zachować absolutną ciszę. Potem stanęliśmy. Koledzy założyli trotyl, nastąpiła eksplozja. Bomba wybiła w murze sporą dziurę, przez którą wdarliśmy się na teren Monopolu. Rozpoczęła się bitwa.

Akcja zakończyła się sukcesem, ale potwornie przemarzliśmy. Razem z koleżanką przez całą noc siedziałyśmy później na

lodowatych, kamiennych schodach zdobytej fabryki. W cienkich, przemoczonych sukienkach trzęsłyśmy się z zimna. A obok nas siedziała dziewczyna, która miała na sobie długi, sięgający stóp, kolejarski płaszcz. Patrzyłyśmy na nią z zazdrością. My nie miałyśmy ani nic ciepłego, ani nic, w co mogłyśmy się przebrać.

Sytuacja zmieniła się dopiero wtedy, gdy udało się zdobyć niemieckie magazyny na Stawkach. Tam było mnóstwo mundurów – między innymi słynne panterki, w których później chodziło całe Powstanie. Udało się tam znaleźć dla mnie najmniejsze spodnie. Panterkę zresztą też dostałam. Chłopcy przynieśli mi do tego z jakiegoś opuszczonego mieszkania męską koszulę. W tym stroju walczyłam do końca.

Okres? Podczas Powstania nie miała go żadna z nas. Stres był zbyt duży. Całe szczęście, że tak się stało, bo przynajmniej z tym nie było kłopotu.

Z brakiem ubrań związana jest pewna zabawna historia, którą wspominam jednak z niejakim zażenowaniem. Raz, było to na ulicy Książęcej, podszedł do mnie kolega z oddziału. Uśmiechał się szeroko, po prostu pękał z dumy.

– „Sławka", coś dla ciebie mam – powiedział.

– Co takiego?

– Zobacz, przyniosłem ci coś na cyce! – w tym momencie wyciągnął rękę, w której miał biustonosz.

Pamiętam, że koledzy mało go wtedy nie zadusili. Krzyczeli:

– Jak śmiesz tak do niej mówić!

Strasznie go obsztorcowali, a biedak chciał przecież dobrze. Ja specjalnie urażona się nie poczułam. Szczególnie że oddał mi naprawdę wielką przysługę. Miałam wreszcie stanik!

---

*Halina poznała swojego przyszłego męża podczas Powstania. Na pierwszą randkę musiała jednak poczekać aż trzy lata. Zdjęcie ślubne Haliny i Tadeusza z lutego 1947 roku*

## Kanał

Z rannym nieprzyjacielem miałam do czynienia tylko raz, na Starym Mieście. Miało to miejsce zaraz po tym, gdy dostałam wiadomość od kolegi, który dopiero co wrócił z Ochoty. Otóż prosiłam go, żeby dowiedział się, co z moją rodziną. Kiedy wrócił, przekazał mi straszliwą wiadomość – moi bliscy zostali zamordowani w zbiorowej egzekucji ludności cywilnej. Był to dla mnie straszny cios.

Dopiero później, po mniej więcej pół roku, dowiedziałam się, że mamie i siostrze udało się jednak uratować przed rozstrzelaniem. Wtedy jednak byłam pewna, że nie żyją wszyscy. I właśnie krótko po otrzymaniu tej wiadomości zostałam wezwana do rannego Niemca... Muszę przyznać, że... nie udzieliłam mu pomocy... Wiem, że to, co zrobiłam, było wbrew wszelkim zasadom. Ale ja nie mogłam inaczej. Po prostu nie mogłam, nie potrafiłam...

Na początku warszawiacy byli bardzo entuzjastycznie nastawieni do Powstania. Cywile w tych pierwszych dniach wspierali nas w sposób niesamowity. Serce się radowało. Ale pod koniec było zupełnie inaczej. Ludzie byli wymęczeni, przerażeni, złamani. Te matki z maleńkimi dziećmi, które wegetowały w piwnicach, ci głodujący ludzie... Cywile mówili, że już nie mogą, że nie mają siły. Mieli do nas wielkie pretensje. Mówili, że to nasza wina, że sprowadziliśmy na nich nieszczęście. Było to bardzo trudne, przykro było tego słuchać. Myśmy ich jednak rozumieli. W końcu nasze rodziny także znalazły się w takiej dramatycznej sytuacji. Nasze rodziny też zapłaciły cenę.

Nieudana akcja? Słynny desant kanałowy na plac Bankowy w nocy z 30 na 31 sierpnia. Zgrupowanie „Radosław" miało przebić drogę dla oddziałów powstańczych ze Starówki, żeby mogły przejść do Śródmieścia i przenieść ze sobą rannych. Nasze zadanie wydawało się proste: grupa desantowa, bardzo dobrze uzbrojona, przemyka się kanałami i dociera na plac Bankowy. Wychodzi na zewnątrz i znienacka go opanowuje. Plac miał być słabo obsadzony przez Niemców.

Było nas około setki żołnierzy. Do kanału weszliśmy zgodnie z planem o dziesiątej wieczorem. Już samo zejście było dla mnie niezwykle nieprzyjemne. Do włazu się bowiem po prostu wskakiwało pod niemieckim ostrzałem. Po dokonaniu skoku trzeba było wczepić się w szczebelki metalowej drabinki. Jeśli ktoś się bardzo nie poturbował, miał sporo szczęścia. Mnie jakoś to się udało.

W kanale panowały egipskie ciemności, całkowita czerń. Nie to jednak było najgorsze. Najgorszy był smród. Takiego smrodu nie czułam nigdy wcześniej i nigdy później. Myślałam, że zemdleję. Całe nogi miałam w nieczystościach.

Szliśmy jeden za drugim, trzymając się sznura, a potem, kiedy sznur gdzieś się zawieruszył, siebie nawzajem. Pasków, kurtek, rękawów, karabinów. Czegokolwiek. Chłopcy dodatkowo objuczeni byli ciężką bronią maszynową. Niektóre odcinki kanału były bardzo wąskie, inne bardzo niskie. Trzeba było się zginać wpół. Myślałam, że wysiądą mi plecy. Poza tym wtedy nieczystości oblepiały również górną część ciała. Naprawdę nietrudno było w takiej sytuacji o wybuch paniki.

Lepiej zrobiło się dopiero bliżej placu Bankowego. Kanały były tam szersze i wyższe. Można było się już jako tako wyprostować. Wreszcie dotarliśmy na miejsce. Przewodnik chciał otworzyć pierwszy właz – nic z tego. Drugi właz – nic z tego. Okazało się, że oba były zablokowane! Całkowite fiasko. Dopiero trzeci właz nie był zatrzaśnięty. Zamiast trzema włazami cały oddział mógł więc teraz wyjść tylko jednym.

Najpierw na powierzchnię wyjrzał nasz dowódca, porucznik Zdzisław Zołociński „Piotr". Miał dać nam wszystkim sygnał do wyjścia, ale zamiast tego sam pospiesznie wrócił. Okazało się, że na powierzchni zobaczył coś, co zmroziło mu krew w żyłach. Cały plac zastawiony był niemieckimi namiotami wojskowymi! Żołnierze zamienili plac w obóz warowny. Informacje naszego wywiadu okazały się nieścisłe.

Nastąpiła narada oficerów. Co robić? Mimo wszystko zdecydowali, że uderzamy. Że spróbujemy wykonać zadanie, choć szanse na sukces były bliskie zeru. Cała broń maszynowa poszła do przodu, uzbrojeni w zwykłe karabiny szli z tyłu. Pierwszy wyszedł porucznik „Cedro", a zaraz za nim powoli kolejni. Część naszych chłopaków znała doskonale niemiecki. Zachowywali się więc spokojnie. Przypominam, że byli w niemieckich mundurach ze Stawek.

Zagadywani przez żołnierzy Wehrmachtu odpowiadali po niemiecku. Sytuacja szybko się jednak wyjaśniła, padły pierwsze strzały, a zaraz potem wybuchła gęsta kanonada. Jeden ze zdezorientowanych Niemców krzyczał jeszcze do kolegów:

– Przecież to nasi! Co wy wyrabiacie?!

Niemcy wystrzelili race, na placu zrobiło się widno jak w dzień. Spadła na nas nawała ogniowa. Mieliśmy wielu rannych i zabitych, musieliśmy wycofać się do kanału. Niemcy wrzucili za nami granaty... Całkowita klęska. Cała operacja się nie powiodła.

Zapamiętałam również historię, która miała miejsce na ulicy Kaczej. Dostałyśmy wezwanie, że ranna została jedna z nas – sanitariuszka. I że trzeba ją ściągnąć z ziemi niczyjej, na której leży. Poszłyśmy we dwie, ja i Zosia Grafczyńska. Zameldowałyśmy się u dowódcy Michała Panasika „Szczęsnego", który od razu na wstępie nas ochrzanił. Pytał, co my tu w ogóle robimy. Przecież rannej nie pomożemy, możemy co najwyżej tylko same zginąć.

Mimo to obstawałyśmy przy swoim. „Szczęsny" w końcu dał za wygraną, machnął ręką. Ktoś mu powiedział: to są sanitariuszki i one decydują, czy idą do rannego, czy nie. Do dziś wydaje mi się to niemożliwe, że udało nam się przeżyć tę wariacką akcję. Pełzałyśmy na brzuchach. Początkowo chowałyśmy się za jakimiś starymi deskami, przez które kula karabinowa przeszłaby przecież jak przez papier. Potem była już tylko trawa.

Niemcy strzelali niezmordowanie. Grad pocisków. Zdawało mi się, że kule latają mi między włosami. Choć byłam już w akcji wielokrotnie, tak zmasowanego ostrzału jeszcze nie widziałam. Trzymałyśmy przy głowach nasze torby sanitarne. Wydawało nam się naiwnie, że mogą nas ochronić. Nagle usłyszałyśmy ostre syknięcie:

– Ciszej tam, do cholery! I nie leźć mi dalej!

To była ta ranna sanitariuszka!

Zostałyśmy w miejscu aż do zmroku. Dosłownie przyklejone do ziemi. Niemcy w końcu znudzili się i przestali do nas strzelać. Pod osłoną mroku nasi chłopcy rozpoczęli szturm, aby umożliwić nam powrót z przedpola i zabranie rannych.

## Rozmowy w obozie

Pod koniec września, po dwóch miesiącach walki, doszły nas słuchy, że Komenda Główna prowadzi z Niemcami rozmowy kapitulacyjne. Bardzo źle podziałało to na naszych chłopców. Bo my – chociaż głodni, wyczerpani i bez broni – chcieliśmy się dalej bić. Do ostatniego pocisku. Cały czas łudziliśmy się, że stojący po drugiej stronie Wisły Sowieci jednak się ruszą i przyjdą nam z pomocą. Teraz już wiadomo, że z premedytacją skazali nas na zagładę. Wówczas jednak wydawało się to niewyobrażalne.

Myśl, że po dwóch miesiącach, po tylu wyrzeczeniach i tylu ofiarach, mielibyśmy się po prostu poddać, myśl o porażce, klęsce, kapitulacji, była po prostu czymś niepojętym. Przecież tylu naszych kolegów poległo, miasto obróciło się w perzynę. Czy to ma teraz pójść na marne? Gdy informacje o zakończeniu walki się potwierdziły, był to dla nas wszystkich wielki dramat. Pamiętam, że gdy niszczyliśmy i zakopywaliśmy broń, czułam się, jakbym grzebała kogoś bliskiego.

Trzeba było teraz zdecydować, co dalej. Choć dowódca pozostawił nam wolną rękę, zdecydowałam się iść do niewoli z całym oddziałem. Do końca dzielić jego los. Podczas wymarszu jakaś obca kobieta narzuciła mi na ramiona ciepłą czarną kurtkę, która później tak bardzo przydała mi się w obozie jenieckim. Było to bardzo wzruszające. Nie wszyscy cywile się jednak od nas odwrócili.

Na peronie przed wejściem do pociągu nagle usłyszałam swoje imię. Nie, nie pseudonim konspiracyjny, ale imię. Ktoś krzyczał w moim kierunku:

– Halszka!

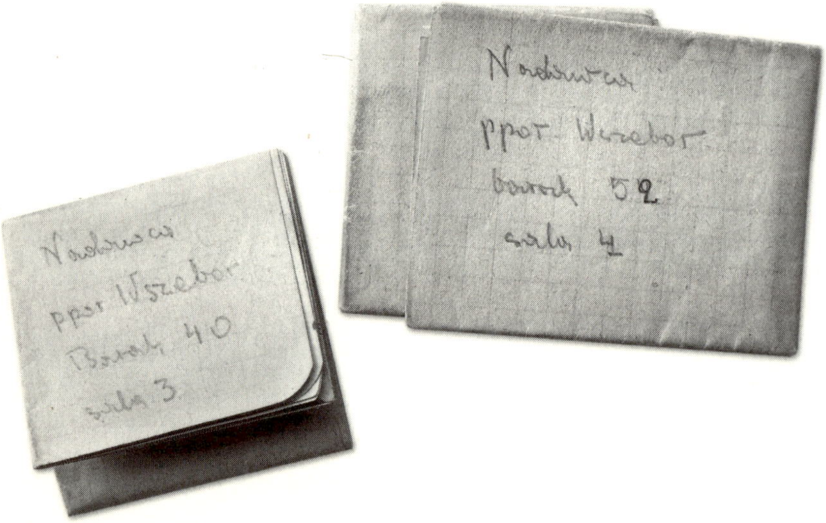


*„Całuję Twój sympatyczny buziak i czekam na list. Piszmy w odpowiednim momencie i nastroju" – tymi słowami do Haliny pisał jej przyszły mąż, podporucznik Tadeusz Jędrzejewski „Wszebor", z obozu w Sandbostel*

Czyli tak, jak mówiono do mnie tylko w domu i w szkole. Okazało się, że to moja koleżanka z gimnazjum. Wciągnęła mnie do swojego wagonu. Znalazłam się wśród dziewczyn z Wawelskiej, z mojego rodzinnego domu. Było nas pięć. Trzymałyśmy się później razem w obozie.

Na początku trafiłyśmy do Stalagu X B w pobliżu Bremy. Potem przenieśli nas do Stalagu VI C w Oberlangen w północno-zachodnich Niemczech. Oba obozy były wyłącznie dla kobiet. Najmłodsze dziewczyny miały po szesnaście lat, najstarsze po dwadzieścia trzy. W Stalagu X B spałyśmy pod cieniutkim kocem na gołych deskach, pod którymi stała woda. W okolicach Świąt Bożego Narodzenia dostałam list od mamy. Pisała, że są z Danusią w Krakowie, a Wanda znalazła się w Częstochowie. O tacie rzekomo nie miała informacji. To był unik, gdyż dobrze wiedziała, że został rozstrzelany. Nie chciała mi jednak tego przekazywać w ten sposób.

W obozie utrzymywałyśmy dyscyplinę. Nie słuchałyśmy Niemców, same stworzyłyśmy sobie strukturę. To chyba był już nawyk z konspiracji. Miałyśmy w obozie komendantkę o pseudonimie „Jaga". Panie profesor wraz ze studentkami prowadziły wykłady z fizyki, chemii, astrologii, literatury polskiej. Były urządzane wieczory literackie. Raz wydałyśmy nawet bal. Dziewczyny powyciągały skądś rozmaite szmaty, poprzycinały je i uszyły coś, co przypominało suknie. Starałyśmy się jakoś trzymać.

Pomagały nam nasze rozmowy, wieczorne plotki. Często ich przedmiotem byli mężczyźni. Na przykład jedna z moich koleżanek, „Klara" – śliczna dziewczyna o pięknych rudych włosach i wielkich brązowych oczach – wspominała, jak przed wojną codziennie chodziła ulicą Filtrową do szkoły. I codziennie jej droga przecinała się z drogą pewnego młodego oficera marynarki. Był zabójczo przystojny. I ten młody człowiek zakochał się w niej na zabój! Codziennie odprowadzał ją, pozostając w pewnej odległości.

Nie zamienili oczywiście ze sobą żadnego słowa. Wreszcie któregoś dnia zdobył się na rozmowę. Wyprzedził ją, stanął i powiedział zażenowany:

– Najmocniej panią przepraszam, że w ten sposób się zachowuję, ale ja tak bardzo chciałbym panią poznać, a przecież nie mam innej możliwości... Proszę mi więc wybaczyć.

Wtedy nasza koleżanka – zresztą pewnie wszystkie byśmy tak zrobiły – jak na niego nie wrzaśnie:

– Jak pan śmie! Jak pan może zaczepiać mnie tak na ulicy!

Ten oficer strasznie się speszył, był cały czerwony. Przeprosił i uciekł. Nigdy już się później nie zobaczyli. A potem „Klara", siedząc z nami w obozie, powtarzała:

– Jaka ja byłam głupia! Jaka ja jestem na siebie zła! Żebyście widziały, jaki on był fajny, jaki on był przystojny, miły.

I tak dalej, w ten sam deseń. Ona bardzo żałowała, że dała kosza temu oficerowi, a my bardzo się z niej wtedy śmiałyśmy.

W obozach jenieckich kobiety często opowiadały sobie zresztą różne podobne historie. O swoich miłościach, mężach, narzeczonych. Martwiły się o ich losy, często nie miały od nich przez długi czas wiadomości. Takie opowieści były, w jakiś sposób, pokrzepiające. Mogłyśmy się wygadać, oderwać od obozowej rzeczywistości. To było takie babskie gadanie.

## Randka po trzech latach

Zupełnie nie wiem jednak, skąd moje towarzyszki niedoli wytrzasnęły kawałki białego i czerwonego materiału. W obozie powstała flaga narodowa, której Niemcy nie zdołali odkryć podczas żadnej z licznych rewizji. Gdy później zostałyśmy wyzwolone przez aliantów, flaga ta natychmiast załopotała nad obozem.

Po wyzwoleniu zostałyśmy przeniesione do obozu dla uchodźców Niederlangen. Stworzyłyśmy tam kompanię wartowniczą. „A nuż jeszcze przyjdzie nam powalczyć w tej wojnie" – myślałyśmy.

Któregoś dnia miałam służbę przy szlabanie. Na sobie mundur kanadyjski, w ręku karabin. Do bramy podjeżdża jeep. Siedzą w nim wysocy rangą alianccy oficerowie. Kierowca pokazuje mi ręką, że mam podnieść szlaban. A ja na to, że nie ma mowy, że nie ma wjazdu do obozu bez przepustki. On mówi, że nie potrzebują żadnej przepustki. A ja nie daję za wygraną i kłócę się z nimi łamaną angielszczyzną.

Wreszcie jeden z pasażerów zaczął się śmiać. Szalenie mnie to rozzłościło, bo co on sobie wyobrażał, że będzie się śmiał z żołnierza Armii Krajowej? Ściągnęłam karabin i udałam, że w niego celuję. Na to się zreflektował, wysiadł z samochodu, stanął koło mnie i powiedział, że bardzo przeprasza. Oczywiście mieli przepustkę. Pokazali i mogli wjechać na teren obozu. Jak wojsko, to wojsko. Porządek musiał być.

Po wojnie znalazłam się w grupie kilkudziesięciu dziewczyn przetransportowanych samochodami do Holandii, do Enschede. Tam zostałyśmy wcielone do lotnictwa Polskich Sił Zbrojnych na Zachodzie. Zostałyśmy tam zbadane i porządnie odżywione, słowem, zrobiono z nami porządek. Po kilku tygodniach pojechałyśmy do Anglii. Znalazłyśmy się wreszcie w ludzkich warunkach. Wreszcie, po blisko roku, znowu jadłam nożem i widelcem. Mogłam się umyć i wyspać w normalnej pościeli, a nie pod brudnym kocem.

Ubrano nas w mundury lotnicze i porozsyłano po rozmaitych placówkach. Ja trafiłam do kancelarii dowództwa polskich sił lotniczych w Londynie. Służyłam tam rok. Wróciłam pierwszym transportem repatriacyjnym do Polski. Po prostu nie mogłam zostać na Zachodzie. W kraju, choć znalazł się pod władzą komunistów, została moja rodzina. Mama i siostry nawiązały ze mną kontakt listowny. W końcu z jednej z depesz dowiedziałam się, że tata nie żyje.

Do tej pory jakoś się trzymałam, przechodziłam przez to wszystko dzielnie. Teraz popadłam w depresję. Wszystko do mnie wróciło. Wszystkie straszliwe przeżycia i ciosy. Przez wiele tygodni cierpiałam na bezsenność. Chodziłam nocą po koszarach, czytałam do późna książki. Gdy miałam już bardzo zmęczone oczy, leżałam na plecach, wpatrując się do rana w sufit.

W lipcu 1946 roku byłam z powrotem w Polsce. Zamierzałam wypełnić postanowienie, które powzięłam we wrześniu 1939 roku przy wraku rozbitego niemieckimi bombami pociągu. Czyli zostać lekarką. Od tamtego wydarzenia minęło zaledwie siedem lat, a tyle się zmieniło. Przez Polskę przewaliła się straszna wojna, mój kraj stracił niepodległość, a ja straciłam ojca. Z dziecka stałam się dorosłą kobietą. Trzeba było zacząć nowy rozdział życia, spróbować wszystko jakoś poukładać, odbudować.

Uniwersytet Medyczny w Poznaniu zorganizował we wrześniu dodatkowe egzaminy dla młodych repatriantów. Przystąpiłam do nich z marszu, nie byłam w żaden sposób przygotowana. Bo i kiedy miałam się uczyć? W Powstaniu? W obozach? Czy może potem, w polskim wojsku? Byłam więc pewna, że nic z tego nie będzie. A tu niespodzianka. Na egzaminie odpytywali głównie z wiedzy ogólnej. Nie było ani jednego pytania z matematyki. Pięć lat później odebrałam dyplom. Całe życie przepracowałam jako lekarka.

Z Tadeuszem pobraliśmy się w 1947 roku. Dziwnie żeśmy się po tej wojnie odnaleźli. Poznaliśmy się podczas Powstania. Odpoczywaliśmy akurat przed natarciem na Stawki. Chciało nam się potwornie pić. Podszedł do mnie jeden z żołnierzy z naszego oddziału i zapytał zawadiacko:

– Czy koleżanka czegoś by się nie napiła?

– Marzę o wodzie – odpowiedziałam.

– No to postaram się coś wykombinować.

Przyniósł mi następnie kubek czegoś paskudnego, jakiejś okropnej, zatęchłej cieczy. Bóg raczy wiedzieć, skąd on to wytrzasnął.

---

*Po upadku Powstania Halina trafiła do niemieckich obozów jenieckich, a później do Holandii, gdzie została wcielona do lotnictwa Polskich Sił Zbrojnych na Zachodzie. Na zdjęciu: Halina (pierwsza z lewej) z koleżankami w Nicei, 1946 rok*

Wypiłam trochę, bo widziałam, jak bardzo się postarał. To był właśnie Tadek. Siedzieliśmy potem razem i bardzo miło rozmawialiśmy. Spodobaliśmy się sobie. Ponieważ wierzyliśmy, że Powstanie lada moment się skończy, wymieniliśmy się adresami i numerami telefonów. Nie przypuszczaliśmy wówczas, że na pierwszą randkę przyjdzie nam czekać aż trzy lata.

*Halina Jędrzejewska z domu Dudzik*
*(rocznik 1926)*

# HALINKA

## Z DZIECKIEM NA RĘKACH

Wody odeszły mi rano. Chyba o piątej. Już wcześniej skurcze były bardzo silne, wówczas stały się jednak nie do zniesienia. Myślałam, że umieram, wrzeszczałam z bólu. Co gorsza, akuszerka kazała mi leżeć na łóżku, mimo że w tej pozycji było mi właśnie najgorzej. Brzuch, plecy, biodra. Myślałam, że ból rozsadzi mnie od środka. Że rozerwie mi kości. Potem zaczęła się akcja. Zaczęłam przeć.

To był mój pierwszy poród, było więc bardzo ciężko. Nie chodziłam oczywiście wcześniej do żadnej szkoły rodzenia, nie miałam znieczulenia. Wtedy nie było takich udogodnień. Całe szczęście jednak jakoś się udało. Usłyszałam dziecięcy krzyk. Ogarnęło mnie uczucie ulgi i potworne wyczerpanie. Urodziłam syna, Stanisława. Był zdrowy. Nie wybrał sobie jednak najlepszego momentu do przyjścia na świat. Była bowiem pierwsza po południu 1 sierpnia 1944 roku. Cztery godziny do godziny „W".

Urodziłam w mieszkaniu siostry Julii na ulicy Śliskiej w Śródmieściu. Józek, mój mąż, gdy zobaczył niemowlaka, był zachwycony. Urodził mu się syn! A to dla mężczyzny jest bardzo ważne. Szybko jednak zaczął się zbierać. Ja byłam jeszcze w szoku po porodzie, byłam zdezorientowana, ale świetnie pamiętam, co wtedy mówił.

– Kochanie, naprawdę strasznie się cieszę. Nasz synek jest po prostu cudowny, bardzo was oboje kocham. Ale sama rozumiesz, muszę iść do Powstania. Nie masz się jednak czym martwić. To potrwa dwa, góra trzy dni. Pobijemy Szkopów i szybko do was wrócę.

Wyjedziemy sobie gdzieś na wieś, żebyś trochę odsapnęła, a mały pooddychał świeżym powietrzem.

– Byłoby wspaniale, ale czy to jest naprawdę możliwe? – odpowiedziałam.

Miałam co do tego poważne wątpliwości. Jak się okazało, słusznie. Józek poszedł do Powstania o trzeciej. Pocałował mnie i Stasia, uśmiechnął się i zamknęły się za nim drzwi. Ja zostałam z noworodkiem na ręku, siostrą i siedemdziesięcioletnim ojcem. Sama ledwo się ruszałam.

O piątej zaczęło się Powstanie. Na ulicy pojawiły się biało-czerwone flagi, wybuchła euforia. Długo jednak nie potrwała, bo już o szóstej czy siódmej zaczęło się pierwsze bombardowanie. Akurat w tym czasie udało mi się wstać i jakoś przejść do kuchni. Mały został w sypialni, leżał przy otwartych oknach w beciku na łóżku. I nagle wszystko zaczęło się walić. Niesamowity huk, szyby lecą z okien, chmura pyłu. Mieszkanie zdemolowane.

Krzyknęłam z przerażenia, pobiegłam do pokoju, złapałam i przytuliłam dziecko. Na szczęście nic mu się nie stało. Ale był to moment, gdy przysięgłam sobie, że dopóki Powstanie nie dobiegnie końca, już go samego nie zostawię. Nawet na chwilę. A niestety nalot ten pokazał, że nie potrwa to raczej „dwa, góra trzy dni", jak to optymistycznie przewidywał Józek. Zapowiadała się ciężka bitwa. Nawet przez myśl mi jednak nie przeszło, że będzie to aż taka tragedia.

Już 1 sierpnia cała kamienica przeniosła się do piwnicy. Tam nie dolatywały bomby i pociski, które sypały się z nieba jak deszcz. Rozstawiłyśmy w ciemności łóżko polowe dla mnie i synka. Siostra i tata spali na jakichś kocach. Obok nich mała Krysia i jej niania. Do historii tej biednej dziewczynki jeszcze później wrócę. Pamiętam, że wtedy była po prostu śmiertelnie przerażona. Rozbiegane, nieprzytomne oczy. Cały czas płakała, kuliła się i trzęsła ze strachu.

Od razu wydarzył mi się prawdziwy dramat. Otóż nie miałam pokarmu. Ani kropli. Chociaż akuszerka dała mi jakieś tabletki, nic nie pomogły. Pierwszego dnia myślałam, że może jeszcze nie wszystko stracone, ale potem zeszliśmy do piwnicy i zaczęły się dziać te okropne rzeczy. Bombardowanie, płacz, lament. Byłam tak straszliwie zestresowana...

– Boże, czym mam karmić moje nowo narodzone dziecko? – pytałam.

Sami jedliśmy to, co mieliśmy w zapasach. A więc głównie kaszę, którą przelewałam przez sitko i łyżeczką dawałam maleństwu do buzi. Mleka nie było skąd wziąć. Byłam w połogu, co wiązało się również z wielkimi niedogodnościami natury higienicznej. Do tego trawiła mnie gorączka. Żeby się ochłodzić, przyklejałam się do zimnych, piwnicznych murów.

Usta miałam spieczone, bardzo chciało mi się pić. Tata stał w kolejce po wodę po kilka godzin, ryzykując życiem. Studnie i krany były bowiem pod niemieckim ostrzałem. Ale i tak tej wody, którą przynosił, było śmiesznie mało. Jakiś kubek, rondelek dziennie. Tylko tyle, żeby się napić i może troszkę obmyć Stasia.

W piwnicy było tak ciemno, że ledwo widziałam na oczy, kiedy przewijałam synka. Używałam do tego podartych prześcieradeł, ścierek, jakichś poszewek. Darło się wszystko, co nadawało się na pieluszki. To, co się nie nadawało, także. Siostra znosiła te rzeczy z mieszkania w przerwach między bombardowaniami. Brudne „pieluszki" się po prostu wyrzucało. O praniu nie mogło być przecież w tych warunkach mowy.

Tak upływały kolejne dni i straszne, powstańcze noce. Z jednej strony niewyobrażalna nędza i prymitywne warunki. Z drugiej strony stały, przeszywający strach. Strach ten nie opuszczał mnie nawet na chwilę. Co się stanie, jeśli w nasz budynek uderzy bomba? Czy zdążą nas odkopać, czy też zostaniemy pogrzebani żywcem?

Wizja takiej powolnej śmierci z wycieńczenia lub braku powietrza była po prostu przerażająca. W piwnicy wszyscy znajdowali się na skraju histerii, o panikę było bardzo łatwo.

W nocy nie mogłam spać. Co chwila się budziłam. I nie wynikało to z tego – jak w przypadku większości młodych matek – że Staś budził się w nocy i płakał. Przecież był zagłodzony i krzyczeć nie miał sił. Dla matki jest to sytuacja niezwykle tragiczna. Ta bezradność, niemożność nakarmienia własnego, malutkiego dziecka. Obserwowanie, jak niknie w oczach. Nie spałam z powodu strachu. Myślałam, że muszę być zawsze gotowa do ucieczki, do udzielenia pomocy Stasiowi.

Pewnej nocy udało mi się jednak jakoś zasnąć. Obudziłam się rano i poczułam, że w łóżku jest luźno. Nie ma dziecka! Natychmiast jednak się uspokoiłam. Pomyślałam, że to siostra zabrała go i wzięła na górę, żeby się trochę przewietrzył. Odwróciłam się do ściany, nakryłam jakimś gałganem i w tym momencie usłyszałam cichy płacz, kwilenie. Zerwałam się na równe nogi! Staś wpadł w dziurę między łóżkiem a ścianą! Były tam jakieś rury, szmaty. Wyciągnęłam go stamtąd, ale był to dzień, kiedy myślałam, że oszaleję.

Miałam dość.

## Nastroje? Pierwszorzędne

Pierwszą wiadomość od męża dostałam po dwóch tygodniach. 15 sierpnia. To był list, który przyniósł mi mały harcerz z poczty polowej. Nawet nie czekał na odpowiedź, tylko od razu pobiegł dalej.

---

*Gdy mąż Haliny zobaczył niemowlę, był zachwycony – urodził mu się syn! Chwilę później poszedł do Powstania. Od tej pory Halina musiała sobie radzić sama. Na zdjęciu: z synem Stanisławem na gruzach Warszawy w 1945 roku*

Kilka dni wcześniej, zaniepokojona tym, co się dzieje z mężem – obiecał przecież, że wróci po trzech dniach – wysłałam do niego list. Cieszyłam się ogromnie, że odpisał. Treść listu była następująca, zachowałam go na pamiątkę do tej pory:

*Kochana Halusiu.*
*Ogromnie ucieszyłem się otrzymanym listem. Odpisz mi, czy masz jakieś wiadomości ode mnie z domu. Chciałbym złożyć Ci wizytę i ucałować mego słodkiego pysia, ale nie wiem, czy mi się uda. U nas sytuacja i nastrój pierwszorzędne. Miałbym dużo do pisania, ale opowiem Ci wszystko przy okazji. Ucałuj mego malutkiego.*
*Pozdrowienia,*

*Twój Józek*

I tylko tyle... Czytałam to kilka razy pod rząd z niedowierzaniem. My każdego dnia walczyliśmy o przetrwanie, o życie. Jego dziecko umierało z głodu, ja byłam półprzytomna po porodzie. Miasto obracało się w gruzy, trup się sypał gęsto. A u nich w oddziale nastroje pierwszorzędne...

W ciągu dnia Staś był zawinięty w chustę w kratę, trzymałam go przy sobie na rękach. W pewnym momencie obok zawalił się dom i ludzie stamtąd uciekli do naszej piwnicy. Gdy wpadli, myślałam, że nas stratują. Krzyk, ścisk, płacz, tumult, przekleństwa i złorzeczenia. To był jakiś szał. Trzymałam dziecko, ale nikogo to nie obchodziło. Przerażeni ludzie pchali się na mnie i w końcu docisnęli mnie do ściany. Po prostu nas zgnietli!

Spojrzałam na Stasia i włosy na głowie stanęły mi dęba. Był bezwładny, miał otwarte usta, nie oddychał. Patrzyłam na to ze zdumieniem, nie wierząc. Całe szczęście obok była Julia, która zareagowała błyskawicznie. Chwyciła Stasia i kilkoma susami znalazła się na podwórku. Wybiegłam za nią. Julia trzęsła nim, zatykała mu nos, szczypała go w policzki, w końcu zaczęła bić go po twarzy. Nagle zachłysnął się powietrzem i otworzył oczy.

Do dzisiaj nie wiem, jakim cudem mój synek to wszystko przeżył. Przecież w Powstaniu umarło tyle dzieci. Śmiertelność była szczególnie wysoka wśród noworodków. A on, niedożywiony, ledwo żywy, w smrodzie i brudzie. Skórę miał dosłownie przezroczystą. Na dodatek wszystkie smoczki gdzieś w ciemnościach poginęły. Siostra brała kawałek prześcieradła, nasypywała tam trochę cukru, wiązała nitką. I ten gałganek, zamoczony w wodzie, Staś ssał. Tak oszukiwaliśmy trawiący go głód.

Ja cały czas byłam w złym stanie. Dziś nazywa się to chyba depresją poporodową. Byłam zobojętniała, otępiała. Nic mnie nie obchodziło: czy mam świeżą bieliznę, czy nie. Czy coś jem, czy nie. Myślałam tylko o jednym – o Stasiu. Najbardziej bałam się, że spadnie bomba, on zginie, a ja zostanę tylko ranna. Albo odwrotnie. Wolałam już, żebyśmy zginęli oboje...

Kiedy leciały bomby, a z każdym dniem leciało ich więcej, zakrywałyśmy razem z siostrą głowy i tak jak inni ludzie krzyczałyśmy i modliłyśmy się. Chciałyśmy się zapaść pod ziemię, zniknąć. Boże, co się działo w tych warszawskich, powstańczych piwnicach w trakcie nalotów... Opisać tego się nie da.

Jak traktowali mnie inni ludzie? To się zmieniło. Na samym początku dopytywali o dziecko, współczuli, wspierali. Później byli już obojętni. Każdy chciał ratować tylko siebie. Każdy musiał zdobywać jedzenie i jeśli mu się udało, zjadał je gdzieś ukradkiem w kącie. Byle tylko inni nie widzieli. To była walka o życie, w której wielu ludzi zamieniło się w zwierzęta. Osaczone, złe. Solidarność w piwnicach? Przykro to mówić, ale takie zjawisko nie występowało. Przynajmniej ja się z nim nie zetknęłam.

Zmieniło się również nastawienie ludności do żołnierzy AK. Na początku rzucano im się na szyję i patrzono z podziwem. Potem już tylko złorzeczono. Krzyczano, że niszczą własne miasto, że to przez nich giniemy. Że całe Powstanie to chory, nieodpowiedzialny pomysł. Rozżalenie, złość były straszne. Ludzie na zmianę przeklinali i modlili się. Byli po prostu wykończeni. Pod koniec sierpnia nie mieliśmy już nic ani do jedzenia, ani do picia. A to przecież była dopiero połowa!

Mój mąż był w tym czasie w budynku Wydziału Architektury Politechniki. Tam bronił się 3 Batalion Pancerny AK „Golski", do którego dołączył „Odwet" Józka. Właśnie po miesiącu Powstania Julia powiedziała do mnie, że jeżeli zostaniemy w naszej piwnicy, to niechybnie zginiemy. Z domu niewiele bowiem zostało. Właściwie wisiały nad nami tylko wypalone gruzy i czekaliśmy, aż to wszystko się na nas zawali.

Julia powiedziała, że musimy się jakoś przedostać do Józka. Musi nam przecież pomóc. Jest w wojsku, może znajdzie jakiś sposób, gdzieś nas umieści. W końcu jesteśmy jego rodziną. Przyznałam jej rację. 1 września zabraliśmy się za pakowanie. Ale co

mogliśmy zabrać? W małą walizeczkę spakowałam kilka potwornie brudnych dziecięcych kaftaników, kilka zrobionych przez nas pieluch. I to wszystko. Nic więcej nie mieliśmy.

Wyszliśmy na zewnątrz. Ja z dzieckiem, Julia, tata oraz Krysia i jej niania. Te ostatnie szybko się jednak gdzieś zapodziały. Odłączyły się od nas. Żeby dostać się na drugą stronę Alei Jerozolimskich, trzeba było przejść przez barykadę. Pilnowali jej nasi chłopcy. Kiedy można było iść, kiwali chorągiewką. W kolejce do przejścia stało się jednak kilka godzin. Czekaliśmy w niej całą noc i cały ranek. Zimno, deszcz, a my siedzimy na gołej ziemi. Ze Stasiem na rękach.

Wreszcie przyszła nasza kolej. Na dany znak puściliśmy się pędem przez wykopany wzdłuż barykady rów. Byliśmy zgięci wpół, obok gwizdały kule. Ten krótki bieg był dla mnie olbrzymim wysiłkiem. Myślałam, że wyzionę ducha, długo dochodziłam do siebie. Padałam na twarz. Nie byłam w stanie iść choćby kawałek dalej. To było na Hożej. Julia powiedziała, że dalej pójdzie już sama. Odnajdzie Józka i sprowadzi go na ratunek.

Ja z tatą zeszłam do najbliższej piwnicy. Siedziały tam takie panie. Czyste, wyelegantowane. W tej części Śródmieścia było jeszcze w miarę normalnie, zniszczenia nie były tak wielkie, ostrzał nie był tak silny. Gdy zeszłam na dół, te panie spojrzały na mnie krytycznie. Na moje łachmany, na dziecko. Powiedziały, że nie mogę tu zostać, że nie wolno. Byłam bliska płaczu. Udało się je jednak jakoś przekonać.

Jakim cudem Julia znalazła Józka – nie wiem. Przecież powstańców w okolicach Politechniki było mnóstwo. Jakoś jednak do niego trafiła. I przyprowadziła go do nas. Gdy mnie zobaczył, powiedział:

---

*Widok na ulicę Śliską z czasu Powstania. Dom siostry, w którym Halina urodziła syna 1 sierpnia 1944 roku, jest widoczny na zdjęciu po lewej stronie – naprzeciwko latarni miejskiej*

– O Boże, co się stało?!

Najwyraźniej się nas nie spodziewał. Myślał, że siedzimy sobie spokojnie w mieszkaniu na Śliskiej. Nie wiedziałam, co powiedzieć. Wyręczyła mnie moja siostra. Oznajmiła, że przecież widzi, co się stało. Wyglądamy, jak wyglądamy. Dom jest zburzony. Nie mamy gdzie się podziać.

Mój mąż był dowódcą barykady na rogu Wilczej i Poznańskiej. Na Wilczej była wytwórnia perfum, której właściciele po wybuchu wojny wyjechali. Na straży interesu została ich krewna. To była starsza pani, której pomagała młoda dziewczyna. Zgodziły się znaleźć dla mnie jakiś kąt. Dla siostry i taty już miejsca nie miały.

## Dwa niewypały

Zostałam zatem sama ze Stasiem. Nadal nie miałam czego jeść ani pić. Przez kilka pierwszych dni jakieś niewielkie ilości jedzenia przynosili mi mieszkańcy, ale razem z ostrzałem to się skończyło. Akurat Niemcy zabrali się za burzenie tej części Śródmieścia. Ponownie więc zaczęło się to samo. Bomby leciały, ja znowu w piwnicy. Wszystko musiałam przeżywać od nowa, jeszcze raz. Wpadłam z deszczu pod rynnę.

Czasami, kiedy nie mogę zasnąć, wracam myślami do tamtej gehenny. Zastanawiam się, co też mój tata i siostra wtedy jedli. Kupić nie można było nic. W powstańczej Warszawie istniał tylko handel wymienny. Między innymi dlatego moje panie z perfumerii tak się na Powstaniu wzbogaciły. Ustawiały się do nich olbrzymie kolejki po... spirytus, na bazie którego robiły perfumy. A one za każdą butelkę kasowały biżuterię.

Ludzie za alkohol byli jednak skłonni oddać wszystko. Uznali, że kosztowności są im do niczego niepotrzebne, skoro w każdej chwili mogą zginąć. A wódka dawała choć chwilę zapomnienia. Rozumiałam ich...

Mąż mnie odwiedzał i przynosił różne rzeczy do jedzenia. To, co udało mu się „upolować". Raz grudkę czekolady, innym razem woreczek cukru. Na tym cukrze przeżyłam do końca Powstania. I dzięki temu cukrowi przeżył Staś. Na dłuższą metę było to paskudne. Potem, gdy już to wszystko się wreszcie skończyło, obiecałam sobie, że do końca moich dni nie wezmę cukru do ust. Oczywiście obietnicy nie dotrzymałam.

Innym razem mój mąż przyniósł mi rodzynki. Gdy zobaczyła je jedna pani, zaraz zaczął się lament. No bo jej wnusio chyba anemii dostał. Musiałam jej te rodzynki oddać. Inaczej powiedziałaby, że jestem bezduszna. Nawet nie przyszło jej do głowy, że ja też mogłam mieć anemię, że mam noworodka do wykarmienia.

Myślałam wtedy, że gdyby nie dziecko, to byłabym na pewno w akcji na barykadach. Żołnierze oprócz walki mieli jakieś koncerty, w miarę możliwości umilali sobie życie. Mieli chwile wytchnienia, lepsze zaopatrzenie. Różnie przecież bywało. A ja nic. Tylko ciągle przerażona, głodna, zmarznięta. Bezradna. Zamiast walczyć z wrogiem, ukrywałam się w piwnicach. Jak ja zazdrościłam tym żołnierzom. Jak ja zazdrościłam Józkowi.

Niemcy to metodyczny naród. Przekonałam się o tym pod koniec września 1944 roku w Warszawie. Otóż był to moment ostatecznego dobijania Powstania. Warszawa była niszczona z jakąś niebywałą dokładnością, wręcz pedantycznością. Budynek po budynku, ulica po ulicy. Potężne bomby – nazywaliśmy je Bertami – w krótkich, równych odstępach obracały w gruzy kolejne domy. Jeden po drugim.

Wreszcie przyszła pora na Wilczą. Siedzieliśmy w piwnicy, gdy usłyszeliśmy następujące po sobie potężne detonacje, po których słychać było huk walących się kamienic. Jedna, druga, trzecia. To się do nas zbliżało! W końcu rąbnęło w kamienicę na rogu Poznańskiej.

Następna była nasza. Serce dosłownie stanęło mi w piersiach. Te kilka chwil czekania było po prostu straszne. To było czekanie na śmierć. Ktoś zmawiał *Zdrowaś Maryjo*, ktoś inny szlochał. Wreszcie usłyszeliśmy przeciągły gwizd… I bomba spadła na nas.

Zatrzęsło fundamentami, rozległ się jakiś hałas, a potem cisza. Nic się nie stało. Otworzyliśmy oczy i spojrzeliśmy na siebie w zdumieniu. Po kilku chwilach potworny huk – to uderzyło już w kolejny dom. Mężczyźni wybiegli na górę. Okazało się, że nasza bomba to niewypał! Pocisk uderzył w dom, ugrzązł w jego konstrukcji, ale nie eksplodował. Mieliśmy niebywałe szczęście! Ludność wzdłuż całej ulicy została pogrzebana żywcem. Ocaleliśmy tylko my.

Był również nalot na Politechnikę. Nie wiedziałam, czy Józek jeszcze żyje, nie widziałam go przez kilka dni. Wreszcie przyszedł i powiedział, że… zdarzyła mu się bardzo podobna historia, jak nam. Otóż bomba uderzyła w jego budynek. Przebiła kilka pięter i zatrzymała się przy umywalce w jego pokoju! Przechylona, zatarasowała wyjście. Uciekli z kolegą, przeczołgując się pod bombą! Całe szczęście ten pocisk również nie eksplodował.

Kiedy Józek przyszedł do mnie pod koniec września, byłam już u kresu wytrzymałości. Do tej pory podczas naszych nielicznych spotkań w Powstaniu starałam się trzymać hardo. Wtedy pierwszy raz opowiedziałam mu o mojej niedoli. Powiedziałam, że jestem już wykończona, że wolałabym, żeby ta bomba jednak wybuchła i nas oboje – mnie i Stasia – zabiła. Żeby wreszcie skończyła się ta gehenna.

– No wiesz, to nie taka prosta sprawa. To tak prędko się nie skończy – odpowiedział. – Tyle już walczymy, tyle poświęciliśmy. Zwycięstwo jest tuż-tuż.

I dalej opowiadał podobne dyrdymały. Był cały naszpikowany tym, co im tam wmawiano. A przecież musiał widzieć, co się dzieje. Jak straszliwa jest to klęska.

– Ja już nie wytrzymuję! – krzyknęłam.

– Nie przesadzaj – odpowiedział. – Nawet jeśli będziemy musieli zginąć, to trudno. Może przynajmniej następni, ci, co przyjdą po nas, będą mieli lepiej.

Jeżeli chciał mnie w ten sposób pocieszyć, to zupełnie mu nie wyszło. Trzy dni później przyszedł po raz kolejny. Tym razem to on miał nos na kwintę, był załamany. Powiedział:

– Poddajemy się. Będzie kapitulacja.

Kiedy odetchnęłam z ulgą, obruszył się. Był na mnie zły, że się cieszę.

– To potworny wstyd. Przez dwa miesiące się biliśmy i teraz to wszystko ma pójść na marne? Przecież mamy jeszcze trochę broni. Możemy jeszcze walczyć.

Boże, pomyślałam, mam nadzieję, że tak się nie stanie. Mam nadzieję, że nie będzie dalszej walki. Byłam taka zadowolona! Wreszcie koniec. Wreszcie bomby przestaną się nam sypać na głowy. Wreszcie wyjdziemy z tego morza ruin, wreszcie coś przyzwoitego zjemy. Dożyliśmy tego momentu! Staś dożył!

Myślałam, że teraz, kiedy Powstanie się skończyło, będziemy wreszcie razem. Że Józek się nami zaopiekuje. Wyjedziemy, jak obiecał pierwszego dnia, na wieś. Szybko jednak okazało się, że tak się nie stanie.

– Jeżeli wyjdę z wami i innymi cywilami z Warszawy, to Niemcy od razu w Pruszkowie odstawią mnie do obozu – powiedział Józek. – To nie ma sensu. Lepiej, żebym wyszedł stąd jako jeniec wojenny razem z kolegami z oddziału. Lepiej, żebym poszedł do niewoli.

I rzeczywiście. Warszawa skapitulowała, a on poszedł z kolegami do stalagu. A ja, razem z tatą i dzieckiem, na piechotę do Pruszkowa. Pamiętam, że kiedy szliśmy przez Pole Mokotowskie, natknęliśmy się na mały ogródek warzywny, których było tam wtedy sporo. Tata zobaczył na krzaczku pomidor. Rzucił się na niego, zerwał i zjadł z taką łapczywością. Trudno było mi na to patrzeć. To był strzęp człowieka, bardzo źle zniósł te dwa miesiące.

## *„Kinder kaputt"*

W Pruszkowie spaliśmy na jakichś gazetach na podłodze w baraku. Brud i smród taki sam jak w piwnicach. Trzymałam dziecko na rękach, bałam się gdziekolwiek je położyć. Pracownicy Rady Głównej Opiekuńczej przywieźli dla nas zupę. Ale ja nie miałam nawet szans zbliżyć się do kotła. Z dzieckiem nie mogłam przecież wpakować się w ten kłębiący się przed kotłami tłum, a tata nie miał już nawet siły wstać. Ktoś się w końcu nade mną zlitował i trochę mi tej zupy przyniósł.

Po pewnym czasie zapakowali nas do bydlęcych wagonów. Znowu staliśmy zgnieceni jak sardynki w puszce. O tym, żeby usiąść, nie mówiąc o położeniu się, nie było mowy. Bolały mnie plecy, nogi, wszystko. Jechaliśmy dwa dni do stacji Koniecpol. Staś był w stanie opłakanym. Wycieńczony z głodu i zimna, cały czas w tej samej pieluszce. Nie miałam go jak w podróży przewinąć. Nietrudno więc sobie wyobrazić, co się w tej pieluszce działo.

Na stacji, do której dojechaliśmy, czekały na nas podwody. Miały nas rozwieźć do okolicznych wsi. My trafiliśmy do wsi Żądze. Przyjęła nas do siebie gospodyni, nawet miła. Dała mnie i Stasiowi żelazne łóżeczko i wstawiła je do kuchni. Tacie nie chciała jednak dać nic. Dopiero po wielu prośbach i błaganiach przyniosła mu jakiś snopek zboża, na który po prostu padł. Ci chłopi byli mu bardzo

---

*Urodzony 1 sierpnia 1944 roku Staś jako jedno z nielicznych niemowląt przeżył ukrywanie się w piwnicach, bombardowania, głód i ucieczkę z Warszawy. Na zdjęciu: pięcioletni Staś, 1949 rok*

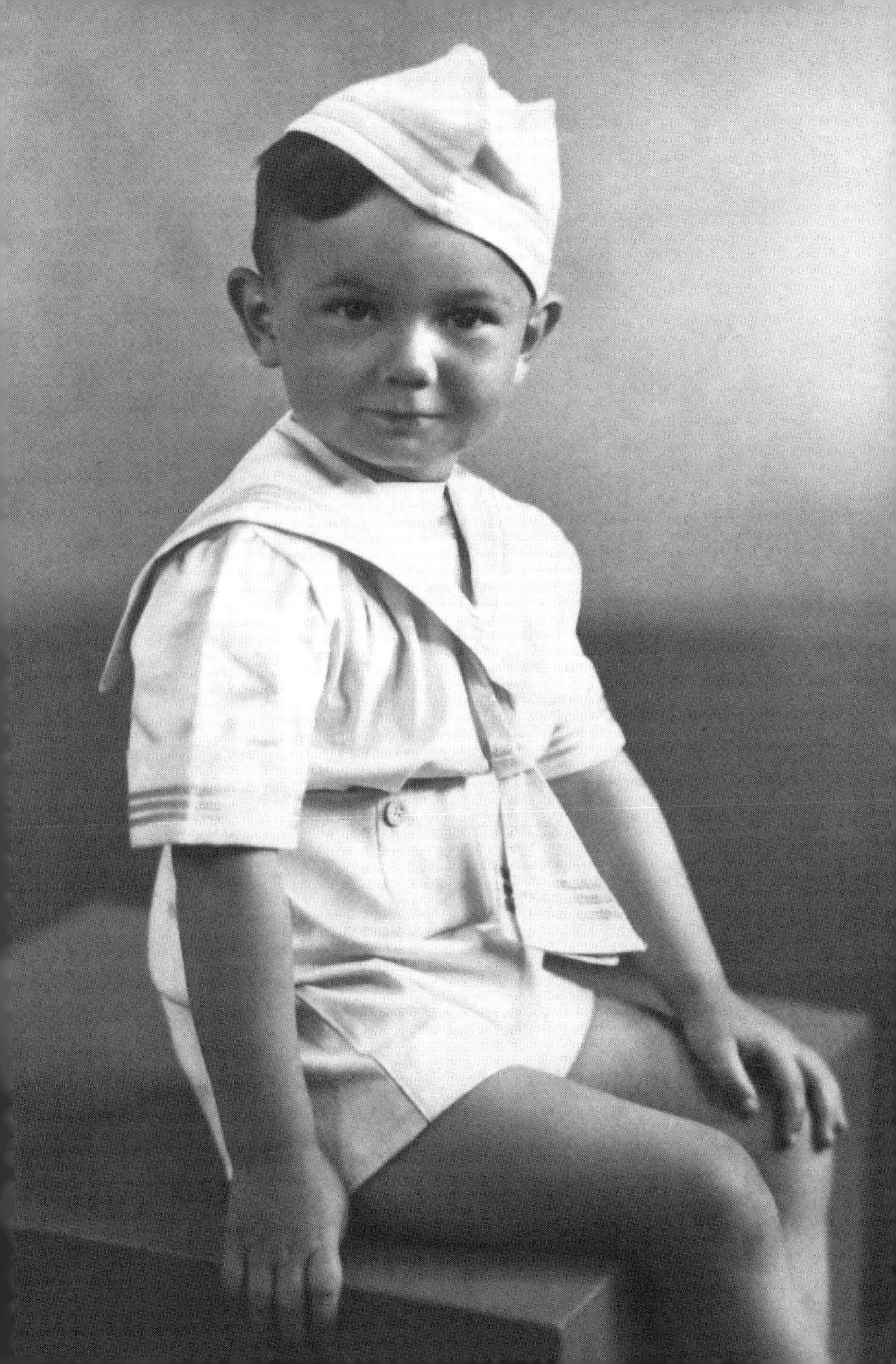

niechętni. Był bowiem stary, ciężko chory. Nie mógł pomóc przy gospodarstwie.

W końcu zawiozłam go do doktora. Lekarza tego już znałam, bo nieco wcześniej, zaraz po przyjeździe, zrobiłam straszne głupstwo. Otóż dałam Stasiowi mleka. Prosto od krowy. A on nigdy w życiu nie miał mleka w ustach. Nigdy nie przyjął tak tłustego pokarmu. Krzyczał potem tak strasznie, brzuszek bolał go tak bardzo, że byłam pewna, iż dostał skrętu kiszek. Byłam przerażona. Czyżby po tym wszystkim, co przeżyliśmy w Powstaniu, Staś miał teraz umrzeć?

Całe szczęście po pewnym czasie mu przeszło, a lekarz kazał mi rozcieńczać mleko wodą. Teraz ten sam lekarz spojrzał na mojego ojca i powiedział, że szykują we wsi szpitalik dla starszych ludzi. W pobliżu było bowiem mnóstwo uchodźców ze stolicy. Tych najstarszych, znajdujących się w najgorszym stanie, chcieli zgromadzić w jednym miejscu. Lekarz przekonywał mnie, żebym mu zostawiła tatę. Zgodziłam się, wierząc, że się nim odpowiednio zajmie.

Po kilku dniach, niespokojna o tatę, postanowiłam go odwiedzić. Zawinęłam Stasia – to był już październik, było zimno – i poszłam te dwa kilometry. Szukam szpitalika. Wreszcie znalazłam. Była to zwykła nieopalana stodoła. W środku po obu stronach leżeli ludzie pokotem na słomie. Niczym nieprzykryci, w półmroku. Bez pomocy. To była umieralnia! Znalazłam tatę, już ledwo zipał. Zaczęłam strasznie płakać, a on kazał mi czym prędzej uciekać, bo panowała tam okropna wszawica. Wszystko po prostu chodziło.

Następnego dnia tata umarł. Wpadłam w rozpacz. Co ja teraz zrobię? Jak zorganizować pogrzeb? W domu obok było małżeństwo. Przyszli do mnie i powiedzieli, że pomogą. Poszliśmy razem do księdza prosić o mszę. Wyjęłam górala, czyli pięćset złotych, które przeniosłam przez całe Powstanie, i powiedziałam, że to na ofiarę. Ksiądz wziął. Potem poszliśmy do stolarza, żeby zamówić trumnę. Kiedy chciałam zapłacić, zdecydowanie odmówił przyjęcia pieniędzy.

Na pogrzebie byli tylko moi gospodarze i to małżeństwo z dzieckiem, które mi pomogło. Po mszy mężczyźni nieśli trumnę, ale zobaczyłam, że idziemy w innym kierunku niż cmentarz. Zapytałam księdza, co się dzieje. Odpowiedział, że mieszkańcy nie życzą sobie, żeby uchodźcy z Warszawy byli chowani na ich parafialnym cmentarzu. Bo nie starczy potem miejsca dla nich...

I tak tata został pochowany na uboczu, pod wsią. Obok innych podobnych nieszczęśników. Zrobiłam jakiś prymitywny krzyżyk, wsadziłam w ziemię butelkę z jego danymi. Chciałam później sprowadzić tatę do rodzinnego grobowca. Gdy pojechałam tam rok później, nie mogłam go już jednak odnaleźć. Tych bezimiennych mogił było bowiem mnóstwo. Miejscowi powiedzieli mi, że miałam szczęście, iż mój tata został pochowany w trumnie. Kolejnych warszawiaków wrzucali już do zbiorowych mogił w workach.

Po śmierci taty zostałam sama z dzieckiem. Przypomniałam sobie, że mąż miał pod Grójcem rodzinę. Rozpoczęłam podróż. Trochę furami, trochę pociągiem. Po drodze ktoś się nade mną zlitował i gdy usłyszał, że jestem z Warszawy, dał mi pięćset złotych. Wreszcie jakoś dowlokłam się do Grójca. W miejscowym RGO spotkałam ciotkę mojego męża. Gdy mnie zobaczyła, rzuciła mi się na szyję.

– Jezu, to wy żyjecie! – krzyknęła i zaraz się rozpłakała.

Okazało się, że jest u niej cała moja rodzina, moi teściowie. Wszyscy już nas opłakiwali. Myśleli, że zginęliśmy. Gdy teściowa zobaczyła swojego wnuka, prawie oszalała z radości. Zaraz go złapała i pobiegła do lekarza. To był Niemiec. Zbadał Stasia bardzo dokładnie, potem pokręcił głową, spojrzał na moją teściową i powiedział smutnym głosem, mieszając polskie i niemieckie słowa:

– Babcia, *Kinder kaputt*.

Przyszła z powrotem cała we łzach. Musiałam jej długo tłumaczyć, że skoro dziecko przetrwało Powstanie, to będzie żyło. Tak też się stało. Po przewaleniu się frontu i sowieckim „wyzwoleniu" wróciliśmy do Warszawy. To był szok. Z miasta bowiem nie zostało wiele. Znaleźliśmy jakąś oficynę w gimnazjum na Chłodnej, którą zajęliśmy. Do środka wchodziło się po drabinie przez okno, bo klatka schodowa była wypalona. W tamtej popowstańczej Warszawie takie lokum było jednak luksusem.

Mąż wrócił z niewoli pod koniec sierpnia 1945 roku. A więc nie widzieliśmy się niemal rok. Siedział w stalagu w Sandbostel, potem Niemcy wywieźli go do Jugosławii. W drodze został ranny. Sowieci zaatakowali bowiem ciężarówki z jeńcami wojennymi. Miał przestrzelone obie nogi w okolicach bioder. W szpitalu jugosłowiańskim chcieli mu amputować jedną z nich, bo była przykurczona. Dopiero siostra zakonna, która pracowała jako sanitariuszka, przekonała doktora, żeby go operować.

Do Warszawy wrócił o kulach. Ledwo nas odnalazł. Powiedziała mu o nas jakaś przypadkowo spotkana kobieta. Tak właśnie rodziny odnajdywały się po wojnie. Zupełnie przez przypadek. Żyliśmy razem przez sześćdziesiąt cztery lata. Urodziły nam się jeszcze dwie córki, Lidia i Halinka. Mam pięcioro wnuków, już dorosłych. Józek zmarł sześć lat temu. Miał wylew. Rana do końca życia nie dawała mu spokoju, właściwie połowę życia przesiedział na fotelu.

Mieszkam teraz sama, w bloku na warszawskim Służewie. Często odwiedzają mnie wnuki, dzieci. Posiedzimy, pogadamy, wypijemy herbatę. Czasami opowiem im coś o Powstaniu. O ojcu. O mnie. Miło wiedzieć, że jestem im jeszcze do czegoś potrzebna. Teraz szykuję się do urodzin Stasia, mojego pierworodnego syna, który obecnie – jak ten czas pędzi – jest już na emeryturze. To będą wyjątkowe urodziny. Staś kończy przecież siedemdziesiąt lat.

## Nocne łowy gestapo

Całe życie mieszkałam w Warszawie, w Warszawie się urodziłam i do Warszawy wróciłam po wojnie. Moje dzieciństwo było trudne. Mama umarła, kiedy miałam dziewięć lat. Tata pracował na poczcie. Nie miał dla mnie tyle czasu, ile bym chciała, ile potrzebowałam. Brakowało mi mamy... Na szczęście miałam pięcioro starszego rodzeństwa. Była między nami spora różnica wieku, najstarsza siostra była o dwadzieścia jeden lat starsza. To ona się mną opiekowała. Nie miała swoich dzieci.

Byłam typowym dzieckiem II RP. Szkoła powszechna, harcerstwo, potem gimnazjum. Poza tym należałam do PWK, czyli Przysposobienia Wojskowego Kobiet. Kiedy wybuchła wojna, miałam siedemnaście lat. Podczas kampanii wrześniowej pracowałam jako telefonistka. Najpierw w gmachu na Zielnej, a później w nowoczesnym budynku na ulicy Tłomackie. Mój tata nie poszedł na wojnę, był już za stary. W 1939 roku przeszedł na emeryturę.

Należałam oczywiście do konspiracji. Byłam łączniczką. Wyjeżdżaliśmy na manewry za miasto. Kiedy nasi chłopcy ćwiczyli, my pilnowałyśmy terenu i wszczynałyśmy alarm, kiedy w pobliżu pojawiali się jacyś Niemcy.

Ponieważ nasze mieszkanie było duże, koledzy z podziemia zaczęli traktować je jako punkt kontaktowy. I właśnie wtedy poznałam mojego męża, Józefa Wiśniewskiego. Przyszedł kiedyś do nas na jakieś spotkanie. Przypadliśmy sobie do gustu. Po trzech latach się zaręczyliśmy. Nasz ślub odbył się zaraz po tym, gdy zdałam podziemną maturę. Pobraliśmy się w kościele Karola Boromeusza na Chłodnej. Przyszła cała moja klasa. Byłam wtedy taka młoda. To był czerwiec 1943 roku. Przyjęcie weselne oczywiście odbyło się w domu. Grał patefon, były tańce. W podróż poślubną pojechaliśmy

do rodziny na wieś w pobliże Siedlec. Można powiedzieć, że był to okupacyjny miesiąc miodowy.

Kiedy Niemcy zbudowali getto, nasze mieszkanie na Grzybowskiej znalazło się za murem. Musieliśmy się przenieść na plac Kazimierza Wielkiego. W nowym miejscu mieszkałam już z mężem i oczywiście z tatą. Pamiętam, że często nocą, grubo po godzinie policyjnej, rozlegało się głośne skrzypnięcie otwieranej bramy, a potem dudnienie ciężkich buciorów na klatce schodowej. Łup, łup, łup! To były nocne łowy gestapo.

Obiecałam wcześniej, że opowiem o Krysi. Tej małej dziewczynce, która tak bardzo bała się pierwszego dnia Powstania. Otóż była to Żydówka, którą ukrywała u siebie moja siostra Julia. Krysia była wnuczką wspólnika mojego szwagra. Obaj panowie prowadzili firmę budowlaną. Gdy ta żydowska rodzina dostała nakaz wyprowadzenia się do getta, poprosiła moją siostrę i jej męża, żeby przechowali dziecko. To był rok 1940. Dziewczynka miała dwa miesiące.

Moja siostra przyjęła ją razem z jej polską nianią. To Julia dała temu dziecku na imię Krysia. Pokochała ją z mężem jak swoje własne dziecko, którego nie mogli się doczekać. Mąż Julii nie widział poza Krysią świata, mówił tylko o niej. Z powodu Krysi rodzina musiała się nawet przeprowadzić. Bali się bowiem, że w starym mieszkaniu sąsiedzi doniosą na nich gestapo. Wszyscy przecież znali Julię i wiedzieli, że nie była w ciąży. Trafili właśnie na Śliską.

Gdy biologiczni rodzice Krysi zostali zgładzeni w obozie, Julia i jej mąż chcieli ją formalnie adoptować. Nie zgodziła się jednak na to niania, która walczyła o zachowanie żydowskiej tożsamości dziewczynki. Czy chodziło o dochowanie wierności starym

---

*Halina poznała swojego męża Józefa Wiśniewskiego w konspiracji. Trzy lata później, 13 czerwca 1943 roku, zakochani pobierają się. Jest ślub kościelny, przyjęcie weselne, nawet „okupacyjny miesiąc miodowy"*

państwu, czy też o własny interes – po wojnie gmina żydowska płaciła za każde dostarczone ocalałe dziecko – nie wiem.

Ja w konspiracji należałam do II Batalionu Szturmowego „Odwet". Józek też. Z powodu strachu przed aresztowaniem noce spędzaliśmy u jego dziadka w Radości. Byłam już wtedy w zaawansowanej ciąży. Mąż kończył podchorążówkę i razem z kolegami ćwiczył musztrę u nas w domu. Pewnego razu, w trakcie ćwiczeń, zadzwonił dzwonek. Wszyscy myśleli, że to Niemcy. Tymczasem to sąsiedzi z dołu przysłali służącą.

– W imieniu państwa proszę, żeby panowie przestali tupać – powiedziała. – Żyrandol buja się u nas na wszystkie strony jak na okręcie.

Jak się czułam w ciąży? Dzięki Bogu, dobrze. Żadnych mdłości nie miałam, zachcianek kulinarnych też nie. Jedynym problemem były ubrania, bo przecież była okupacja i nie mogłam niczego kupić. Nosiłam to, co było w szafie. Tymczasem brzuch rósł. Latem jakieś luźniejsze sukienki pożyczałam od koleżanek. U lekarza też byłam chyba tylko dwa razy. Niestety, w okupacyjnych warunkach nie miałam jak o siebie dbać, nie przyjmowałam żadnych witamin. Nawet nie wiedziałam, kiedy dokładnie będę rodzić.

Którejś nocy byłam w Radości sama. To było pod koniec lipca 1944 roku. Józek spóźnił się na pociąg – miał do późna zajęcia – i został w Warszawie. Właśnie tej nocy, na moje nieszczęście, Sowieci zbombardowali kolejkę dojazdową do Warszawy. Zostałam odcięta od miasta. Rano panika, ludzie na gwałt się pakowali, było tam dużo tak zwanych letników. Mnie też poradzono, żebym uciekała do Warszawy. Bo tam są przecież jakieś schrony, na pewno będzie bezpieczniej.

W końcu poszłam na piechotę do Warszawy. Dwadzieścia kilometrów w dziewiątym miesiącu ciąży. Już na Grochowie poczułam okropne boleści. Najpierw myślałam, że to odezwały się wiśnie, które zjadłam w Radości prosto z drzewa. Gdy jednak dotarłam do rogu Marszałkowskiej i Alei Jerozolimskich, wiedziałam, że już się zaczęło. To były pierwsze skurcze. Stanęłam pod jakimś murem i nie mogłam złapać oddechu. Co robić? Przecież w takim stanie nie dojdę do domu.

Najbliżej miałam do siostry na Śliską. Całe szczęście mieszkała na parterze, choć i tak, wdrapując się po tych kilku stopniach, czułam się, jakbym zdobywała Giewont. Zgięta wpół zapukałam do drzwi. Kiedy Julia mnie zobaczyła, o mało nie krzyknęła z przerażenia. Pot zrosił mi całe czoło, włosy miałam w nieładzie, sukienka mi się przekręciła. Jęczałam z bólu. Julia natychmiast położyła mnie do łóżka i popędziła po akuszerkę. Wody odeszły mi rano. Chyba o piątej.

*Halina Wiśniewska z domu Rybak*
*(rocznik 1922)*

# „RENA"

## POWSTAŃCZE MARZENIE

Poczułam silne szarpnięcie. Nie da się tego do niczego porównać. Rzuciło mną o ziemię, straciłam przytomność. To było przedziwne uczucie. Zrobiło mi się gorąco. Ogarnęła mnie cisza i spokój. Błogość. W ogóle nie czułam bólu. Jakbym wpadła pod wodę. To trwało jednak bardzo krótko. Po chwili obudziłam się gwałtownie, zaczerpnęłam powietrza i poczułam potworny ból. Znowu wokół mnie rozpryskiwały się granaty, znowu słyszałam huk wystrzałów. Byłam z powrotem w Powstaniu.

Okazało się, że jedna kula przeszyła mi prawą rękę, druga lewą nogę. Pierwszy pocisk przeszedł na wylot, nad stawem łokciowym. Całe szczęście nie zdruzgotał kości, ale straszliwie rozszarpał mięśnie. To samo było z nogą. Wylała się ze mnie olbrzymia ilość krwi. Byłam w szoku. Koledzy ściągnęli mnie na dół do piwnicy. Tam zajął się mną nasz gruziński lekarz „Kaukaz", o którym jeszcze opowiem.

Gdy zobaczył moją zmasakrowaną rękę, złapał się za głowę. Powiedział, że trzeba będzie amputować. Pomimo okropnego bólu zaczęłam mu tłumaczyć, żeby tego nie robił. Prosiłam, żeby oszczędził rękę. Udało się. Do dzisiaj mam dużą bliznę, ale rękę uratowałam. Ten postrzał przytrafił się w wyjątkowo fatalnym momencie. Było to 26 września na Mokotowie. A więc jeden dzień przed kapitulacją dzielnicy. Niemalże w ostatniej walce.

Wieczorem tego dnia wszyscy szykowali się już do ewakuacji. Chłopcy zawinęli mnie w koc i tak przenieśli do innej, bezpieczniejszej

*Pod koniec Powstania Halina została ciężko ranna –*
*życie uratował jej Niemiec, któremu przypominała córkę.*
*Na zdjęciu: Halina krótko po zakończeniu wojny, czerwiec 1945 roku*

piwnicy. Doktor „Kaukaz" dał mi przed drogą zastrzyk z morfiny, więc czułam się dobrze. Mój oddział dostał rozkaz wycofania się do kanałów. Rannych nie można było brać ze sobą. Zostaliśmy w piwnicy na rogu ulic Bałuckiego i Odolańskiej pod opieką sanitariuszek. Tam spędziłam noc.

Rano zapanował wielki harmider. Rozeszła się wieść, że została podpisana kapitulacja Mokotowa. Stało się jasne, że góra za godzinę w piwnicy będą Niemcy. Pamiętam, że podeszła do mnie sanitariuszka. Miała takie smutne oczy... Powiedziała, że nie mają noszy. A ja przecież nie mogłam iść o własnych siłach. Wyprowadzili więc innych rannych, którzy byli w stanie jako tako się poruszać. Zostałam w tej piwnicy sama, obok mnie leżał tylko trup.

Ta dziewczyna, nie wiem nawet, jak się nazywała, powiedziała mi na odchodnym, że gdy tylko będą mogli, to po mnie wrócą. Była to jednak wyłącznie próba podniesienia mnie na duchu. Obie doskonale wiedziałyśmy, że to nieprawda. W piwnicy zaległa całkowita cisza. Po blisko dwóch miesiącach Powstania było to przedziwne. Pamiętam, że leżąc wtedy na podłodze, zastanawiałam się, jak umrę. Czy z głodu, czy Niemcy wrzucą do piwnicy granat?

Nagle usłyszałam rumor, jakieś hałasy, podniesione głosy. To byli oni. Wyciągnęli mnie na zewnątrz, na podwórko i zaczęli wszystko przeszukiwać, plądrować. Nikt się mną nie interesował. Ponieważ wiedziałam, że dobijali rannych, powiedziałam, żeby zaoszczędzili mi już cierpień i dobili również mnie. Jeden z nich podszedł do mnie i... do dzisiaj ciężko o tym mówić... powiedział, żebym zrobiła to sama. Następnie wsadził mi w dłoń pistolet.

Odbezpieczyłam broń zdrową ręką i wtedy zobaczyłam, że nie ma magazynka. Powiedziałam mu, że z tego pistoletu sam może się zabić. O to tylko mu chodziło. Gdy zobaczył, że potrafię się posługiwać bronią, natychmiast mi ją wyrwał i stwierdził, że jestem bandytą. Odpowiedziałam, że owszem, ale oni też są bandytami.

Ta opowieść może wydawać się nieprawdopodobna, ale było mi już wszystko jedno. Byłam pewna, że zginę.

Doszło między nami do otwartej kłótni. Powiedział, że mieli tego dnia bardzo dobre polowanie na bandytów. Odpowiedziałam, że my również. Tego było już za wiele. Krzyknął, że mnie „rozwali". Doskoczył do mnie i przystawił mi do głowy pistolet. Tym razem naładowany. Dookoła stała grupa młodych Niemców, którzy obserwowali tę dramatyczną scenę z zaciekawieniem. W końcu jednak najwyraźniej się znudzili i... po prostu sobie poszli. Do dzisiaj nie potrafię sobie wytłumaczyć, dlaczego wówczas mnie nie zabili. Może mieli już dość mordów w tym dniu?

Po pewnym czasie przyszedł inny Niemiec. Był w wieku mojego ojca. Przyniósł mi jakieś zdezelowane krzesło, posadził mnie na nim i powiedział, że ma córkę w moim wieku, osiemnastoletnią. Pokazał mi jej zdjęcie i powiedział, że mnie uratuje, bo może w tej samej chwili ktoś tak samo pomoże jego córce. Potem zniknął również on. Siedziałam tak na tym krześle oniemiała, wyczerpana, ciężko ranna. Bez wody, bez jedzenia, sama.

Nie wiem, ile to mogło trwać, chyba gorączkowałam. Nagle – nie wierząc własnym oczom – zobaczyłam, jak ten starszy Niemiec idzie z moimi dwiema koleżankami, jeszcze z żoliborskiej konspiracji, „Małgorzatą" i „Moniką". Tą „Małgorzatą", o której powstała powstańcza piosenka *Sanitariuszka Małgorzatka*. Okazało się, że spotkał je na ulicy i kazał im przyjść zabrać ranną. Ten Niemiec uratował mi życie. Jak się okazuje, po tamtej stronie także zdarzali się ludzie. Nieliczni, ale się zdarzali.

Koleżanki zaniosły mnie do szpitala i położyły na podłodze. Nikt z rannych nie mógł nawet marzyć o łóżku. Nie był to jednak kres gehenny. Weszli do nas kolejni Niemcy i zaczęli nas kopać. Nas, rannych, w tym wiele kobiet, kopali obitymi w blachę buciorami. Grozili, że nas wszystkich rozstrzelają. Piana na ustach, dzikie wrzaski, tak jak to tylko Niemcy potrafią. Nie wiem, jak by się to wszystko skończyło, gdyby nie pojawił się ich dowódca.

Moim najstraszliwszym przeżyciem z tych godzin było potworne, palące pragnienie. Wszyscy ranni jęczeli o wodę, skowytali. I ta całkowita bezradność sanitariuszek, które nie miały skąd tej wody brać. Niemcy w końcu zorganizowali z okolicznych wsi podwody i zaczął się transport. Niemiec, który mnie uratował, dał mi jakiś płaszcz. Już zaczynały się bowiem jesienne słoty. Nigdy nie dowiedziałam się, komu zawdzięczam życie. Powiedział mi tylko, że jest piekarzem z Berlina.

Przewieźli nas do stajni wyścigowych na Służewcu. Wróciłam więc do miejsca, gdzie dwa miesiące wcześniej rozpoczynałam Powstanie.

## Godzina „W"

Już parę dni przed wybuchem Powstania byliśmy w pełnej gotowości. Rozkazu spodziewaliśmy się w każdej chwili. Trudno opisać tamtą atmosferę. Naszym punktem zbornym była Galeria Luksemburga na Senatorskiej. Gdy 1 sierpnia przed południem przyszła do nas łączniczka z wiadomością, że zaczynamy punkt siedemnasta, byłyśmy niesłychanie przejęte. A więc to dzisiaj, wreszcie wybiła godzina, na którą tak czekaliśmy. Co nam przyniesie?

Udałam się do punktu na Sapieżyńskiej 10, gdzie mieszkał Wojtek Jasiński „Kapsel". Była już u niego spora grupa chłopaków. Przyniosłam rozkaz, według którego nasz oddział miał zaatakować tory wyścigowe na Służewcu. Pamiętam ich ogromny entuzjazm i to, że „Kapsel" wyciągnął jakiś bimber, nalał chłopakom dla kurażu i nawet mnie chciał poczęstować. Oczywiście się wywinęłam i pobiegłam dalej z rozkazami. Powstanie dla „Kapsla" skończyło się tragicznie. Poległ 1 sierpnia, w pierwszym szturmie.

Gdy uderzyliśmy na Niemców, czuliśmy taką euforię. Byliśmy przekonani, że szybko przepędzimy ich z miasta. Niemcy na Służewcu początkowo byli zaskoczeni, ale szybko pozbierali się do kupy. To był żołnierz doświadczony, świetnie uzbrojony i zorganizowany. Przeciwnik niezwykle trudny. A nasze uzbrojenie i doświadczenie bojowe to był prawdziwy dramat.

Na drużynę mojego późniejszego męża, Tadeusza Kubalskiego „Zbroi", liczącą jedenastu ludzi, przypadał zaledwie jeden pistolet maszynowy z trzema magazynkami, dwa pistolety i jeden zardzewiały karabin. Tak zresztą wyglądała sytuacja prawie wszystkich oddziałów AK. A my, dziewczyny, byłyśmy wyposażone jedynie w torby sanitarne. Dopiero później, już na Mokotowie, doczekałam się broni, ale była to słabiutka „piątka". Trzymałam ją jedynie z myślą, żeby nie dać się Niemcom wziąć żywcem.

Pierwszym rannym, którego opatrywałam w Powstaniu, był Rajmund Kaczyński „Irka" , ojciec świętej pamięci prezydenta Lecha Kaczyńskiego. Pamiętam to jak dziś. Kciuk wisiał mu dosłownie na jednej żyłce. Muszę przyznać, że byłam tym widokiem przerażona. Na szczęście Rajmund trzymał się dobrze, o wiele lepiej ode mnie, pomimo że to przecież on został ranny.

Kazał mi obciąć ten palec, ale ja oczywiście tego nie zrobiłam. Nie byłam w stanie. Raz, że bym nieuchronnie zemdlała, a po drugie miałam nadzieję, że jednak uda się go uratować, przyszyć. Założyłam więc opatrunek i posłałam go do punktu sanitarnego. Naszą rolą – jako sanitariuszek liniowych – była bowiem właśnie pierwsza pomoc, zabezpieczenie rany. Dalsze leczenie i opatrywanie odbywało się już poza linią frontu.

Noc spędziliśmy na fortach obok Wyścigów, a nazajutrz dostaliśmy rozkaz wycofania się z Warszawy. Przez bagna i Lasy Kabackie przedarliśmy się do Chojnowa. Ze względu na trudy marszu nie mogliśmy zabrać ciężko rannych, którzy zostali na Służewcu w piwnicach. Spotkał ich los straszliwy. Do Chojnowa dotarliśmy nieludzko wyczerpani. Przynieśliśmy tam polską chorągiew, zakrwawioną i poszarpaną, ale wolną. Kiedy obserwowaliśmy z dystansu łunę unoszącą się nad płonącą Warszawą, ogarniało nas przerażenie. To były tragiczne chwile. Czuliśmy się pobici. Na duchu podtrzymywała nas ludność chojnowska. Nakarmili nas, przenocowali. Zapłacili za to zresztą koszmarną cenę. Dwa tygodnie później do miejscowości przyszli Niemcy i w odwecie za „wspieranie bandytów" dokonali krwawej pacyfikacji.

Spódnica, w której poszłam do Powstania, nie nadawała się już do niczego. Już w czasie odwrotu dostałam od Wieśka Fidlera „Grota" jakieś spodnie, które – padał deszcz, przedzieraliśmy się przez bagna – zesztywniały do tego stopnia, że poharatały mi uda do krwi. Mimo to starałam się jakoś trzymać i nie płakać. Tak wyglądał nasz pierwszy dzień walki. Najgorsza była bezradność. Na naszych oczach, w pierwszym powstańczym szturmie, zginęło tylu naszych kolegów. My zaś nie mogliśmy nic zrobić.

Umierali również nasi ranni, nie mieliśmy warunków, żeby ich operować. Lekarz, który był z nami podczas walk na Służewcu, uciekł. Po prostu zostawił nas samych. Po wojnie zajmował wysokie stanowisko, nawet spotkałam go kiedyś na konferencji naukowej, bo ja również po latach zostałam lekarzem. Jak się okazało, człowiek ten nie miał żadnych wyrzutów sumienia z powodu porzucenia rannych w godzinie „W".

Całe szczęście był z nami jeszcze jeden lekarz. Nazywał się Kerimow Zyfilgar, nadaliśmy mu pseudonim „Kaukaz". Był to Gruzin, który został wcielony do Armii Czerwonej, dostał się do niewoli niemieckiej i razem z grupą innych gruzińskich jeńców pracował w Szpitalu Ujazdowskim. Uciekł stamtąd i dołączył do naszego oddziału. Przeszedł z nami całe Powstanie i nigdy nas nie zawiódł.

## Trzystu

Do Warszawy wróciliśmy w połowie sierpnia. Przyszedł rozkaz, że wszystkie oddziały, które na początku bitwy wycofały się z miasta, mają powrócić i pomóc walczącej stolicy. Było to o tyle trudne, że Warszawa została otoczona przez Niemców tak zwanym pierścieniem śmierci. Gęstą siecią posterunków. Przed wymarszem odbyła się uroczysta msza, przystępowaliśmy do spowiedzi i do komunii. Wiedzieliśmy, że wielu z nas nie przeżyje.

Już w trakcie walk 1 sierpnia mogliśmy się przekonać, jak potworna jest dysproporcja sił między Niemcami a Polakami. Liczyliśmy się więc ze stratami, ale nikt z nas nie przypuszczał, że zostanie nas dosłownie garstka. Z trzystu żołnierzy naszego oddziału pod koniec Powstania przy życiu nie pozostało nawet dwudziestu.

Podchodziliśmy trzykrotnie, żeby przedrzeć się przez niemiecką zaporę. Pierwszy raz rozbili nas pod Wolicą. Musieliśmy szturmować znakomicie ufortyfikowane stanowiska artyleryjskie. Nawet teraz, choć upłynęło przecież tyle lat, mówię o tym z trudnością.

Za drugim razem, gdy próbowaliśmy się przedrzeć do Warszawy, Niemcy przypuścili nas niemal do samych pozycji. Mogliśmy usłyszeć niemieckie rozkazy. Jednym z nich był „*Feuer!*". Znowu strzelali do nas jak do kaczek. Uratował nas rów melioracyjny, którym wycofywaliśmy się do lasu. Przeszliśmy szosę wilanowską i utknęliśmy w jakichś kartoflach.

W pewnym momencie usłyszeliśmy, że od strony Warszawy jadą samochody. To były niemieckie posiłki! Zaległiśmy w tych kartoflach piętnaście metrów od szosy, bojąc się ruszyć. A te samochody, jak na złość, zatrzymały się tuż obok nas. Niemcy zapalili latarki, wyjęli mapy i zaczęli je studiować. A my leżeliśmy, bojąc się, żeby ranni nie wydali najmniejszego jęku. Wtedy byłoby po nas. A mieliśmy ze sobą ciężko rannych, niektórzy majaczyli.

Minuty strasznie nam się dłużyły. Dla nas to była wieczność, dla tych Niemców może kilka minut. Zapalili jeszcze po papierosie i w końcu pojechali w stronę Wolicy. Nie pozostało nam nic innego, jak tylko wrócić do Lasu Kabackiego. Rannych opatrywaliśmy pod kurtkami i szmatami, żeby tylko przykryć światło latarek. I znowu czekaliśmy na łącznika, żeby nas przeprowadził. Nocowaliśmy w lesie. Było zimno, mokro i gryzły nas komary.

Podczas trzeciej próby przebicia się do Warszawy nasz patrol natknął się na wojsko. Całe szczęście byli to przyjaźni nam Węgrzy. Wytłumaczyli nam, jak najlepiej przejść przez niemieckie posterunki.

---

*Jako sanitariuszka Halina dwukrotnie uratowała życie Rajmundowi Kaczyńskiemu „Irce". Gdyby nie ona, Lech i Jarosław Kaczyńscy nigdy by się nie urodzili.*
*Na zdjęciu: powstańcy pomagający rannemu*

Chcieli nawet do nas dołączyć. Całe szczęście tego nie zrobili – wszyscy by przecież zginęli. To dzięki nim dotarliśmy wreszcie na Mokotów. Miałam ochotę rzucić się na tę ukochaną, warszawską ziemię i ją całować. Czułam, że jestem z powrotem w wolnej Polsce.

Przeszliśmy do naszej kwatery na Puławskiej 132. Tam odnalazł nas Rajmund Kaczyński. Gdy go zobaczyłam, powiedziałam mu, żebyśmy poszli na świeży grób jednego z kolegów. Żachnął się, że dopiero co do mnie przyszedł, a mnie już gdzieś niesie. Jednak poszedł. Wyszliśmy na zewnątrz, pokonaliśmy może z pięćdziesiąt metrów i nagle pocisk uderzył dokładnie w ten budynek. Wszyscy, którzy się w nim znajdowali, zginęli. Można powiedzieć, że uratowałam sobie i Rajmundowi życie.

Uczestniczyliśmy w wielu akcjach na Mokotowie. Nasi koledzy ginęli nieustannie. Pamiętam taką sytuację na Czerniakowie w końcu sierpnia. Cały czas szliśmy pod niemieckim ostrzałem. Zajęliśmy pozycje na ulicy Hołówki, weszliśmy do mieszkania na pierwszym piętrze. Było to mieszkanie lekarza, w szafkach były różne fiolki z lekarstwami, a na podłodze leżały porozrzucane zdjęcia z Alp. Przepiękne.

Za oknem walka, krew się leje, padają strzały, a my najspokojniej w świecie oglądamy fotografie. Wtedy właśnie powzięłam postanowienie, że jeśli przeżyję, to będę musiała te Alpy sama zobaczyć.

Z zadumy wyrwał nas potworny huk. Obok nas rąbnął moździerz. Rzuciliśmy zdjęcia i zbiegliśmy na dół. Widok ściskał gardło. Po prostu rzeź. Gdyby nie to, że musiałam zająć się opatrywaniem rannych, chyba zaczęłabym wyć z tej rozpaczy i bezsilności. Opatrywaliśmy zmasakrowanych chłopców na wyrwanych drzwiach, na jakichś deskach, na czymkolwiek się dało. Jeden z chłopaków, młody, nastoletni, umarł mi na rękach.

Innym razem w mieszkaniu znaleźliśmy adapter. Puściliśmy *Ostatnią niedzielę* Mieczysława Fogga. Trwało to może kilka minut.

Nagle muzyka raptownie się urwała. To zabłąkana kula uderzyła w adapter i go uciszyła.

Pamiętam też, jak udało mi się umyć włosy. Chciałam je wysuszyć na zewnątrz, na wietrze. Nagle kula gwizdnęła mi nad głową. To był niemiecki snajper – gołębiarz. Znowu cudem uniknęłam śmierci. Ten gołębiarz zabił wielu naszych kolegów. Był dla nas prawdziwym utrapieniem. Wreszcie wytropił go nasz kolega, Józef. Rozegrała się wówczas dramatyczna scena. Józef nie miał odwagi zabić tego Niemca z bliskiej odległości, kazał mu więc skakać. A to był przecież strych, piąte piętro, na dole beton. Nie było najmniejszych szans na przeżycie. Niemiec skoczył.

Potem mieliśmy odbić Siekierki. Stoimy w pierwszej linii, a przed nami uzbrojeni po zęby Niemcy. Panika. Trzeba się kryć. Wpadamy do pierwszego lepszego domu, a tam... zakład zajmujący się wyrobem trumien. Zapadła noc i mieliśmy dylemat. Czy kłaść się na gołym betonie, czy w tych trumnach? Wybraliśmy w końcu trumny. Wysłaliśmy je trocinami, przykryliśmy derkami i bardzo wygodnie nam się spało. Robiliśmy sobie kawały i przykrywaliśmy kolegów wiekiem trumny. Byliśmy tacy młodzi...

## Czerniaków

Kompania K1 Pułku „Baszta" – czyli moja – dotarła do klasztoru Sióstr Nazaretanek na Czerniakowie. Tam miała miejsce większość naszych bojów, tam spędziłam większą część Powstania. Chcieliśmy przejąć klasztor. My obsadziliśmy parter, a oni zajmowali pierwsze piętro. Pamiętam, że któregoś razu Niemiec wychylił się z tego piętra i wołał o sanitariuszkę, bo mieli kupę rannych. Nie poszłam jednak, bałam się. Nie bałam się natomiast narażać życia dla naszych chłopców.

Sytuacja stawała się z każdą godziną coraz bardziej dramatyczna. Czołg stojący w głębi Czerniakowskiej zaczynał się niebezpiecznie do nas zbliżać. Potrzebowaliśmy jakiegoś PIAT-a czy panzerschrecka, żeby go „upolować". Trzeba było więc zanieść meldunek majorowi „Majstrowi". Dwóm chętnym się to nie udało. Jeden został ranny, na szczęście udało się go ściągnąć z przedpola, drugi nie miał tyle szczęścia. Meldunek pozostawał niedoręczony, a czołg był tuż-tuż.

Porucznik „Bolek" zwrócił się do chłopaków:

– Kto pójdzie do „Majstra" na ochotnika?

Pamiętam ciszę, jaka wtedy zaległa. Nikt dobrowolnie nie chciał przecież iść na śmierć. W końcu powiedziałam, że ja spróbuję. Wszyscy patrzyli na mnie, jakbym już była trupem. Wzięłam pistolet „siódemkę" i wyszłam przed budynek. Pędem puściłam się przed siebie. Na dzień dobry dostałam serię od Niemców z góry, z pierwszego piętra. W pierwszym odruchu cofnęłam się, ale potem myślę: „Głupia, tchórzysz? Podjęłaś się misji, to teraz idź".

Wyskoczyłam po raz drugi, jakoś udało mi się przebiec przez podwórko. Potem przez kartoflisko, gdzie byłam pod ostrzałem z trzech stron: z góry klasztoru, od strony koszar na Podchorążych i od strony ulicy. Musiałam przebiec około dwustu metrów. Na szczęście parokrotnie się wywróciłam, to mi chyba uratowało życie. Kule poszły górą. Raz potknęłam się o trupa. Wreszcie dobiegłam do punktu docelowego. W bramie stali koledzy i dopingowali mnie. Za tę akcję dostałam Krzyż Walecznych.

Często byłam obecna przy ostatnich chwilach naszych żołnierzy. Wielokrotnie mówili o swoich matkach. Przecież to byli bardzo młodzi chłopcy.

– Co mama powie, co mama powie? – wołali w malignie.

Jednego chłopca, rannego w szyję, opatrzyłam na tyle, na ile się dało, posadziłam na leżaku, a on mówił do mnie o swojej mamie.

Po dwudziestu minutach już nie żył. Ci młodzi żołnierze nie wszyscy mieli dziewczyny, ale wszyscy mieli matki.

Na początku byliśmy nastawieni bardzo optymistycznie, nasza wiara mogła przenosić góry. Z czasem to się przerodziło w rozpacz. Jedliśmy od przypadku do przypadku. Gdy zajmowaliśmy mieszkania i domy, to często tam znajdowaliśmy jakieś zapasy. Czyli na ogół kaszę pół na pół z robakami, czasem suchary, w wyjątkowych przypadkach konserwy. Pamiętam, że raz uśmiechnęło się do mnie szczęście i znalazłam butelkę z topionym masłem.

Spaliśmy w ubraniach. Jeden jedyny raz pozwolono nam, sanitariuszkom, się wykąpać. Było to w łaźni na rogu Dolnej i Puławskiej. Poszłyśmy w pięć dziewczyn. Wśród nas była bardzo piękna łączniczka Zofia Bajzert „Kama". Miała bransoletkę w kształcie węża. Wyszłyśmy stamtąd zachwycone. Czyste, uczesane – luksus. Trudno opisać, co to było za uczucie móc wreszcie doprowadzić się do porządku.

Nagle „Kama" zorientowała się, że nie ma bransoletki. Wróciła do łaźni, ale zguby już nie odnalazła. Była przekonana, że to zły znak. W nocy przyszedł rozkaz, że mamy odbijać Sadybę. Było to 1 września. Akcja – przykro to mówić – kompletnie bez sensu. Idziemy przez pola w kierunku Sadyby. Jesteśmy we cztery z naszą kompanią. „Kama" miała taką charakterystyczną pilotkę z brązowej skóry. Nie zdążyłyśmy nawet opatrzyć pierwszych rannych, kiedy gruchnął strzał. Zginęła na miejscu, nawet nie udało nam się zabrać jej ciała.

Gdy już po Powstaniu jej matka szukała ciała, wytłumaczyłyśmy jej mniej więcej, gdzie poległa. Okazało się, że ktoś „Kamę" pochował. Oczywiście w bezimiennej mogile. Na krzyżu zawiesił właśnie tę pilotkę. I po czapce matka poznała, że tu leży jej ukochana córka.

Potem było jeszcze wiele akcji, bitew, ucieczek i natarć. Przez miesiąc codziennie stawałam twarzą w twarz ze śmiercią. Sama się dziwię, że jedna osoba mogła tyle przeżyć. Krążyła opinia, że kule się mnie nie imają.

Kilka dni przed kapitulacją Mokotowa zginął kuzyn Tadeusza, Janusz Ratkiewicz „Sęk". Pamiętam, że kiedy go opatrywałam, to śpiewał. Mówię do niego:

– Czyś ty zgłupiał?

A on dalej śpiewał. Tuż przed wyjściem na akcję powiedział do mnie:

– Minutę wcześniej czy minutę później, to już nie ma znaczenia. I tak tego nie przeżyję.

I poszedł, a ja krzyknęłam jeszcze za nim, ale już mnie nie usłyszał. Od razu ścięła go seria z karabinu maszynowego.

Potem i mnie dosięgły te dwie nieszczęsne kule. Pamiętam, że kiedy Niemcy przetransportowali mnie z innymi rannymi na Służewiec, ze zdumieniem oglądałam Warszawę. Kiedy wieźli nas Puławską i patrzyłam na zrujnowane budynki, to nie wierzyłam, że kiedykolwiek Warszawa zostanie odbudowana. Byłam pewna, że to koniec stolicy. To była jedna wielka sterta gruzów. Widok po prostu szokujący.

Ze Służewca trafiłam do Milanówka. Najpierw umieszczono nas w kinie Oaza. Leżeliśmy tam na podłodze na siennikach. I nawet panowała tam pogodna atmosfera. Urządzaliśmy wieczorne „wszobicie" – byliśmy strasznie pokąsani przez insekty – i śpiewaliśmy powstańcze piosenki. Jak reagowali na to Niemcy? Nawet do tego kina nie zaglądali. Panował tam bowiem niebywały fetor. Lała się z nas ropa, gniły stare opatrunki.

Obok mnie leżał młody chłopiec bez nogi. Rozpaczał, że nie będzie mógł już jeździć na nartach. A ja rozpaczałam, że nie będę mogła już grać w mojego ukochanego tenisa. Na szczęście wkrótce odnalazła mnie mama, która – razem z siostrą – przetrwała Powstanie na Żoliborzu.

## Konspiracja

Dlaczego poszłam do Powstania? To było dla mnie oczywiste. To było naturalną konsekwencją patriotycznego wychowania, jakie otrzymałam w II Rzeczypospolitej. Byłam dzieckiem tego kraju i tej epoki. Wpojono mi wielką miłość do ojczyzny, dla której – w godzinie próby – należy być gotowym na największe poświęcenia.

Urodziłam się w 1927 roku w Wilnie, ale mieszkałam za Karaciszkami i Trokami, w rodzinnym majątku Bryzlenne. Mój ojciec, Henryk Wołłowicz, był oficerem, weteranem bitwy 1920 roku. Dorastałam w kulcie Marszałka. Tata snuł wieczorami długie opowieści o naszych przodkach, którzy brali udział w powstaniach listopadowym i styczniowym. Była to więc niejako sztafeta pokoleń... Byłam w niej tylko kolejnym ogniwem. Z kolei mama, Maria, była piękną, czułą i oczytaną kobietą. Uwielbiałyśmy z siostrą patrzeć na naszych rodziców, byli razem tacy szczęśliwi.

Ojciec brał udział w kampanii 1939 roku. Gdy do Polski wkroczyli Sowieci, przedostał się do Rumunii, a stamtąd przez Jugosławię do Francji. Chciał się bić dalej. Dzięki temu uniknął tragicznego losu swoich kolegów, którzy wylądowali w katyńskim lesie. Nas, czyli mamę, mnie i siostrę, wojenna zawierucha rzuciła do Tarnopola. Szybko jednak, nie bez dramatycznych przygód, uciekłyśmy do Generalnego Gubernatorstwa. Byle dalej od bolszewików.

Zamieszkałyśmy na Żoliborzu. Lata okupacji to był dla nas ciężki okres. Mama nie należała do osób specjalnie zaradnych i rolę pani domu musiała przejąć nasza niania. Mama, żeby zdobyć pieniądze na jedzenie, sprzedawała biżuterię. Niestety robiła to wyjątkowo nierozsądnie, za połowę ceny. Zimą bardzo doskwierał nam brak opału. Maturę – na tajnych kompletach – zdałam pod koniec maja 1944 roku.

MOKOTÓW – 1944
ŁĄCZNICZKA „ŁENA”

Ogromna część moich koleżanek z klasy świadectwem dojrzałości cieszyła się tylko dwa miesiące. Zginęły w Powstaniu.

Do organizacji zwerbował mnie kolega, Tadeusz Jakubiec. Przysięgę złożyłam 30 października 1942 roku. Przyjęłam pseudonim „Rena". Nawiązanie kontaktu z AK nie stanowiło żadnego problemu. Żoliborz to była przecież dzielnica oficerska, tam wszyscy „coś robili". Zostałam od razu przydzielona do „Baszty", do kompanii K1, jako łączniczka. My, dziewczyny, byłyśmy mniej narażone na zatrzymanie przez patrol niemiecki na ulicy niż chłopcy.

Męża – Tadeusza Kubalskiego „Zbroję" – poznałam właśnie w podziemiu. Przyszłam raz do niego do domu z rozkazami. Nie mogę powiedzieć, że od razu między nami zaiskrzyło. Na początku był kolegą, bardzo sympatycznym, ale kolegą. Zaczęliśmy jednak bywać u siebie, poznaliśmy swoje nazwiska, rodziny. Ta konspiracja żoliborska była zresztą konspiracją dość wątpliwą, bo prawie wszyscy znali swoje dane personalne. Mimo to nie było przypadków zdrady w momencie aresztowania.

Ja sama, na wypadek zatrzymania, miałam w staniku i w mankiecie płaszcza zaszyty cyjanek. Bałam się, że nie wytrzymam tortur i kogoś wydam. O siebie się nie martwiłam. Wiedziałam, co robię, była to decyzja świadoma.

Konspiracja była bardzo ważnym okresem w moim życiu. Uczestniczyłam w szeregu akcji. Jedna była nawet groteskowa, działo się to na ulicy Gdańskiej, obok posterunku gestapo. Chodziło o zniszczenie jakichś dokumentów. Akcja się udała. Już po wszystkim chłopcy musieli pozbyć się broni, żeby w razie czego byli „czyści". Koło Dworca Gdańskiego znajdowały się baraki z drewnianymi komórkami,

---

*Pierwszego męża, Tadeusza Kubalskiego „Zbroję", poznała jeszcze w czasie konspiracji na Żoliborzu. Wkrótce się zaręczyli. Na zdjęciu: portret Haliny Wołłowicz narysowany w trakcie Powstania przez narzeczonego*

z warzywami, owocami, beczkami z kapustą. Jeden z chłopców wrzucił pistolet właśnie do takiej beczki z kapustą. Inny poszedł do mieszkania na Gdańskiej, gdzie otworzyła mu gosposia, która zlitowała się nad chłopakiem i wzięła od niego broń na przechowanie. Takie rzeczy możliwe były tylko w tej szalonej Warszawie.

Następnego dnia zostałam wyznaczona, żeby tę broń pozbierać. Wzięłam więc kolorową torbę, przeszłam koło posterunku gestapo i udałam się w kierunku warzywnych baraków. Pamiętam zdziwione miny przechodniów, którzy przyglądali się, jak zanurzam rękę aż po łokieć w beczce i, ku ich ogromnemu zdziwieniu, zamiast kapusty wyjmuję broń. Następnie spokojnie wkładam ją do torby. Oczywiście nikt nie zdradził.

Potem odebrałam drugi pistolet. Wróciłam z akcji szczęśliwa, ale z dwoma niedziałającymi pistoletami. Bo jeden zamókł w kapuście, a do drugiego dostał się piasek. Okazało się, że przestraszona gosposia zakopała pistolet w piwnicy!

Codziennie działo się zresztą coś niebezpiecznego. Raz przewoziłam z Bonifraterskiej nieduży radioodbiornik, ale za to z ogromną ilością kabli. Ukryłam to wszystko w mufce. Siedziałam w tramwaju i w pewnym momencie z mojej mufki zaczęły wychodzić druty. Obok mnie stało dwóch młodzieńców, którzy od razu mnie zasłonili, abym mogła to uporządkować. Znowu się udało.

Mama bardzo to wszystko przeżywała. Nawet powierzchowna rewizja w naszym mieszkaniu przyniosłaby fatalny skutek. Dosłownie wszędzie, na szafie, pod łóżkami, leżały pistolety i stosy konspiracyjnej prasy. A co ciekawe, Niemcy mieszkali piętro niżej. Oczywiście, choć byłam nastolatką, umiałam się obchodzić z bronią. Regulamin wojskowy też musiałam poznać. To było przecież wojsko, a nie zabawa.

Szkolenie w mojej grupie przeprowadzał wspomniany już Rajmund Kaczyński „Irka", ojciec Lecha i Jarosława Kaczyńskich, któremu w czasie Powstania uratowałam życie. Myślę zresztą, że on się we mnie podkochiwał. Co ciekawe, jestem ciocią obecnego prezydenta Bronisława Komorowskiego. Tak to właśnie zaskakująco przeplatają się ludzkie losy.

## Sen

Po wojnie wróciłyśmy na Żoliborz. Mieszkanie było całe, ale splądrowane. Najbardziej przeżyłam to, że ukradziono wszystkie książki. A mieliśmy wspaniały księgozbiór. Ojciec po wojnie wylądował w Anglii. Napisałam do niego list, żeby do nas wrócił, nie bacząc na konsekwencje. Był przecież oficerem AK i groziło mu aresztowanie. Wuj mojego ojca, ówczesny minister spraw zagranicznych Michał Romer, kiedy dowiedział się, że ojciec wraca do kraju, nawet nie podał mu ręki. W Polsce tata nie mógł znaleźć pracy, został przez komunistów zdegradowany. Żyliśmy w nędzy.

Mój przyszły mąż, Tadeusz, po Powstaniu poszedł do niewoli. W Brukseli, po wyzwoleniu z obozu jenieckiego, zapisał się na Akademię Sztuk Pięknych. Marzył jednak, żeby wrócić. Podróż miał odbyć z córką Konstantego Schielego, założyciela słynnego warszawskiego browaru Haberbusch i Schiele, dla której załatwił nielegalne dokumenty. Niestety, na granicy została zatrzymana i wskazała na Tadeusza jako na poręczyciela prawdziwości swoich dokumentów. Oczywiście go aresztowali.

Odbył się proces, do sprawy dokumentów prokurator dorzucił mu jeszcze sprawy akowskie. Komuniści bezwzględnie zwalczali wówczas akowców jako „wrogów ludu" i „faszystów". Kiedy wyszedł na wolność na początku 1956 roku, niemal od razu się pobraliśmy. W październiku następnego roku urodziła się nasza córka, Grażyna. W maju podobno nie powinno się brać ślubu, bo to przynosi

*Halina po wojnie została lekarką. Po dziesięciu latach małżeństwa rozwiodła się z Tadeuszem Kubalskim. Wyszła za mąż ponownie dopiero w 1981 roku. Jej drugi mąż, Olgierd Hołownia (na zdjęciu), również powstaniec, walczył w Zgrupowaniu „Żywiciel"*

pecha. Sprawdziło się to w naszym przypadku, po dziesięciu latach małżeństwa rozwiedliśmy się.

Drugi raz wyszłam za mąż w 1981 roku. Dwadzieścia lat po ślubie mój mąż, Olgierd Hołownia – podobnie jak ja pochodzący z Litwy – zmarł. W 1982 roku zostałam babcią. Urodził się Piotrek. A w 1993 roku mój drugi wnuk, Rafał.

Po wojnie zostałam lekarzem. Skończyłam w Warszawie studia medyczne. Studiowałam jeszcze historię sztuki, ale dyplomu już nie zrobiłam. Pracowałam zawodowo czterdzieści trzy lata. Sporo podróżowałam. Obietnicy złożonej na ulicy Hołówki podczas Powstania dotrzymałam. Zobaczyłam Alpy.

Przez wiele lat po wojnie Powstanie wracało do mnie w snach. Przez pierwszy rok bałam się zasypiać. A potem prześladował mnie już tylko jeden sen. Śnił mi się chyba z tysiąc razy. Mam już córkę, Grażynę, ale jestem nadal w piwnicy. Trwa bitwa. Jestem powstańcem. Dostaję rozkaz, że mam iść walczyć, ale przecież mam przy sobie moje małe dziecko. Boże, co ja mam robić? Co ja mam robić?! I nagle ta piwnica zostaje otoczona przez Niemców. Zbliżają się. Zaraz zejdą na dół. A ja jestem sama. Tylko z córeczką.

*Halina Hołownia z domu Wołłowicz*
*(rocznik 1927)*

# ZOSIA

## MIŁOŚĆ I ŚMIERĆ W WALCZĄCEJ WARSZAWIE

Wpadłyśmy. Ja, Irka i Wićka. Początkowo cały dzień trzymali nas w mieszkaniu w kotle. A potem wyprowadzili, czy raczej wykopali na ulicę. Mieli broń, byli brutalni. Kilku ponurych, chamskich drabów. Wsadzili nas do zakrytej brezentem ciężarówki. Jak się wówczas mówiło – „budy". Jadąc, próbowałam się zorientować, jakimi ulicami nas wiozą. Byłam w końcu harcerką. Wyglądało na to, że na wschód, na Pragę. Nie pomyliłam się, w pewnym momencie wjechaliśmy na most pontonowy.

Podczas jazdy nie myślałam o sobie. Martwiłam się o mamę i siostrę, które na pewno już odchodziły od zmysłów. Przecież dopiero co szczęśliwie odnalazłyśmy się po Powstaniu. A teraz coś takiego. Zostałam aresztowana przez Urząd Bezpieczeństwa.

Samochód wreszcie się zatrzymał i pod strażą wprowadzono nas do jakiegoś budynku, na pierwsze lub drugie piętro. Trudno dzisiaj przypomnieć sobie takie szczegóły. W pokoju były tylko dwa biurka. Zakazali nam podchodzić do okna, zaryglowali drzwi. Tak spędziłyśmy noc. Rano dostałyśmy kawałek chleba. Potwornie chciało nam się pić. O myciu nie było mowy. Po kilku dniach zaczęły się przesłuchania. Wićce udało się tylko szepnąć:

– Nigdzie nie należałyście, nie byłyście w żadnej konspiracji. Zrozumiano?

Przesłuchania były jakąś monotonną, ciągnącą się całymi godzinami potwornością. W kółko te same pytania. Najpierw o Armię Krajową, potem o kontakty po sowieckim „wyzwoleniu". Nazwiska dowódców, miejsca przechowywania broni. I oczywiście życiorys. Pisałam go w kółko, cały czas na nowo. Po pewnym czasie znałam ten życiorys na pamięć, na wyrywki. Jak pacierz.

Starałam się jakoś trzymać. Uporczywie trzymałam się wersji, że Wićkę znam ze sklepu na Mokotowie, gdzie razem pracowałyśmy. Gdy dzisiaj wspominam te przesłuchania, najsilniejsze emocje wywołują we mnie ubeccy śledczy. Co to byli za potworni ludzie. Wyrażali się w sposób przechodzący wszelkie pojęcie. Wyzywali mnie, traktowali nieludzko. A ja miałam wówczas zaledwie dziewiętnaście lat.

Po kilku dniach, widocznie w celu złamania mojego oporu, przenieśli mnie do piwnicy. To była nora bez podłogi i okna. Na klepisku kilka garści słomy. Drzwi z luźnych desek, ściany z cegieł, kłódka. Zwykła piwnica służąca teraz komunistom za więzienie. Na czterech metrach kwadratowych siedziałyśmy we trzy. Ja, jakaś zwykła handlarka i kobieta oskarżona o kolaborację z Niemcami. Nie mogłam wytrzymać z powodu panującej tam potwornej duchoty. Do tego straszny smród. Niemyte ciała, brudne ubrania. Za ubikację służył zwykły, przelewający się kubeł.

Nawiązałyśmy kontakt z ludźmi z sąsiednich piwnic. Obok siedział ksiądz, z którym śpiewałyśmy religijne pieśni. Nam pozwalało to nie tracić ducha, a naszych strażników doprowadzało do wściekłości. W jednej z piwnic był major AK, który miał napady silnej gorączki, wyglądało, jakby cierpiał na malarię. W innej siedzieli konfidenci gestapo. Na piwnicznych, ceglanych ścianach naszej celi poprzednicy pozostawili wydrapany napis: „Jutro wywożą nas na białe niedźwiedzie".

---

*Po upadku Powstania Zofia została aresztowana i była przesłuchiwana przez Urząd Bezpieczeństwa. Mimo chwil zwątpienia nigdy się nie złamała. Na zdjęciu: Zofia podczas okupacji*

Gdy to przeczytałam, uzmysłowiłam sobie całą grozę położenia. Był to moment, gdy zaczęłam się bać o życie. Czy ja stąd kiedykolwiek wyjdę? Tymczasem przesłuchania trwały. O różnych porach dnia i nocy. Zawsze tak samo. Za stołem kilku facetów w mundurach i protokolant. Ja oślepiona ostrym światłem nagiej żarówki. W pamięci utkwiły mi dwa momenty. Jeden nawet zabawny, kiedy zauważyłam, że podsunięty mi do podpisu protokół aż roi się od koszmarnych byków ortograficznych. Ci śledczy zresztą często nie tylko słabo pisali, ale i słabo mówili po polsku. Tacy to właśnie byli „Polacy".

Następnie pojawiło się załamanie, całkowita bezsilność. W pewnym momencie śledczy, gdy po raz kolejny zapewniłam, że nie byłam członkiem żadnej organizacji, stwierdził:

– Takiej, która nigdzie nie należała, w czasie gdy cała młodzież walczyła z hitlerowcami, należy plunąć w twarz.

Była to prowokacja. Chciał, żebym się przyznała.

Rzeczywiście były takie chwile, gdy chciałam przerwać ten koszmar. Wykrzyczeć im całą prawdę. Że byłam w Armii Krajowej. Że walczyłam w Powstaniu Warszawskim. Że jestem z tego dumna. Niech robią ze mną, co chcą. Byłam brudna, głodna, zawszona, zrezygnowana. Czarna rozpacz. Dowiedziałam się, że moja siostra, która poszła mnie szukać, wpadła w założony w mieszkaniu ubecki kocioł i siedzi w innej celi. Wyobrażałam sobie, co musi przeżywać biedna mama.

9 maja 1945 roku powiedzieli nam, że wojna skończona. Niemcy skapitulowały, Hitler palnął sobie w łeb. Płakałam rzewnymi łzami. Nie tak wyobrażałam sobie ten dzień. Nie tak to miało wyglądać. Pewnego dnia do naszej celi przyprowadzono nową. Była straszliwie skatowana. Aby ona mogła leżeć, my musiałyśmy usiąść w kucki. Tak mało było miejsca. Całe jej ciało i twarz były sine. Nie była w stanie nic powiedzieć. Robiłyśmy jej okłady. Zastanawiałam się: czy taki los czeka również mnie?

Tymczasem w moje więzienne życie wdała się rutyna. Od chłopaka z sąsiedniej celi dostałam talię kart, wykonaną ręcznie na tekturkach z pudełek od pocisków. Bladym świtem byłyśmy wyprowadzane do pomieszczenia, w którym znajdował się zlew i mogłyśmy się „umyć". Wszystko musiało odbyć się w błyskawicznym tempie i pod bacznym okiem strażnika, który stał przed nami i się w nas wgapiał. Było to straszne upokorzenie.

Piwnice tymczasem coraz bardziej się zagęszczały. Zbliżał się koniec maja 1945 roku. Pewnego ranka Wićka przekazała mi wiadomość. Mogę się już przyznać do AK. Oni i tak już wszystko wiedzą. To był koniec... Nigdy nie dowiedziałam się, kogo złamali.

Po kilku dniach zostałam wywołana na górę, do dyżurki przy schodach. Siedział tam śledczy. Pamiętam, że nazywał się Halicki. Oświadczył, że jest już dla mnie wyrok i kazał mi mówić. Powiedziałam mu, że jeżeli winą jest chęć bicia się z Niemcami, konspiracja i udział w Powstaniu, to tak – jestem winna. Do żadnej innej winy się jednak nie poczuwam. I nic więcej nie mam do powiedzenia.

Następnego dnia rano ja i Irka Artysz zostałyśmy wypuszczone na wolność. Chyba już do końca życia nie dowiem się dlaczego. Może uznali, że jesteśmy płotkami? Że nie warto sobie nami zawracać głowy? Kazali nam jeszcze podpisać zobowiązanie, że o wszystkim, co tam widziałyśmy, nikomu nie powiemy. Z naszej trójki skazana została tylko Wićka, czyli Wincentyna Markowska. Siedziała później w obozie w Rembertowie i w więzieniu w Rawiczu.

Ja w areszcie na rogu Strzeleckiej i Środkowej przebywałam przez trzydzieści jeden dni. Równo miesiąc. Tak komuniści „nagrodzili" mnie za udział w Powstaniu Warszawskim i walkę o wolną, niepodległą Polskę. A ja przecież – zamiast siedzieć w ubeckiej piwnicy – miałam szykować się do ślubu. No cóż, los chciał, że moje życie potoczyło się zupełnie inaczej, niż planowałam...

## Ptak pod gruzami

Wszystko najlepsze, co mnie spotkało w życiu, zdarzyło się w Warszawie. Sukcesy, praca, wielka miłość. A w tle wojna, okupacja, Powstanie Warszawskie. Byłam jeszcze młoda, wydawało mi się, że całe życie przede mną. Po wojnie zdałam sobie sprawę, że choć nie skończyłam jeszcze dwudziestu lat, najlepsze mam niestety za sobą.

Mój rodzinny dom był skromny. Miałam jedną siostrę, starszą o dwa lata. Ojciec, odkąd pamiętam, należał do PPS-u. Był pracownikiem Poczty Polskiej. Ten zawód nigdy nie należał do intratnych. Mama musiała zatem rozważnie gospodarować domowym budżetem, aby na wszystko starczyło. Była bardzo zaradną kobietą. Choć w domu się nie przelewało, zawsze mieliśmy świetnie zaopatrzoną spiżarnię na zimę. Weki, dżemy w słoikach, worki z kaszą i mąką. Dlatego właśnie w trzydziestym dziewiątym nie dała zaskoczyć się wojnie.

Mieszkaliśmy na Powiślu, na ulicy Cichej. Uczyłam się w szkole na Drewnianej, jednej z najlepszych i najstarszych warszawskich szkół. I muszę przyznać, że szło mi nie najgorzej.

Jako mała dziewczynka wolałam towarzystwo chłopców. Ganiałam z nimi po drzewach, na wsi u ciotki jeździłam konno na oklep. Moja siostra przeciwnie. Garnęła się do kobiecych robótek, była typem córeczki mamusi. Nikogo więc nie dziwiło, że ja chodziłam posiniaczona i umorusana, a siostra z gładko zaczesanym warkoczem.

W 1939 roku dostałam się do szkoły handlowej, tak zwanej kupieckiej, mieszczącej się na ulicy Górnośląskiej. Tata był ze mnie ogromnie dumny. Miałam wtedy trzynaście lat. Otwierało się przede mną tyle nowych perspektyw. Nowa szkoła, nowi znajomi.

Z niecierpliwością czekałam na początek roku szkolnego. Oczywiście na próżno. 1 września wybuchła wojna.

Niemcy weszli do Warszawy z końcem miesiąca. Dla nas, patriotycznie nastawionych dziewcząt, było to prawdziwym dramatem. Byłyśmy po prostu wściekłe. Razem z siostrą chodziłyśmy ulicami i spluwałyśmy przed żołnierzami. Cóż miałyśmy jednak robić – trzeba było jakoś żyć. Nasze mieszkanie było zrujnowane, pocisk uderzył w kuchnię i jeden pokój. Całe szczęście nie było nas w domu. Miałyśmy jednak ptaszka i ten ptaszek stracił życie pod gruzami. To się może wydać śmieszne. Wybuchła wojna, zginęły tysiące ludzi, Polska utraciła niepodległość. A my z siostrą długo płakałyśmy za tym ptaszkiem.

Ojciec dalej pracował na Poczcie, ale było nam coraz ciężej. Ja zdecydowałam się rozpocząć naukę w trzyletniej szkole handlowej na Bagateli, żeby móc szybko pójść do pracy. Oprócz normalnego programu nauczyciele wykładali nam również, oczywiście po kryjomu, historię i polską literaturę. Pani od gimnastyki wybrane uczennice werbowała do tajnego harcerstwa. Właśnie w ten sposób trafiłam do konspiracji.

Zaczęły się szkolenia: pierwsza pomoc, rozeznanie w terenie, łączność. Byłyśmy nawet któregoś razu na obozie harcerskim w lesie pod Warszawą, mieszkałyśmy w stodole u rolnika. Przyrzeczenie harcerskie złożyłam przy latarce imitującej ognisko, którego z wiadomych powodów nie mogłyśmy rozpalić. Szybko zaczęło się szkolenie wojskowe, musiałam złożyć kolejną, tym razem wojskową, przysięgę. Uroczystość odbyła się w czyimś mieszkaniu na Mokotowie. Przed tym byłyśmy na Mszy Świętej i u spowiedzi. Było nas sześć dziewczyn, przysięgę przyjmowała nasza przełożona, Antonina Konówna. Jedno zdanie szczególnie zapadło mi w pamięć: „Zwycięstwo będzie twoją nagrodą, zdrada karana jest śmiercią".

Mąż mojej kuzynki, Stanisław Sierakowski, był wybitnym profesorem bakteriologii i prowadził laboratorium medyczne na ulicy Kruczej. Potrzebował sekretarki i zwrócił się w tej sprawie do mnie. Akurat w tym czasie zmarł mój ojciec. Mimo że mama robiła wszystko, co było w jej mocy, żeby nas jakoś utrzymać, musiałam zacząć zarabiać. Oferta pracy w laboratorium spadła nam więc jak z nieba.

Laboratorium było wykorzystywane przez podziemie jako skrzynka kontaktowa. Obaj synowie profesora Sierakowskiego z pierwszego małżeństwa byli członkami Związku Walki Zbrojnej. Zaczęłam działać razem z nimi. Przygotowywałam się do bycia

łączniczką. Sanitariuszką nie chciałam być, bałam się krwi. Wizja zajmowania się rannymi po prostu mnie przerażała. Zamiast tego uczyłam się alfabetu Morse'a, posługiwania się bronią.

W konspiracji obowiązywała jedna podstawowa zasada. Nie wolno mówić innym kolegom nic o sobie. Najlepiej, żeby nikt o nikim niczego nie wiedział, oczywiście oprócz pseudonimów. Powód był bardzo prozaiczny. Jeżeli nie znało się nazwisk kolegów, jeżeli nic się o nich nie wiedziało, w razie „wpadki" nie można było ich zdradzić podczas gestapowskich tortur.

Niestety, muszę się przyznać, że nie udało mi się być wierną tej konspiracyjnej zasadzie. A to dlatego, że... się zakochałam. Kazik był największą miłością mojego życia. Niesamowicie przystojny, starszy ode mnie o sześć lat. Był jednym z dwóch synów profesora Sierakowskiego, stopień: plutonowy podchorąży. Pseudonim „Włodek". A ja byłam przecież zwykłą dziewczyną z Powiśla. Wyglądałam zwyczajnie, raczej przeciętnie.

Nie spodziewałam się tej miłości. I nigdy nie zdradziłabym się przed Kazikiem z moim uczuciem, gdyby to nie on pierwszy zaczął o tym mówić. To były zresztą inne czasy. Byłam zbyt dumna, żeby okazać inicjatywę wobec chłopaka. I to jeszcze takiego chłopaka! Pochodził z inteligenckiej rodziny. Błyskotliwy, oczytany. Wszystkie dziewczyny wodziły za nim wzrokiem, a on wybrał mnie! Jego matka była fizykiem, całą wojnę spędziła w obozie dla kobiet w Ravensbrück. Był spokrewniony ze słynnym Janem Rodowiczem „Anodą".

Wojna trwała, ginęło mnóstwo ludzi, a ja przeżywałam wielką miłość. Choć nie byliśmy jeszcze po słowie, zachowywaliśmy się jak narzeczeni. Gdzie chodziliśmy na randki? Na film wybrać się

*Młodzi i zakochani – Kazimierz Sierakowski z Zosią na placu Teatralnym kilka miesięcy przed wybuchem Powstania*

oczywiście nie mogliśmy. Obowiązywała zasada, że „tylko świnie siedzą w kinie". Chodziliśmy więc na długie spacery.

Pewnego dnia jechaliśmy na Pragę, kiedy Niemcy nagle zatrzymali tramwaje na moście Poniatowskiego. Ludzie zaczęli wyskakiwać, tramwaj powoli stawał się pusty. Sztywni ze strachu zostaliśmy na swoich miejscach. Jakoś się udało. Do naszego tramwaju nie weszli. Kazik bardzo się o mnie bał. Konspiracja to była niebezpieczna sprawa.

## Miasto walczy

Wreszcie nadszedł upragniony czas mobilizacji. Idziemy do Powstania! Dostałam rozkaz. Miałam się stawić u koleżanki na zbiórkę, w sumie było nas tam pięć dziewcząt. Jeszcze wieczorem 31 lipca zadzwoniłam do Kazika, ale akurat pech chciał, że go nie zastałam. Potem on przyszedł do mnie, ale znów się minęliśmy. Byłam tym po prostu zrozpaczona. Nie mogliśmy się zobaczyć, a przecież już zaraz miała wybuchnąć wielka bitwa!

W końcu, za pośrednictwem mojej mamy, udało nam się umówić w kawiarni na Brackiej. Kawiarnia jest zresztą w tym budynku do dzisiaj, choć nazywa się oczywiście inaczej. Przetrwało okno, w którym wtedy siedzieliśmy. W tym samym miejscu stoi stolik. Był 1 sierpnia 1944 roku, za kilka godzin miało się zacząć Powstanie. Widzieliśmy się zaledwie przez kilka chwil, zdecydowanie za krótko.

Pogładził mnie po ręce, pogłaskał po głowie. Patrzył na mnie z jakimś głębokim smutkiem. Pocieszałam go, że przecież zaraz spotkamy się na defiladzie zwycięstwa. Myślałam, że po trzech dniach będzie po wszystkim. Że łatwo zwyciężymy. Niestety, nie mieliśmy z Kazikiem czasu, musieliśmy się pospiesznie pożegnać.

Każde z nas miało przecież rozkazy. To było nasze ostatnie spotkanie w życiu.

Dopiero wtedy powiedział mi, że jest w Batalionie „Baszta". Ja z kolei nie wiedziałam jeszcze, że będę w Batalionie „Oaza". Nie powiedziano nam o tym aż do ostatnich chwil przed godziną „W". Było to całkowicie bez sensu. Przez cały okres okupacji ćwiczenia miałam bowiem na Mokotowie, a podczas Powstania wylądowałam na Sadybie.

Powstanie musiało wybuchnąć. Ale bez rozkazu do walki byśmy nie poszli. Byliśmy karnym wojskiem. Przez trzy dni poprzedzające 1 sierpnia codziennie rano szłyśmy na zbiórkę, a na noc wracałyśmy do domu, by następnego dnia znowu czekać na rozkaz. Byłyśmy niespokojne, nie mogłyśmy znaleźć sobie miejsca. Mamie mówiłam, że nie wiem, kiedy wrócę. Nie zatrzymywała mnie.

Zbliżała się godzina „W". Przyszedł do nas, na Mokotów, łącznik. Ja miałam pójść na róg ulic Zagórnej i Solec. Tam miał czekać na mnie mężczyzna z ręką na temblaku. Miałam mu powiedzieć, że nasz piąty oddział jest gotowy do akcji. Dobiegłam tam piorunem. Przemierzałam ulicę w tę i we w tę, zdenerwowana, miałam przecież przekazać rozkaz i biec dalej na Sadybę, ale nikogo nie było. Żadnego człowieka z temblakiem.

Aż tu nagle jak nie hukną karabiny, bomby i granaty! Jednocześnie rozległ się przeraźliwy ludzki krzyk. Zaczęło się! Weszłam do najbliższego domu, myśląc, że znajdę tam jakiegoś oficera, który powie mi, co mam dalej robić. I znalazłam. Ale nie oficera, lecz przerażonego szeregowca, który odpowiedział mi krótko:

– Przecież widzisz, co się tu dzieje!

Ostrzał się nasilał. Naokoło jęczeli już pierwsi ranni. Krew. Chaos na ulicy.

Poradził mi, żebym poczekała do rana i wtedy zadecydowała, czy wracam do swoich na Sadybę, czy zostaję tu, na miejscu. Byłam straszliwie zdenerwowana, nie zmrużyłam oka przez całą noc. Zresztą trudno byłoby zasnąć. To był pierwszy dzień i nie przywykłam jeszcze do kanonady. Miasto walczyło.

Pierwszą powstańczą noc spędziłam więc w piwnicy. W tłumie zdezorientowanych, przestraszonych ludzi, których Powstanie zaskoczyło w drodze z pracy do domu. Rano moja sytuacja nie wyglądała lepiej niż poprzedniego dnia. Czułam się zagubiona. Naprawdę nie musieli mnie tam wcale wysyłać. Działały jeszcze telefony, mogli zadzwonić na Solec i przekazać ten nieszczęsny rozkaz telefonicznie.

Ludzie zaczęli się namawiać, żeby przejść przez Czerniakowską. Prym wiodły zdeterminowane matki, odchodzące od zmysłów z rozpaczy o los swoich dzieci pozostawionych samotnie w domu. Zebrała się nas spora grupa. Wyszliśmy z piwnicy. Na „powierzchni" widok był przerażający, jak po kataklizmie. Tu martwy człowiek, tam konający. Dymy, gruzy, pożary. Starałam się na to nie patrzeć.

Z okien i dachów jednego z budynków strzelali do nas „gołębiarze". Biegliśmy więc szybko przed siebie, na ile starczało nam sił. Jacyś ludzie kryjący się po bramach wskazywali nam drogę:

– Tędy nie idźcie, tam Niemcy, lepiej tamtą ulicą.

Wreszcie udało mi się dobiec do budynku wojskowego naprzeciwko fortów na Sadybie. Jednak na miejscu okazało się, że w nocy nastąpił wymarsz mojego oddziału do Lasów Kabackich. Nie miałam wyjścia. Musiałam zostać i czekać na rozkaz. Nie powiem, żebym była z tego powodu szczęśliwa. Miałam walczyć, miałam

---

*Bojąc się krwi, Zofia postanowiła zostać łączniczką.*
*Przez większość Powstania walczyła na Sadybie.*
*Na zdjęciu: Stare Miasto pod koniec Powstania.*
*Na pierwszym planie Wojciech Sarnecki „Wojtek", dalej łączniczka*

działać, a jak na razie miotałam się bezradnie z miejsca na miejsce bez żadnego sensownego przydziału i zadania.

Zupełnie nie przygotowałam się na to, że Powstanie potrwa dłużej niż dwa, góra trzy dni. Oprócz zmiany bielizny nie miałam ze sobą żadnych ubrań. A ubrana byłam w sukienkę w paseczki i rzemykowe sandałki. Strój jak na piknik, a nie do walki.

Pamiętałam natomiast o tym, żeby wziąć ze sobą sztućce. Niestety, polecenie wzięłam za bardzo do siebie i zamiast zwykłych aluminiowych, którymi jadało się na co dzień, wzięłam po kryjomu z domu srebrne sztućce, z wyprawy dla mojej siostry. Przez całe Powstanie musiałam uważać, żeby ich nie zgubić. Taka byłam niemądra. Jeszcze przed wyjściem oddałam mamie pierścionek na przechowanie. Złoty z czerwonym oczkiem. Niestety, po Powstaniu zrabował mamie ten pierścionek służący Niemcom Ukrainiec.

Wreszcie znalazłam oddział i zostałam umieszczona w willi na Sadybie. Spałam w niej w jednym łóżku, na dodatek dziecinnym, z Irką. Ona była niska i gruba, a ja chuda i wysoka. Ona zajmowała

większą część wszerz, a ja zwijałam się w różne esy-floresy niczym wąż. I tym sposobem jakoś się tam mieściłyśmy. W ciągu dnia obserwowałyśmy, co się działo w forcie, który był obsadzony przez Niemców. Była to pozycja nie do zdobycia. Niemcy mieli kupę broni i świetne fortyfikacje. Całe szczęście sami się z niego po pewnym czasie wycofali.

Miałyśmy tymczasem coraz więcej pracy. Chodziłyśmy z meldunkami, a w przerwach robiłyśmy jedzenie dla naszych chłopców. Nie ma co ukrywać – była to służba ciężka i żmudna. Zdarzały się oczywiście i wesołe momenty. Czasem ktoś zagrał skoczną melodię na pianinie, ktoś inny zaśpiewał. Przecież musieliśmy jakoś żyć, żeby nie zwariować. Byliśmy młodzi. Pamiętam też, jak nasi zdobyli fabrykę na Czerniakowie.

Tam były świetnie zaopatrzone magazyny. Dostałyśmy ciepłą odzież – bieliznę, swetry i skarpetki – oraz… kosmetyki. Szminki i inne podobne rzeczy, z których pewnie byśmy w normalnych czasach bardzo się ucieszyły, ale w tej sytuacji były zupełnie bezużyteczne.

Zabawnie było również, gdy chłopcy złapali małego prosiaka i dali nam – mnie i dwóm koleżankom – żebyśmy go oprawiły. Nam, trzem dziewczynom z dobrych, miejskich domów. Nie miałyśmy bladego pojęcia, jak się za to zabrać. Ledwo sobie poradziłyśmy. Była z tego oczywiście kupa śmiechu.

Z drugiej strony, kiedy człowiek jest zakochany, a obiekt uczuć jest daleko, to nijak mu do tańców i żartów. Cały czas myślałam, co robi teraz Kazik, gdzie jest? Czy przypadkiem nie ranny, czy ma co jeść, pić, kiedy się zobaczymy? Niestety, nie miałam od niego żadnych wiadomości.

Pamiętam też, że raz, idąc do ataku pod dowództwem rotmistrza „Gardy", wzięliśmy jeńca. Gdy chłopaki do niego dopadli, krzyczał w niebogłosy:

– *Ich bin Katholik, Ich bin Katholik! Hitler kaputt! Hitler kaputt!*

Ta historia nas po prostu uskrzydliła. Wydawało nam się, że skoro Niemcy tak się zachowują, to zwycięstwo jest już pewne. Że to długo nie potrwa. Niestety, stało się inaczej. Mijały kolejne dni, a nasza sytuacja okazywała się coraz bardziej krytyczna.

Raz wysłano nas z dziewczynami w kierunku klasztoru Nazaretanek na Mokotowie. Doszłyśmy prawie do ulicy Chełmskiej, gdy nagle natknęłyśmy się na Niemców i musiałyśmy się

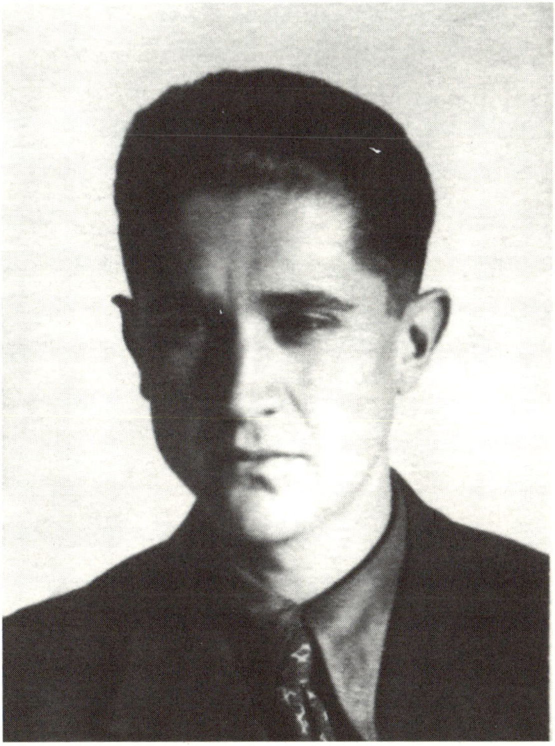

*Kazimierz Sierakowski „Włodek" – młody, przystojny, pochodzący z inteligenckiej rodziny. Zosia nie spodziewała się, że zostanie największą miłością jej życia. Zdjęcie Kazika z czasów okupacji*

wycofać. To było chyba najgorsze moje przeżycie z całego Powstania. Nagle znikąd pojawił się z rykiem silnika czołg i zaczął walić z działa. W naszych szeregach zapanowała potworna panika, niestety opuściliśmy stanowiska.

A Kazik, jak się później dowiedziałam, był właśnie koło tego klasztoru Nazaretanek. Byliśmy więc przez chwilę tak blisko siebie, nawet o tym nie wiedząc. Gdy się wycofaliśmy, spotkałam kolegę Kazika. Powiedział, że mój ukochany ma się dobrze. Że wszystko u niego w porządku. Jest na Czerniakowie, cały i zdrowy. Poprosiłam go, żeby przekazał Kazikowi, że jestem na Sadybie.

Kazik poległ 27 sierpnia, właśnie przy klasztorze Nazaretanek. Gdy ja byłam zaledwie dwie ulice dalej. O jego śmierci dowiedziałam się dopiero po wojnie. Jak zginął? Słyszałam tyle różnych wersji... Podobno biegł na przedzie oddziału, a przecież jako dowódca wcale nie musiał. Tam miały dosięgnąć go kule wroga. Czasami zastanawiam się, czy jego śmierci nie spowodowała przypadkiem ta wiadomość ode mnie przekazana przez kolegę. Może próbował się do mnie przebić? Nigdy się tego już nie dowiem.

Nie można było nawet zabrać jego ciała. Spłonęło do ostatniej kości.

## Bez opaski

Z końcem sierpnia naloty zaczęły się nasilać. A my byliśmy bezradni. Nasi dowódcy mieli swoją kwaterę od strony fortów. Pewnego dnia spadła na nią bomba lotnicza. Akurat wtedy, gdy trwała narada. Eksplozja była tak potężna, że ziemia się rozstąpiła i wszystko pochłonęła. Zginął każdy, kto znajdował się w pobliżu, łącznie z naszymi koleżankami. Wtedy poszedł potężny niemiecki atak od strony szosy Królewskiej. Wielu naszych zginęło, linia się załamała, napór przeciwnika był zbyt silny.

My, sanitariuszki i łączniczki, obserwowałyśmy to z prawdziwym przerażeniem, jak zahipnotyzowane. Z odrętwienia wyrwał mnie dopiero jakiś chłopak:

– Uciekajcie! – zaczął krzyczeć. – Zrywajcie opaski, idźcie jako cywile!

Zorientował się, że to koniec. Błyskawicznie zerwałam opaskę i ukryłam ją za jakąś rurą w piwnicy (po wojnie po nią wróciłam, była w tym samym miejscu). Chwilę później wpadli między nas Niemcy. Krzyki:

– *Raus! Raus!*

Eksplozje granatów, ostatnie pojedyncze strzały. Byłyśmy w niewoli. Sadyba upadła. Był 2 września.

Jakiś niemiecki żołnierz wbiegł do piwnicy i zaczął wrzeszczeć, żebyśmy wychodziły na górę. Zaraz zrobiło się ich mnóstwo. Każdej z nas przyłożyli po plecach kolbą karabinu. Byłam pewna, że już po mnie. Dopiero później dowiedziałam się, że tego dnia Niemcy i żołnierze jednostek wschodnich dopuścili się na zdobytej Sadybie straszliwych bestialstw. Rozstrzeliwali kobiety i dzieci, wrzucali do piwnic pełnych ludzi granaty. Wielu powstańców wziętych do niewoli rozstrzelali na miejscu.

Stał się jednak cud i my przeżyłyśmy. Żołnierze zaprowadzili nas do zgromadzonej w pobliżu ludności cywilnej i zaczęli nas pędzić przed siebie. Razem z nami szły kobiety z dziećmi, niektóre pchały wózki. W tłumie było wielu rannych. Starałyśmy się ich opatrzyć. Jakaś kobieta dostała histerii, musiałyśmy ją uspokoić. Ją i jej małe dziecko. To był moment, w którym byłam pewna, że idziemy na stracenie.

Niestety my, powstańcy, nie potrzebowaliśmy opasek, żeby wyróżniać się z tłumu. Chłopaków Niemcy wyciągnęli od razu. Nietrudno było ich odróżnić. Wojskowe buty, bryczesy, bluzy mundurowe, pasy i czapki. W końcu wyłapali nas wszystkich i postawili w szeregu. Zbliżała się noc. Cały dzień trzymali nas na placu, bez jedzenia i wody. Razem z cywilami. A były przecież wśród nich kobiety i małe dzieci, słaniające się ze zmęczenia i odwodnienia.

Cywilów w końcu popędzili do pociągów, które zabrały ich do obozu w Pruszkowie. A po nas przyjechały samochody. Wieźli nas nie wiadomo dokąd. Wreszcie wjechaliśmy w jakąś bramę. Szybko zorientowaliśmy się, że jesteśmy na placu Narutowicza w Domu Akademickim. Zaprowadzili nas do cel i trzymali w nich całą noc. A my wciąż o suchym pysku, nieumyci, nieziemsko zmęczeni. Ze zrezygnowaniem, bo nie mieliśmy już na nic siły, przyglądaliśmy się zakrwawionym schodom.

W podziemiach tego budynku wcześniej zgładzono kilkaset osób. Dzisiaj jest tam nawet tablica. Uratowało nas jednak to, że alianci, a w ślad za nimi Niemcy, uznali nas za żołnierzy. Nie byliśmy już „bandytami" i nie mogli nas rozstrzelać. Umieraliśmy z głodu i wtedy uratowali nas koledzy... suchym makaronem. Przeciągnęli nam go przez dziurkę od klucza w drzwiach oddzielających nasze cele. Trzymaliśmy ten makaron w ustach, aż się rozpuścił.

Potem Niemcy nas przesłuchiwali. Zarzekałam się, że nie brałam udziału w walkach. W końcu dali nam spokój i trafiliśmy na Dworzec Zachodni. Był 7 września. Kombinowałyśmy z koleżanką, jak uciec z transportu. Przechadzałyśmy się tu i tam, aż w pewnym momencie wskoczyłyśmy za jakąś budkę.

Udało się uciec. Choć, mówiąc szczerze, nie był to jakiś wielki bojowy wyczyn. Ci Niemcy, którzy zajmowali się transportem cywilów i jeńców, nie byli już tacy agresywni i żądni krwi jak żołnierze pacyfikujący Powstanie. Przymykali oko na takie ucieczki.

Za budką stał pociąg, który odjeżdżał w kierunku Sochaczewa. Poszłyśmy do kolejarzy błagać, żeby nas zabrali. Kierownik pociągu się zgodził. Siadłyśmy w przedziale pasażerskim, szczęśliwe, bo koleżanka miała w Sochaczewie rodzinę i było u kogo się ukryć. Nagle: napad paniki! Do przedziału wszedł Niemiec. Zmartwiałyśmy ze strachu. To koniec. On tymczasem jak gdyby nigdy nic usiadł na ławce, wyciągnął gazetę i pogrążył się w lekturze.

Ten Niemiec był bardzo elegancki. Czysty, wyprasowany mundur, wypastowane na wysoki połysk buty. Coś niesamowitego, jeszcze dzień wcześniej byśmy do niego strzelały, a teraz znajdowałyśmy się z nim w jednym przedziale. Siedziałyśmy jak na szpilkach, nie mogłyśmy się doczekać, aż pociąg wreszcie ruszy. A on jak na złość – stał. Minuty strasznie się dłużyły. Wreszcie maszynista dał sygnał do odjazdu.

Dojechałyśmy jakoś w tym dziwnym towarzystwie do Sochaczewa. Ku naszemu przerażeniu na stacji była budka, w której żandarmi sprawdzali przepustki wysiadających. Wszyscy ludzie z pociągu wysiedli, a my nie wiedziałyśmy co robić. Długo tak siedzieć jednak nie mogłyśmy. W końcu wstałyśmy z miejsc i szłyśmy powoli peronem. Patrzymy, a tu „nasz" Niemiec z przedziału stoi i szwargocze sobie z żandarmami. Gdy nas zobaczył, kiwnął ręką, żebyśmy przechodziły. Nie sprawdzili nas.

W Sochaczewie miałyśmy znajomego, pana Strzeleckiego, który później zgnił w jakimś łagrze na Syberii, deportowany przez NKWD. Wówczas był jednak jeszcze szefem policji i dowódcą AK w tej okolicy. Szybko znalazł nam jakieś lokum. Po tych wszystkich przejściach zapadłam na zdrowiu, miałam wysoką gorączkę. Wreszcie udało mi się jednak odnaleźć mamę i siostrę. Wynajęłyśmy izbę w wiejskiej chacie niedaleko Sochaczewa.

Nadszedł rok 1945. Niemcy uciekli i wkrótce do wsi wkroczyli Sowieci. Nad naszymi głowami przewalił się front. Początek „wyzwolenia" nie był zbyt zachęcający. Najpierw we wsi pojawił się pierwszy bolszewik, który zdążył jeszcze ostrzelać niemieckie tylne straże. Potem pojawiła się ich chmara. Wyszłyśmy przed dom, żeby zobaczyć nowych zdobywców. Jeden z żołnierzy podszedł do mamy i brutalnie wyrwał jej torebkę.

Wiem, że w to, co teraz powiem, trudno uwierzyć, ale jakiś inny Sowiet, wyższy stopniem, zobaczył tę scenę i kazał mu tę torebkę zwrócić. Na tle tego, jak oni się wówczas zachowywali, był to prawdziwy ewenement. Pamiętam z tych dni jeszcze jedno: ciała niemieckich żołnierzy rozrzucone na drogach. Pierwsza moja myśl była: „A dobrze wam tak. Za Powstanie, za nasze krzywdy, za okupację". Potem jednak się zreflektowałam. To jednak nie po chrześcijańsku złorzeczyć zabitym. I zmówiłam za nich *Zdrowaś Maryjo*.

W końcu, po kilku miesiącach, postanowiłyśmy piechotą wrócić do Warszawy. Dom był wypalony. Na ścianie napisałam wiadomość, gdzie mieszkam. Oczywiście dla Kazika. Byłam pewna, że będzie mnie szukał. On się jednak nie zgłosił. Napis przeczytali inni znajomi i sporo osób do mnie przychodziło. O Kaziku żadnych wiadomości. Zamieszkałyśmy obok, na ulicy Dynasy, w pustym, poniemieckim mieszkaniu. Miało być na chwilę, a mieszkałyśmy w nim do 1957 roku.

Powrót do Warszawy był dla mnie, osoby wychowanej w tym mieście, czymś niezwykle trudnym. Z mojej ukochanej stolicy zostało morze gruzów. Zburzone kościoły, zabytki, spalone dzieła sztuki. Dwieście tysięcy zamordowanych. Cóż za straszna strata. Cóż za tragedia. Czy dobrze się stało, że wybuchło Powstanie Warszawskie? No cóż, chyba cała sprawa rzeczywiście nie została przez naszych dowódców do końca przemyślana.

Ale z drugiej strony – jak można było powiedzieć nam, młodym, że nie będziemy walczyć? Że nie podejmiemy próby odzyskania

---

*Po powrocie do Warszawy Zofia chodziła na ulicę Czerniakowską na ekshumacje – wtedy nie wiedziała jeszcze, że po ukochanym nie zostało nic prócz popiołów. Na zdjęciu: powojenne ekshumacje przy kościele św. Jakuba na placu Narutowicza*

wolności, przepędzenia znienawidzonych Niemców, dokonania odwetu za te pięć straszliwych okupacyjnych lat. My tak chcieliśmy walczyć! Myślę, że gdy już powołano do życia tak wielką organizację konspiracyjną jak Armia Krajowa, organizację zrzeszającą rzesze młodych, rwących się do boju ludzi, to wybuch Powstania był nieunikniony.

Kilka dni po powrocie do Warszawy poszłam przez rumowiska do laboratorium, w którym pracowałam w czasie okupacji. Tam też niczego nie było, wszystko wypalone. Stanęłam bezradna na Kruczej, nagle patrzę i nie wierzę własnym oczom: idzie profesor Sierakowski! Pełna nadziei podbiegłam do niego i zapytałam:

– Panie profesorze, co z Kazikiem?!

Profesor był przygarbiony, zmaltretowany. Spojrzał na mnie smutno, zwiesił głowę i zrezygnowanym tonem powiedział:

– Nie żyje.

W tym momencie coś we mnie pękło.

## Ekshumacje

Gdy wypuszczono mnie z ubeckiego więzienia, ponownie zaczęłam pracę w laboratorium. Kiedy mama Kazika wróciła z Ravensbrück, nie mogłam się zdobyć, żeby do niej pójść. W końcu to ona przyszła do mnie. Wiedziała od profesora, kim jestem. Dla niej strata Kazika była czymś potwornym. Tak jak dla mnie. Potem jeszcze przez długi czas utrzymywałyśmy ze sobą kontakt.

Zanim jeszcze wróciła do Polski, chodziłam na ekshumacje na ulicy Czerniakowskiej, gdzie poległ Kazik. Wtedy jeszcze nie wiedziałam, że nie ma czego szukać, bo po ciele nie zostało nic prócz popiołów. Chodziłam więc tam i szukałam go wśród wydobytych z ziemi, rozkładających się, okaleczonych, spalonych ciał. To było bardzo trudne, ciężkie przeżycie.

Kilka lat po wojnie profesor popełnił samobójstwo. Jeszcze w czasie okupacji Niemcy zamordowali jego drugą żonę, czyli moją kuzynkę. Sierakowscy jeździli na wycieczki rowerowe. Pewnego razu wybrali się do Wilanowa, a tam na rogatkach stali żołnierze. Pijani, roześmiani. Zatrzymali ich, kazali pokazać kenkarty, sprawdzili. Wszystko w porządku. Powiedzieli, żeby jechali dalej. Po kilku metrach strzelili jej w plecy. Dlaczego? Ot, tak. Dla zabawy. Po wojnie profesor ożenił się po raz trzeci. Ale już nie potrafił ułożyć sobie życia.

Ja w końcu wyszłam za mąż. Mój mąż był moim sąsiadem. On „wychodził" ten nasz związek. Był bardzo cierpliwy, czekał na mnie. To jemu bardziej zależało. Gdy ja wybierałam się na jakieś przyjęcie, on siedział z moją mamą i grali w karty. Mówił do niej:

---

*Zofia jeszcze przez kilka lat zrywała się z drżeniem serca za każdym razem, gdy usłyszała dzwonek do drzwi. W końcu 26 czerwca 1948 roku wyszła za mąż za swojego sąsiada, Mieczysława*

– Niech się pani nie denerwuje, ona zaraz wróci.

I jak można było takiej osoby nie lubić? Wzięliśmy ślub w 1948 roku. Trzy lata później urodziłam córkę, Ewę. Skończyła matematykę, zrobiła doktorat.

Życie jakoś wyszło. Ułożyło się. Ale ja jeszcze przez kilka lat na każdy dzwonek biegłam z drżeniem serca do drzwi. A nuż…

*Zofia Radecka z domu Purgal*
*(rocznik 1926)*

# „BLIZNA"
## NA ODSIECZ Z KRESÓW

Pochodzę z zaścianka leżącego przy wsi Ciechanowa Słoboda, w gminie Rubieżewicze, powiat stołpecki, województwo nowogródzkie. Dzisiaj to jest Białoruś, a wtedy to była Polska. Nasza parafia liczyła czterdzieści osiem takich zaścianków. Wszyscy byliśmy krewnymi i spowinowaconymi. Wszyscy należeliśmy do szlachty. Ojciec miał dziesięć hektarów, w tym trochę lasu. Nie było więc tego dużo, ale naszej rodzinie wystarczało. Dom był drewniany, z pięknym gankiem. To była typowa kresowa okolica.

Miałam czworo rodzeństwa, dwóch braci i dwie siostry. Choć mieliśmy służbę, wszyscy uczestniczyliśmy w pracach domowych. Latem, w czasie żniw, dodatkowo wynajmowaliśmy kosiarzy. Mój ojciec był wspaniałym, łagodnym człowiekiem. Wyczuwały to zwierzęta, bo często na ramieniu siadywała mu sowa. To zresztą jest moje pierwsze wspomnienie. Ja na jego rękach, a z ramienia przygląda mi się uważnie sowa.

Ojciec przez piętnaście lat służył w carskim wojsku w Erywaniu. Zachowały się nawet zdjęcia, jak z kolegami siedzi przed budynkiem koszar w Ruskim Ostrowiu pod Władywostokiem. Na końcu świata. Rodzina była jednak oczywiście polska. W czasie zaborów polska szkoła mieściła się w domu mojej babci. Książki były przepisywane ręcznie albo odtwarzane z pamięci. Carat w owym okresie tępił bowiem polskość na Kresach bezwzględnie.

Znam to tylko z opowiadań, bo ja przyszłam na świat cztery lata po odzyskaniu przez Polskę niepodległości. Moim krajem, moją ojczyzną była II Rzeczpospolita. Do szkoły powszechnej chodziłam pięć kilometrów do Rubieżewicz. Szło się przez las, a potem koło drewnianego młyna wodnego nad rzeką Sułą. Budowę szkoły w Ciechanowej Słobodzie za pieniądze zarobione w Ameryce sfinansował mój wuj. Do Rubieżewicz chodziłam również na zbiórki harcerskie. Najpierw byłam zastępową, a potem drużynową.

Okolica była mieszana, jak niemal wszędzie na Ziemiach Wschodnich. Żydzi, Białorusini i my. Żyliśmy w zgodzie. Obok siebie znajdowały się kościół, synagoga i cerkiew. Nikt się nie spierał, nie kłócił. Bo i niby o co? W miasteczku mieszkali Żydzi. Pamiętam, że mieli kramy i sklepiki, prowadzone z pokolenia na pokolenie. Nas, dzieci, zawsze interesowało to, co się w nich znajduje.

Żydzi byli niezwykle malowniczy. Nosili chałaty i kapelusze, a w szabas futrzane czapy. Spod nich wystawały pejsy. Aha, i oczywiście szpiczaste buty. O żadnym antysemityzmie nie było mowy, znaliśmy się od urodzenia, razem uczyliśmy się w szkole. W miasteczku mieszkała Żydówka, która przepięknie szyła. Robiła bardzo eleganckie ubrania, całe Rubieżewicze się u niej ubierały. W ogóle kobiety na Kresach dużo szyły.

Wspaniałe były długie zimowe popołudnia i wieczory, podczas których zbierałyśmy się z kilkoma kobietami z okolicy, aby razem prząść i tkać. W dziennej izbie rozstawione były kądziel, wrzeciono, kołowrotek i krosna. Sosnowe szczapy strzelały w kominku, a za oknem szalała zamieć śnieżna. Gdzieś z oddali dochodziło wycie wilków, a u nas w domu było ciepło, bezpiecznie. Pracując, śpiewałyśmy religijne i patriotyczne pieśni.

Śpiew towarzyszył mi w dzieciństwie zawsze. Wiosną i wczesnym latem śpiewałyśmy przy krzyżach stojących na rozstajach dróg. Kiedy dzisiaj o tym opowiadam, trudno w to ludziom uwierzyć. Było to zaledwie osiemdziesiąt lat temu, a sceny te wyglądają jakby żywcem wyjęte z *Trylogii*. Tak jednak na Ziemiach Wschodnich było do końca. Idyllicznie, malowniczo. Wspominam dzisiaj mój dom rodzinny i dzieciństwo z wielkim rozrzewnieniem.

Niestety nadszedł 1 września 1939 roku. O wybuchu wojny dowiedziałam się z radia. Jak zareagowałam? Nie bałam się. Byłam pewna, że szybko zwyciężymy. Słuchaliśmy przecież przemówień marszałka Śmigłego-Rydza, który zapowiadał, że jeśli będzie wojna, to po tygodniu zajmiemy Berlin. Wkroczenie Sowietów 17 września było dla nas straszliwym ciosem.

Mówili:

– Przyszliśmy oswobodzić was z pańskiej, polskiej niewoli.

Zrozumieliśmy, co to oznacza. Do czego zdolni są czerwoni, wiedzieliśmy bowiem doskonale. W wyniku Traktatu ryskiego, który w 1921 roku zakończył wojnę polsko-bolszewicką, po tamtej stronie granicy pozostała olbrzymia część Mińszczyzny. A wraz z nią wiele polskich zaścianków, wielu członków naszej rodziny.

Ojczyzna nasza została przedarta na pół. Na Polaków w Sowietach spadły straszliwe represje, wielu zostało deportowanych na Sybir, wielu zamordowano w latach trzydziestych. Majątki władza sowiecka oczywiście zrabowała. Zaledwie garstce rodaków udało się przedrzeć do nas przez zieloną granicę. To, co opowiadali, było straszne. Mówili, że wrócili z piekła. 17 września to piekło przyszło do nas.

Ojciec, jako były carski żołnierz, oczywiście świetnie mówił po rosyjsku. Znał Rosję wzdłuż i wszerz, znał też Związek Sowiecki. Nasza rodzina na ogół nie wspominała dobrze kontaktów ze wschodnim sąsiadem. Na Mińszczyznę moi przodkowie ze strony ojca przybyli z Podola. Musieli przy okazji zmienić nazwisko z Bałabau na Bałabuszko – po konfederacji barskiej, w której brali udział. Innych członków rodziny pognano na Sybir. Pieszo, bo kibitek, a tym bardziej wagonów bydlęcych, jeszcze wówczas nie wymyślono.

Wkroczenie bolszewików? Ponure. Długie szeregi sołdatów w szarych szynelach i szpiczastych czapkach. Historia zatoczyła koło. Dwadzieścia kilometrów od naszej wsi był Kojdanów (bolszewicy przemianowali go na Dzierżyńsk), gdzie podczas powstania styczniowego Rosjanie dokonali straszliwej masakry. Oficer, który dopuścił się tego czynu, wysłał do cara raport: *W Kajdanowie wsiech muszczyn Litowcow i Polakow w pień wyriezali.*

Teraz wyglądało na to, że czeka nas gehenna o stokroć okropniejsza. Nie pomyliliśmy się. Wraz z Armią Czerwoną przyszło NKWD. Zaczął się masowy terror, aresztowania, konfiskaty ziemi. A wreszcie masowe deportacje. Bolszewicy sporządzili czarne listy i wywozili wszystkich nastawionych patriotycznie Polaków na Sybir. Mężczyzn, kobiety i dzieci. Nowogródczyzna miała być raz na zawsze „oczyszczona z polskich wrogów ludu".

Ojciec od razu został powiadomiony, że jest na samym szczycie listy, że grozi nam śmiertelne niebezpieczeństwo. Czym prędzej ukryliśmy się więc u rodziny. Udało się jakoś przeczekać. W głąb

Związku Sowieckiego wywieźli jednak urzędników, naszego lekarza. Wojewodę i wyższych urzędników zamordowali na miejscu. Losu tego nie uniknęło wielu moich kuzynów i innych członków dalszej rodziny. Żaden z tych, których wywieziono, nigdy nie wrócił do domu.

Mój najstarszy brat, Marian, był zawodowym wojskowym. Bił się we wrześniu 1939 roku. 14 października przekroczył wraz z piętnastoma kolegami granicę węgierską. Był w Mohaczu, przysyłał stamtąd listy, potem we Francji, aż w końcu trafił do naszej armii w Wielkiej Brytanii. Po wojnie nie miał dokąd wracać, nasza ziemia została przecież znowu zagrabiona przez Sowietów. Pozostał więc na Zachodzie.

## Pod komendą „Góry"

Wróćmy jednak do tego, co się działo „za Pierwszego Sowieta" (tak okres pierwszej okupacji bolszewickiej 1939–1941 nazywano u nas, na Ziemiach Wschodnich). Otóż na nasze tereny przysłano sowieckiego nauczyciela. Był nawet miły, przekonywał nas, że wcale nie jest Rosjaninem, ale Białorusinem. My jednak z koleżanką po kryjomu uczyłyśmy dzieci polskiego.

Oprócz tego konspiracja. Związek Walki Zbrojnej powstał już w listopadzie 1939 roku. To, co skłoniło mnie, żeby do niego przystąpić, to powinność wobec narodu. Tak po prostu zostałam wychowana. Niedługo po wejściu bolszewicy urządzili na odebranych Polsce Ziemiach Wschodnich „demokratyczne" referendum. Ludność

---

*Brat Jadwigi, Marian Bałabuszko, był zawodowym wojskowym. Koniec wojny zastał go w Wielkiej Brytanii, z którą związał resztę swojego życia. Na zdjęciu: Marian (drugi od lewej) wraz z kolegami podczas służby w Wojsku Polskim w Anglii*

miała zdecydować w nim o przyłączeniu Kresów do sowieckiego „raju". Oczywiście wyniki zostały sfałszowane. Mój cioteczny brat powiedział wówczas, że „kobiety są słabe i na pewno będą głosowały «za»". Zrobił mi przykrość. Postanowiłam mu udowodnić, że kobieta także może walczyć i sprzeciwiać się okupantowi.

Wreszcie w czerwcu 1941 roku Sowieci w popłochu uciekli z naszej ojczyzny. Nastąpił koniec potwornej sowieckiej okupacji! Niestety nie oznaczało to dla Polski odzyskania niepodległości. Bolszewików zastąpił bowiem nowy okupant – Niemcy. To oni, w ramach operacji „Barbarossa", przepędzili Sowietów.

Sowieci dla nas, Kresowian, byli trudniejszym do pokonania wrogiem niż Niemcy. Raz, że Niemcy nie znali naszego języka i zupełnie nie orientowali się w naszym terenie. Dwa, sowiecka bezpieka była znacznie lepiej zorganizowana i lepiej radziła sobie z naszą konspiracją. NKWD wiedziało o nas wszystko. Trzeba więc przyznać, że gdy odeszło, odetchnęliśmy z ulgą. Zniknął ciągły strach przed inwigilacją, szpiclami i deportacją na Sybir.

Po wkroczeniu Niemców mogła rozwinąć się nasza konspiracja, sparaliżowana wcześniej przez bezpiekę. Mogliśmy wzmóc działania, tym razem przeciwko Wehrmachtowi i SS. 8 września 1941 roku zostałam wreszcie zaprzysiężona. Odbyło się to bardzo uroczyście. Byłam niezwykle przejęta. Moje pseudonimy w konspiracji to „Jadwiga" i „Blizna".

Byłam łączniczką. Krążyłam między Stołpcami, Derewnem, Wieńcem a Puszczą Nalibocką. Ponieważ nie było w domach radioodbiorników – Niemcy wszystkie skonfiskowali – trzeba było informować ludność o tym, co się dzieje na świecie. Kolportowałam więc również podziemne biuletyny. Zapisywałam także numery rejestracyjne niemieckich samochodów jadących na front wschodni.

Pamiętam jedno zdarzenie z 1942 roku, które do dziś wywołuje we mnie dreszcz przerażenia. Niemcy rozstrzelali małżeństwo z sąsiedniego zaścianka. Zrozpaczona rodzina zastrzelonych stała na podwórku, a Niemcy krążyli jeszcze wkoło domu. Do matki zamordowanego nagle zaczął biec jej wnuczek. Dwuletni chłopczyk. Kobieta dawała mu znaki, pokazywała chłopcu, żeby pobiegł do innych dzieci, żeby nie biegł do niej. Widocznie miała przeczucie. Na widok biegnącego w objęcia babci chłopczyka Niemiec – elegancki oficer w dobrze skrojonym płaszczu i rękawiczkach – strzelił dziecku w głowę.

Idąc z meldunkiem, zawsze bardzo się bałam. Nie jest to żaden powód do wstydu. Bali się bowiem wszyscy. I, jak pokazuje historia z tym nieszczęsnym chłopczykiem, było czego się bać. Nigdy nie wiedziałam, czy wrócę do domu, czy przeżyję do kolejnego ranka. Nie, nie było w moim działaniu żadnej brawury czy tym bardziej bohaterstwa. Nie lubię tego słowa. To był po prostu obowiązek. Byłam Polką i uważałam, że moją powinnością jest służba ojczyźnie.

Największą naszą zmorą była partyzantka sowiecka. W pobliskiej Puszczy Nalibockiej po przejściu frontu pozostało wielu maruderów z Armii Czerwonej. Wkrótce czerwoni zrzucili tam skoczków i zaczęli tworzyć pierwsze *otriady*, czyli oddziały leśne. Oddziały te nie walczyły jednak z Niemcami, tylko łupiły i mordowały polską ludność cywilną. Dopuszczały się gwałtów i grabieży. Doszło nawet do wielkiej masakry, w której bolszewicy bestialsko zgładzili stu dwudziestu ośmiu mieszkańców miasteczka Naliboki.

W tej sytuacji Polacy zaczęli się organizować. Powstały oddziały samoobrony, które z bronią w ręku chroniły nasze miejscowości przed bandami. Jednocześnie w lasach, pod auspicjami AK, powstał silny Polski Oddział Partyzancki. Jego członkowie nazywani byli legionistami, a ja byłam jego łączniczką. Oddział stoczył wiele walk z Niemcami, na czele z atakiem na Iwieniec. To spore miasteczko zostało zdobyte, a niemiecki garnizon wycięty w pień.

Sukces oddziału spowodował, że partyzanci sowieccy uznali go za wielkie zagrożenie. Dla nich nadal obowiązywał pakt Ribbentrop-Mołotow i naszą część Polski uważali za część sowieckiej republiki Białorusi, a więc za własne terytorium. Silna polska formacja partyzancka nie miała prawa tam istnieć. 1 grudnia 1943 roku doszło do wielkiego dramatu. Polski oddział został napadnięty przez Sowietów i rozbrojony.

*Porucznik Adolf Pilch „Góra". Cichociemny, człowiek żelaznej woli, dowódca Grupy „Kampinos", w której służyła Jadwiga. Przede wszystkim jednak urodzony partyzant*

Pięciu oficerów uprowadzono i wywieziono specjalnym samolotem do Moskwy, do słynnego więzienia NKWD na Łubiance. Wielu żołnierzy zostało zamordowanych, reszta wcielona siłą do szeregów sowieckich. Tylko nielicznym udało się uciec. Jednym z nich był mój młodszy brat, Józef. On również zaciągnął się bowiem do naszego leśnego wojska.

Kiedy już wydawało się, że sytuacja jest beznadziejna, na arenę wkroczył porucznik Adolf Pilch „Góra", legendarny oficer Armii Krajowej. Mój dowódca. Był cichociemnym, czyli oficerem przeszkolonym w Wielkiej Brytanii i zrzuconym na spadochronie do Polski. Dzisiaj nazwano by go chyba komandosem. Swoich żołnierzy traktował po koleżeńsku. Szarmancki wobec kobiet. Przede wszystkim był jednak urodzonym partyzantem. Najlepszym, jakiego miała Armia Krajowa.

Po rozbiciu oddziału przez Sowietów zostaliśmy z garstką ludzi, bez broni i amunicji. Byliśmy załamani. Pamiętam, że kiedy dowiedziałam się o tym, co się stało – byłam akurat w drodze z meldunkiem – ciężko mi było to zrozumieć. Wydawało nam się, że to koniec naszej walki. „Góra" objął jednak nad nami dowództwo, wziął wszystko w karby i stał się cud. Oddział nie tylko został rozbudowany, ale wkrótce był jeszcze silniejszy niż poprzednio. Porucznik Pilch był człowiekiem o żelaznej woli. Podległe mu wojsko wkrótce przyjęło nazwę Zgrupowania Stołpecko-Nalibockiego AK.

W marcu 1944 roku byłam już spalona. Nie mogłam wrócić do domu, od tej pory byłam już stale przy oddziale. Spaleni byli zresztą również rodzice. Sowieci znali nasze personalia i mogli przyjść do nich w nocy, aby ich zamordować za karę, że dwójka ich dzieci służy u „polskich faszystów". Rodzice musieli więc opuścić dom rodzinny i znaleźli się pod opieką naszego oddziału w Kamieniu.

Ponieważ już w harcerstwie przeszłam kurs medyczny, trafiłam do szpitala polowego w Gilikach w pobliżu Iwieńca. Zostałam tam sanitariuszką. Jak na warunki polowe nasza placówka była nieźle wyposażona. Mieliśmy lekarstwa, bandaże. Gdy chłopcy wracali z rajdów i potyczek z Sowietami, musieliśmy opatrywać lekko rannych, zdarzały się również operacje, gdy obrażenia były poważniejsze.

14 maja 1944 roku doszło do sowieckiej napaści na Kamień. Wywiązała się krwawa walka, poległo wielu naszych żołnierzy. Józef, mój brat, został ranny w brzuch. Transportowali go stamtąd koledzy. Gdy się o tym dowiedziałam, razem z patrolem sanitarnym wyjechałam im naprzeciw. Wieziono go podwodą. Okazało się, że musi natychmiast znaleźć się w szpitalu w Mińsku. Był ledwo przytomny, ale chwilę rozmawialiśmy. To była nasza ostatnia rozmowa. Nigdy nie powiedziano mi, co się z nim stało. Najprawdopodobniej nie dojechał już do Mińska…

## Rajd do Warszawy

Kolegom z oddziału życie upływało na zaciętych bojach z Sowietami, a nam na opatrywaniu rannych. Dzięki znakomitemu dowodzeniu porucznika Pilcha nasz oddział cały czas się rozrastał. Na opanowanym przez nas terenie odtworzyliśmy skrawek wolnej Polski. Żołnierze chodzili w miasteczkach i wsiach w pełnym umundurowaniu. Wiadomo było jednak, że długo to nie potrwa. Front wschodni się zbliżał i ze wschodu znowu nadciągała Armia Czerwona.

Wreszcie zaczął do nas dochodzić groźny pomruk sowieckiej artylerii. Wiadomo było, że jeżeli zostaniemy, to NKWD wszystkich nas zamorduje. Adolf Pilch z bólem serca podjął więc jedyną możliwą decyzję – ruszamy na Zachód. Boże, jak ciężko było wyjechać. Zostawić rodzinną ziemię, najbliższych.

Wiele rodzin wyjechało, ale moja nie. Mama stanowczo się temu sprzeciwiła. Powiedziała, że ona się ze swojej ziemi nie ruszy. Że tutaj są groby jej przodków, tutaj się urodziła i tutaj chce umrzeć. Że ona tych grobów musi strzec. Pamiętam nasze pożegnanie. Nastąpił już wymarsz, długi sznur jeźdźców i wozów wyjeżdżał powoli spod Iwieńca. Ja jechałam na koniu i nagle, gdy przejeżdżałam obok szpitalnych taborów, przygalopował do mnie jeden z kolegów i powiedział, że czeka na mnie matka. Czym prędzej zawróciłam. Widziałam ją już z oddali. Stała wraz z siostrami na drodze. Czekały na mnie, wiedziały, że zawrócę. Zeskoczyłam z konia, uklękłam przed matką i starym zwyczajem pocałowałam ją w rękę. Mama przytuliła moją głowę i zrobiła mi na czole znak krzyża. Ani matka, ani ja nie uroniłyśmy ani jednej łzy. Z całej mocy starałyśmy się kontrolować swoje emocje, choć było to niezwykle ciężkie. Mama powiedziała jeszcze:

– Z Panem Bogiem.

Zostawiałam za sobą całe dotychczasowe życie.

Wkrótce po naszym wymarszu przyszli Sowieci, karna kompania. Nasz zaścianek i inne pobliskie miejscowości zostały bestialsko spacyfikowane. To był odwet za to, że miejscowa ludność wspierała Armię Krajową. Odwet za wszystkie porażki, jakich czerwona partyzantka doznała z rąk naszych chłopców. Mama niedługo potem umarła, a ojca i siostry Sowieci wywieźli na Sachalin na Oceanie Spokojnym. Ojciec zmarł na zesłaniu, na surowej obcej ziemi, w 1955 roku. Później robiłam wszystko, żeby ściągnąć siostry do Warszawy. Przyjechały dopiero w ramach ostatniej gomułkowskiej repatriacji w latach 1957 i 1958.

Znowu wyprzedziłam wydarzenia. Tak trudno jednak utrzymać dyscyplinę, gdy ma się tyle do opowiedzenia. Gdy tak wiele się przeżyło. Wróćmy więc do naszego wymarszu. Czy też raczej epopei. Przejechaliśmy bowiem szmat drogi. Z samego krańca Polski do jej centrum, do stolicy. Ponad czterysta kilometrów! Czegoś takiego nie dokonał nikt. Jechaliśmy olbrzymią kolumną. Wojsko, rodziny, ludność cywilna, która wolała uciekać w nieznane pod naszą opieką niż być po raz drugi „wyzwoloną" przez Armię Czerwoną.

W sumie było nas około tysiąc osób. Na koniach i na furmankach. Część pieszo. Jak udało się pokonać tak wielką grupą tak długą trasę? Sprzyjało nam nieprawdopodobne wręcz szczęście. Niemcy byli w rozsypce, na drogach panował chaos. Wehrmacht wycofywał się w popłochu i miał zdecydowanie zbyt dużo kłopotów z nacierającymi bolszewikami, żeby jeszcze zawracać sobie głowę nami. Lawirowaliśmy więc między niemieckimi dywizjami i posuwaliśmy się jakoś na Zachód.

Najbardziej dramatyczna była przeprawa przez most na Wiśle. Obok nas Niemcy ustawili silny oddział czołgów. Wydawało się, że nas zmasakrują. Ostatecznie jednak pozwolili nam przejść.

Jedna scena głęboko wbiła mi się w pamięć. To było podczas przeprawy przez jedną z mniejszych rzek. Przejeżdżaliśmy brodem, na koniach. Nagle podniosłam wzrok i zobaczyłam, że porucznik Pilch stanął na swoim wierzchowcu na pobliskim wzgórzu. Patrzył z dumą i troską na swoje wojsko i czekał, aż wszyscy przejdą. Dopiero potem sam się przeprawił. Mimo że miał wówczas zaledwie trzydzieści dwa lata, wszyscy traktowaliśmy go jak ojca. Byliśmy w niego wpatrzeni. Ufaliśmy mu i wierzyliśmy w niego.

Podróż ta była wielką przygodą, był to brawurowy rajd w stylu bohaterów Sienkiewicza. Z drugiej strony było to jednak niezwykle męczące. Nas, sanitariuszek, było dziesięć. Do tego matki i siostry żołnierzy. Mieliśmy sporo rannych. Aby ulżyć zmęczonym koniom, szłyśmy obok wozów. Opatrywać mogłyśmy tylko na postojach. Cała droga zajęła nam dobry miesiąc. Wyruszyliśmy pod koniec czerwca, pod Warszawę dotarliśmy pod koniec lipca. Akurat na Powstanie.

Znaleźliśmy się na północny zachód od stolicy w Puszczy Kampinoskiej. A więc w terenie, w którym czuliśmy się jak w domu. Byliśmy przecież leśnym wojskiem. Pamiętam, jak z oddali patrzyłam na stolicę. Olbrzymie miasto, jakiego nigdy wcześniej w życiu nie widziałam. Widać było światła wielkiej metropolii. To było niesamowite – zobaczyć stolicę Rzeczypospolitej, o której tyle się słyszało i czytało. Stolicę swojego kraju. A jednocześnie w powietrzu czuło się swoiste napięcie, jakby nad miastem wisiało jakieś wielkie zagrożenie. Nie wiedziałam, że patrzę na Warszawę w przededniu jej zagłady...

Nasz oddział rozlokował się w kampinoskich miejscowościach. Robiliśmy na mieszkańcach kolosalne wrażenie. W przeciwieństwie do innych formacji AK byliśmy bowiem regularnie umundurowani. Mieliśmy uniformy szyte na wzór przedwojennych, rogatywki, orzełki, a przede wszystkim byliśmy świetnie uzbrojeni w broń maszynową, a nawet granatniki. Byliśmy chyba najlepiej wyposażoną formacją całego polskiego podziemia. Niektórzy ludzie, widząc nas, myśleli, że to polskie wojsko zrzucone z Anglii.

My z innymi dziewczętami trafiłyśmy do wsi Krogulec, gdzie błyskawicznie zorganizowałyśmy salę opatrunkową. W pobliskiej stodole położyłyśmy lżej rannych. Szpital polowy był gotowy. Nasz lekarz, doktor Antoni Banis „Kleszczyk", był Żydem, którego cała rodzina została zamordowana przez Niemców. Praca z nim była zaszczytem.

Zawsze chciał, żebym była pod ręką. Asystowałam mu przy zabiegach i operacjach. Gdy 1 sierpnia rozpoczęło się Powstanie, ranni zaczęli zalewać szpital. Nie było czasu nie tylko na spanie, ale nawet na zjedzenie kawałka chleba. Położyłam sobie jakiś snopek siana na podłodze i tam starałam się drzemać. Warunki były surowe, ale staraliśmy się robić wszystko, by ratować naszych chłopców. Niestety bardzo często konali mi na rękach.

Zadaniem oddziału dowodzonego przez porucznika Adolfa Pilcha – który zmienił wówczas pseudonim na „Dolina" – było blokowanie niemieckich sił, które zmierzały przez puszczę do walczącej stolicy. Nasz oddział urządzał więc głównie zasadzki na drogach i zwalczaliśmy kręcące się po okolicy drobne oddziały nieprzyjaciela. Już 2 sierpnia wyznaczono nas jednak do poważnego zadania: zdobycia lotniska bielańskiego.

Był to kluczowy punkt, bardzo ważny dla dowództwa Powstania Warszawskiego, które spodziewało się nadejścia pomocy od aliantów drogą powietrzną. Akcja była więc niezwykle ważna. W stronę lotniska pojechaliśmy pod osłoną nocy. Bitwa rozpoczęła się o brzasku. Kanonada była potworna, nasi nacierali, a Niemcy odpowiadali zaciętym ogniem. Mieli tam chyba jakieś czołgi, bo eksplozje po prostu rozdzierały uszy.

Mimo to przez cały ten zgiełk szybko zaczęły docierać do mnie jęki rannych. A przecież my, sanitariuszki, nie byłyśmy w pierwszym szeregu. Starałam się trzymać, żeby nie dostać jakiegoś napadu panicznego lęku, nie zerwać się i nie zacząć uciekać. Kule padały bardzo blisko nas, wzbijając wulkany piasku. Zacisnęłam powieki, myśląc, że to koniec. Ale nic się nie wydarzyło. Bitwa trwała dalej, a ja żyłam i byłam potrzebna naszym żołnierzom.

Do ran dostawał się piach, ale starałam się nie tracić zimnej krwi i zakładałam kolejne opatrunki. Niestety często okazywało się, że ranny już nie żył albo był w ostatnim stadium agonii.

Podczas tej bitwy działałam jak w transie, nie czułam zmęczenia, nie czułam, że całe ręce i mundur mam we krwi, z czasem przestałam też słyszeć eksplozje pocisków. Całą uwagę i całą energię

---

*Służąc jako sanitariuszka w Grupie „Kampinos", Jadwiga brała udział w wielu bitwach, które odbywały się na skraju walczącej Stolicy. Na zdjęciu: maszerujący leśną drogą „Doliniacy"*

skupiłam na pomocy rannym. Niestety bitwę przegraliśmy. Niemcy, którzy byli świetnie przygotowani, odparli nasz szturm i musieliśmy się wycofać. Tego dnia zginęło wielu wspaniałych kresowych chłopaków, którzy przyszli aż spod Nowogródka, aby walczyć za swoją stolicę... Po bitwie zostałam wyróżniona za odwagę.

Po pewnym czasie zostałam oddelegowana jako sanitariuszka do dowództwa Pułku „Palmiry-Młociny" Grupy „Kampinos", które stacjonowało w Wierszach. Raz, gdy tam jechałam, tuż nad głową zobaczyłam pikujący samolot. Po chwili zaczęły się sypać bomby. Mój koń stanął dęba i popędził przed siebie, a ja wpadłam do rowu. Na szczęście niezbyt głębokiego. Z całego zajścia wyszłam cało, miałam jedynie podrapane ręce. Dowództwo również ocalało.

W tym miejscu warto opowiedzieć o naszej walce i o życiu partyzanckim Rzeczpospolitej Kampinoskiej. Otóż nasz oddział nie ograniczał się tylko do osłaniania Powstania Warszawskiego od północy. Nasi chłopcy dwukrotnie weszli do miasta i dwukrotnie brali udział w natarciu na silnie obsadzony przez nieprzyjaciela

Dworzec Gdański. Niestety dwukrotnie zostali odparci przez Niemców, ponosząc olbrzymie straty. Kresowa krew tym razem wsiąkała w bruk Żoliborza.

Do historii przejdzie również bitwa w Truskawiu. W nocy z 2 na 3 września „Dolina" zaatakował stacjonujący w tej miejscowości silny oddział morderców z RONA, czyli Rosjan na żołdzie niemieckim, którzy dokonali niebywałych wręcz zbrodni podczas pacyfikacji Powstania. Nieprzyjaciel był całkowicie zaskoczony i został po prostu wyrżnięty. Zginęło dwustu pięćdziesięciu Rosjan, podczas gdy „Dolina" stracił zaledwie siedmiu ludzi. W ten sposób ci zwyrodnialcy ponieśli karę za to, co wyrabiali na ulicach Warszawy.

Nasz oddział – zwany „Doliniakami" – nie składał się tylko z walczących żołnierzy. W Kampinosie ulokowało się wielkie, pracujące dla wojska zaplecze. Oprócz naszego szpitala działały kuchnie polowe, rusznikarnia, warsztaty szewskie i krawieckie, pralnia, piekarnia, a nawet warsztat samochodowy, bo zdobywaliśmy na Niemcach coraz więcej ciężkiego sprzętu. Było to takie małe, samowystarczalne państewko. Bez niego nasi chłopcy nie byliby w stanie bić się i iść na pomoc walczącej Warszawie.

## Klęska pod Jaktorowem

Niestety, tak jak wcześniej musieliśmy opuścić Puszczę Nalibocką, tak teraz musieliśmy opuścić Puszczę Kampinoską. Powstanie w Warszawie dogasało, a przeciwko nam Niemcy kierowali coraz większe siły. Żyliśmy cały czas pod niemieckimi bombami. Z tego, co pamiętam, wymarsz nastąpił 28 września. Tak jak dwa miesiące wcześniej szliśmy w wielkiej kawalkadzie. Jeźdźcy, furmanki, piechota.

Podobnie jak wówczas nastroje były ponure, mieliśmy poczucie klęski wywołane rychłą kapitulacją Powstania. Miasto, któremu przyszliśmy z pomocą, miało zaraz się poddać. Na nic się nie zdało nasze wsparcie i śmierć tylu żołnierzy. Los Warszawy był przesądzony, a wraz z nim los Polski. Szliśmy zgnębieni, rozbici. Mijaliśmy kolejne miejscowości. Niemcy deptali nam po piętach, dochodziło do potyczek z naszą strażą tylną. Wokół gwizdały kule.

Nad nami krążył samolot obserwacyjny. Niestety nie dało się ukryć takiej liczby ludzi. Wkrótce dostaliśmy informację, że po torach w pobliżu jeździ pociąg pancerny najeżony działami i karabinami maszynowymi. Wybrałam się konno z kilkoma chłopcami z oddziału na zwiad. W pewnym momencie odłączyłam się od grupy i zaczęłam iść polną drogą. Chciałam odnaleźć panią Meisner z córkami. Konia zostawiłam przywiązanego do drzewa.

Jak się później okazało, nie był to najlepszy pomysł. Byłam w bluzie mundurowej. Szłam między wsiami, wokół szeroka, pusta przestrzeń. Nagle usłyszałam dochodzące gdzieś z pobliża obce słowa. Zaraz, ja znam ten akcent. Ukraińcy! Błyskawicznie zawróciłam. Padły strzały. Zaczęłam biec zygzakiem, żeby utrudnić im wzięcie mnie na muszkę. Nie udało się. Poczułam silne uderzenie, a następnie pod mundurem rozlało mi się coś gorącego i lepkiego. Miałam przestrzelony mięsień przy szyi.

Szybko dobiegłam do zabudowań i dołączyłam do patrolu. Zostałam ranna, ale dostarczyłam dowództwu ważną informację. W pobliżu są Ukraińcy służący Niemcom. Dopiero po zdaniu raportu lekarz założył mi opatrunek. My tymczasem znaleźliśmy się w okrążeniu. Zbliżał się zmrok, trzeba było zająć pozycję do bitwy. Znajdowaliśmy się w Budach Zosinych pod miejscowością Jaktorow. Ja znalazłam się w rowie melioracyjnym przecinającym niewielki zagajnik. Wkrótce się zaczęło.

Niemcy nas zaatakowali ze wszystkich stron. Także z powietrza. Do tego morzem ognia zalał nas pociąg pancerny, wobec którego byliśmy bezbronni. Ponieważ nie strzelałam, starałam się pomóc i nosiłam zmagazynowaną na wozach amunicję. Nie zwracałam uwagi na ranę, która się oczywiście otworzyła i znowu zaczęła krwawić. Pot zalewał mi czoło, mimo to nie czułam zmęczenia. Sytuacja była beznadziejna. Nasz dowódca wykrzykiwał, że będziemy się bronić do końca. Nagle wpadłam do rowu. Uświadomiłam sobie, że w tym miejscu przyszło mi umrzeć.

Zerwał mi się łańcuszek, na którym nosiłam szkaplerz, zawiązałam go więc sobie na ramiączku bluzki. Ściskałam go i modliłam się:

– Panie Boże, przyjdzie mi tu dzisiaj umrzeć, przepraszam za wszystkie grzechy.

W wyobraźni ukazał mi się przepiękny krajobraz Nowogródczyzny, mój zaścianek, mój dom, moja mama, tata i rodzeństwo. Mój zabity przez bolszewików brat. Przed oczyma stanęło mi moje wspaniałe dzieciństwo. Teraz wszystko miało dobiec końca.

Nagle usłyszałam jednak rozkaz naszego dowódcy, Wolskiego:

– Wycofujemy się na prawo!

Zerwałam się machinalnie na nogi i razem z innymi zaczęłam biec rowem. Nad nami eksplodowały race, oświetlając całą łąkę. Znowu wzmógł się zacięty ogień nieprzyjaciela. Padamy, podnosimy się, biegniemy dalej, znów padamy… I tak cały czas. Do następnych zarośli. Dzisiaj to wszystko mi się zaciera. Pamiętam tylko, że miałam w głowie jedną myśl: znaleźć się jak najdalej od wybuchów, od strzałów.

Po drodze napatoczyłam się jeszcze na rannych, starałam się ich opatrzyć. Jeden chłopiec miał palec wiszący na kawałku skóry. Już nie miałam jednak siły. Byłam wykończona. Ranna, cały dzień w boju, teraz jeszcze opatrunki. Wreszcie usiadłam pod jakimś krzakiem i straciłam przytomność.

Ocknęłam się o świcie. I pierwsza rzecz, która mnie uderzyła, to cisza. Całkowita cisza. Nikt nie strzelał, nikt nie krzyczał z bólu, nie słychać było żadnych eksplozji ani serii z broni maszynowej.

Potem poczułam ból. Siedziałam w niewygodnej pozycji, strasznie chciało mi się pić. Plecy były całe mokre od krwi i osocza sączących się z rany. Jakoś podniosłam się na nogi i zobaczyłam w pobliżu gospodarstwo. Powlokłam się tam, mimo że byłam z torbą sanitarną, w mundurze.

Mieszkali tam Polacy. Od razu po śpiewnym akcencie – który zresztą pozostał mi do dzisiaj – poznali, skąd jestem. Powiedzieli, że zaraz przyjdą do nich Niemcy i żebym się nie odzywała nawet słowem. Schowali moją torbę z czerwonym krzyżem. Przebrałam się w cywilną bluzkę, którą miałam w torbie. Faktycznie wkrótce pojawili się żołnierze z bronią gotową do strzału. Pytali, czy w obejściu nie ukrywają się jacyś „bandyci", czy nie widziano kogoś obcego. Całe szczęście nikt mnie nie wydał.

Gdy odeszli, zapytałam o punkt sanitarny. Musiałam przecież dostać zastrzyk przeciwtężcowy. Powiedziano mi, że w pobliskim Baranowie udzielą mi pomocy. Miałam iść polną drogą i pytać o dom nauczycielek. U gospodarzy zostawiłam torbę sanitarną, z pięciostrzałowym pistoletem w środku. Dostałam go od porucznika „Olszy", kolegi „Doliny", który, gdy zobaczył, że jestem nieuzbrojona, wcisnął mi go w garść mimo moich zapewnień, że na pewno ani razu go nie użyję.

W Baranowie zrobili mi zastrzyk, nakarmili mnie i przenocowali. Odwiozłam do szpitala polowego w Klasztorze w Szymanowie panią Janinę Stefkową, pielęgniarkę ze Stołpc. Potem jakoś odnalazłam koleżankę z oddziału, Jadwigę Górską. Przez jej krewną trafiłam do Czerwonego Krzyża w Skierniewicach. Starałam się wyszukiwać naszych rannych i przewozić ich do szpitala w Laskach. Rozwoziłam fałszywe kenkarty. Próbowałam pomóc w znalezieniu kryjówek dla żołnierzy, którzy oddzielili się od oddziału podczas bitwy pod Jaktorowem.

O tej naszej pracy Adolf Pilch napisał w swoich wspomnieniach *Partyzanci trzech puszcz*. To dla mnie bardzo wzruszające, że dowódca o nas pamiętał. Wspomnienia swoje pisał przecież po wielu latach, już na Zachodzie, gdzie przedostał się w 1945 roku. W Polsce zostać oczywiście nie mógł, bo dla komunistów był wrogiem numer jeden. Nie spoczęliby, dopóki by go nie wytropili i nie zamordowali.

Ponowne wkroczenie Sowietów było dla mnie przeżyciem traumatycznym. Znowu ich spotykałam. Nie udało się przed nimi uciec. To było w styczniu 1945 roku, gdy ruszyła ofensywa i Armia Czerwona przekroczyła Wisłę. Bolszewicy nie byli dla mnie żadnym „wyzwolicielem". Pamiętałam, co wyrabiali na Nowogródczyźnie po 17 września. Pamiętałam, że zabili mi brata. Dla mnie po prostu jedna okupacja zmieniła się w drugą.

II wojna światowa była skończona. Wygrał ją Stalin, a Polacy przegrali. Trzeba było sobie jakoś radzić w nowej, ponurej rzeczywistości. Zamieszkałam w internacie w Szymanowie, zrobiłam małą maturę. Dostałam dwa świadectwa. Jedno na prawdziwe nazwisko, drugie na moje fałszywe, konspiracyjne dokumenty. Po maturze poszłam na psychologię i pedagogikę, pracowałam w szkolnictwie, w służbie zdrowia i jako więzienny psycholog. Myślałam, że pójdę tam na dwa, trzy lata, w końcu przepracowałam w więzieniu kilkanaście lat.

Kiedy otrzymałam dowód osobisty od nowych, komunistycznych władz, ze zdumieniem zauważyłam, że w rubryce miejsce urodzenia wpisali mi Związek Sowiecki. Powiedziałam urzędnikowi w okienku, że nie urodziłam się w żadnym Związku Sowieckim, tylko w Polsce. Ten człowiek popatrzył na mnie i powiedział:

– Proszę lepiej nic nie mówić, bo znajdzie się pani tam, gdzie znaleźć by się pani nie chciała.

---

*Ponowne wkroczenie Sowietów pod koniec wojny było dla Jadwigi przeżyciem traumatycznym. Od tej pory jej dom rodzinny znalazł się poza granicami ojczyzny. Wraz z nim straciła cząstkę siebie. Na zdjęciu: Jadwiga Bałabuszko w 1964 roku*

Dzisiaj mój rodzinny dom znajduje się za granicą, na terenie Białorusi. Żyje tam nadal wielu członków mojej rodziny. Utrzymujemy kontakt. Pierwszy raz w rodzinne strony udałam się w 1971 roku. Nielegalnie. Byłam w Mińsku i późnym wieczorem pojechałam samochodem do Słobody. Płakałam przez całą drogę. Tak bardzo chciałam tam wrócić na stałe i żyć z tymi drogimi mi ludźmi, w tym drogim memu sercu miejscu. I tam umrzeć. Zrozumiałam wówczas moją matkę, która nie chciała opuścić ziemi, w której spoczywali jej przodkowie.

Po 1989 roku razem z koleżankami zaangażowałam się w obchody 100-lecia szkoły im. Cecylii Plater-Zyberkówny, którą ukończyłam. Zostałam przewodniczącą stowarzyszenia wychowanek, które postanowiły odbudować szkołę. Udało się, szkoła działa w podwarszawskim Piasecznie. Bardzo się tam angażuję, spotykam się z uczniami. Opowiadam im o moich przeżyciach i wierzę, że dzisiejsza młodzież, gdyby stanęła przed takimi wyborami jak my, postąpiłaby dokładnie tak samo.

Rok temu, w sześćdziesiątą dziewiątą rocznicę wybuchu Powstania Warszawskiego, zostałam odznaczona Krzyżem z Mieczami Orderu Krzyża Niepodległości. Odznaczenie wręczył mi osobiście prezydent Bronisław Komorowski. Byłam bardzo wzruszona. Uważam jednak, że to odznaczenie należy się nie mnie, ale całemu mojemu oddziałowi. Służenie z tymi ludźmi, przebywanie z nimi były dla mnie największym zaszczytem.

Przez długie lata po wojnie na dźwięk niemieckiego martwiałam. Po prostu nie mogłam znieść tego języka. Podobnie było z rosyjskim. Pewnego dnia oglądałam występ baletu moskiewskiego… i musiałam ukryć twarz w dłoniach… Przeżycia wojenne prześladowały mnie jeszcze przez wiele lat.

Dwukrotnie wychodziłam za mąż. Mam sześcioro dzieci, siedmiu wnuków, cztery wnuczki i dwie prawnuczki. Czekam na kolejne.

Gdy byłam mała, babcia powtarzała mi, że kobieta ze Wschodnich Ziem musi urodzić dużo dzieci. Bo jedno zginie podczas powstania, drugie zostanie rozstrzelane, a trzecie wywiezione na Sybir. Dopiero kolejne być może będzie miało więcej szczęścia i przetrwa. Jako dorosła kobieta przekonałam się, że babcia miała rację.

*Jadwiga Bałabuszko-Sławińska*
*(rocznik 1922)*

# ANNA

## HRABIANKA W AK

Podczas Powstania Warszawskiego mój dom został zajęty przez uzbrojonych po zęby Niemców. Było ich chyba z kilkuset. Zmieścili się bez problemu, bo moim domem był pałac w Wilanowie. Własność mojego taty, hrabiego Adama Branickiego. Gdy Niemcy zajęli dom, razem z mamą i siostrą zostałyśmy zamknięte w areszcie domowym. Nie mogłyśmy się ruszyć pod groźbą rozstrzelania. Wokoło trwała tymczasem bitwa. Przez okna dochodziła do nas kanonada broni maszynowej, huk granatów.

Czułam się zrozpaczona. Ja także należałam do Armii Krajowej, ja także chciałam się bić, chciałam coś robić. Wziąć udział w Powstaniu, na które tak bardzo czekałam. Byłam jednak w potrzasku. W AK służył także mój narzeczony, Janusz Radomyski „Cichy". Bał się o mnie potwornie. Był pewien, że Niemcy mnie rozstrzelają. Zebrał więc swój powstańczy oddział i postanowił mnie odbić.

To było w nocy z 16 na 17 sierpnia, późnym wieczorem, około jedenastej. Obudziły nas odgłosy zaciętej walki. Kule świstały pod oknami, Niemcy wpadli w panikę. Nagle usłyszałam znajomy głos wykrzykujący komendy. Nie mogłam w to uwierzyć! Janusz! Tak bardzo cieszyłam się, że mój ukochany jest niedaleko, ale z drugiej strony truchlałam na myśl, że coś mogłoby mu się stać.

Nagle usłyszałam krzyk dochodzący spod okna mojego pokoju:

– Anna, skacz! Zabiją was tam. Skacz do mnie. Skacz! Słyszysz?!

To był Janusz! Przedarł się jakimś cudem przez niemieckie pozycje wokół pałacu i stał teraz pod oknem. Pod kulami Niemców!

Był to jeden z najbardziej tragicznych momentów w moim życiu. Słyszałam głos ukochanego, jego nawoływanie. Wiedziałam, że naraża dla mnie życie, a ja nie mogłam do niego dołączyć. Ba, nie mogłam nawet pisnąć. Janusz nie wiedział bowiem, że w pokoju stało dwóch Niemców z wycelowanymi w nas pistoletami. A my z mamą i siostrą stałyśmy pod ścianą, trzymając się za ręce, zmartwiałe z przerażenia.

Do dziś pamiętam bezwzględne, pełne napięcia twarze żołnierzy. Mundury z orłami trzymającymi w szponach swastyki. Czarne wyloty luf. Nie mam wątpliwości, że gdybym się ruszyła, pociągnęliby za spust. Zastrzelić z zimną krwią kobietę, cóż to dla takich drabów.

Wreszcie usłyszeliśmy, jak nasi się wycofują. Niemcy się pozbierali, odparli szturm i sami przeszli do kontrataku. Kanonada szybko zaczęła cichnąć, słyszeliśmy tylko coraz głośniejsze jęki rannych. Walka wygasła. Dopiero wtedy wartownicy odprężyli się i pozwolili nam usiąść. Powiedzieli, że kilku Polaków podczas szturmu poległo. O, Boże, czyżby wśród nich był Janusz? Dopiero rano dowiedziałam się, że całe szczęście udało mu się bezpiecznie wycofać. Kilku jego kolegów dogorywało jednak w naszym parku. Niemcy się nimi nie interesowali.

Potem zobaczyłyśmy prowadzonych na rozstrzelanie schwytanych powstańców. Dwudziestu paru młodych chłopców. Jeden z nich był jeszcze dzieckiem, mógł mieć góra piętnaście lat. Pamiętam, jak wołał:

– Mamo, mamo!

Ten widok, te okrzyki mroziły krew w żyłach. Wszyscy zostali zamordowani. Niemcy, którzy wykonali wyrok, wracali przez park i kierowali się w kierunku pałacu. Byłyśmy pewne, że teraz idą po nas, że teraz nasza kolej. Miałam nadzieję, że podczas tej ostatniej próby znajdę w sobie siłę, by zachować się z godnością.

Gdy dzisiaj, z perspektywy siedemdziesięciu lat, myślę o tych przeżyciach, dziwię się sobie, że to wszystko przetrzymałam. Miałam dwadzieścia lat, byłam panienką z dobrego domu, hrabianką. I nagle takie ekstremalne przeżycia. A to był przecież dopiero początek. Przeżyłam bombardowania, grożono mi bronią, byłam świadkiem masowych rozstrzeliwań, siedziałam w kilku więzieniach – na czele z moskiewską Łubianką – i w sowieckim obozie koncentracyjnym. Moja rodzina straciła wielką fortunę, wylądowałam na bruku.

Przeżyć tych starczyłoby na obdzielenie kilku kobiet i żadna z nich nie mogłaby powiedzieć, że miała nudne życie. Od czego zacząć moją opowieść? Może od początku.

## Stare, wspaniałe czasy

Miałam szczęście urodzić się jako córka hrabiostwa Adama i Beaty Branickich z Wilanowa. Myliłby się jednak ten, kto sądziłby, że byłam wychowywana w cieplarnianych warunkach, że traktowano mnie jak księżniczkę i spełniano wszelkie moje zachcianki. Wprost przeciwnie. Byłam wychowywana według staromodnych, ścisłych reguł. Mój ojciec wpajał mi, że bycie częścią arystokratycznego, polskiego domu nakłada na mnie poważne obowiązki.

Nasze pochodzenie, przekonywał tata, zobowiązuje. Jako Branicka musiałam więc wymagać od siebie znacznie więcej niż od innych. Razem z siostrami – Marysią i Beatą – zazdrościłyśmy innym dzieciom, które mogły do woli dokazywać i rozrabiać. Branickim po prostu nie wypadało tego robić.

Na pierwszy rzut oka nikt nie powiedziałby, że jesteśmy hrabiankami. Podczas procesji Bożego Ciała ojciec prowadził księdza pod rękę, ale my razem z wiejskimi dziewczynkami sypałyśmy kwiatki. Mama dbała o to, żebyśmy nigdy nie były lepiej ubrane niż nasze

*Bycie częścią arystokratycznego polskiego domu wiązało się z szeregiem obowiązków i zasad postępowania. Anna wspomina te czasy z tęsknotą. Na zdjęciu: Anna Branicka przed wojną*

*Pałac w Wilanowie zawsze tętnił życiem.*
*Na zdjęciu: pałac w 1942 roku*

rówieśnice. Również nasze relacje ze służbą były znakomite. Służba uwielbiała rodziców, a my bawiłyśmy się z dziećmi pokojówek i ogrodników. Córka naszego szofera odwiedza mnie do dzisiaj.

Ojciec miał dwóch braci, ale obaj umarli młodo. Jeden podczas polowania. Zabił olbrzymiego rogacza i podekscytowany podbiegł, aby go zobaczyć. Wykrzyknął:

– Cóż za wspaniałe rogi! – i padł na ziemię.

To był zawał. Drugi brat podczas rewolucji znalazł się w Rosji, dostał hiszpanki i skonał samotnie w jakimś zapomnianym, obskurnym rosyjskim szpitalu. Ojciec mój był więc jedynym spadkobiercą fortuny Branickich.

Mieszkaliśmy w prawym skrzydle pałacu w Wilanowie. Środek już wówczas stanowiło stworzone przez tatę muzeum. W lewym skrzydle znajdował się zaś skład muzealiów i różnych rzeczy, w które obrastaliśmy, a które nie mieściły się w części mieszkalnej.

Zawsze do stołu zasiadało wiele osób. Oprócz naszej piątki całe zastępy ciotek, kuzynów, nauczycielek francuskiego, stałych rezydentów i gości.

Raz do roku jeździliśmy do Francji do zamku w Montrésor, który należał do mojej babci. Już wtedy zamek był udostępniony do zwiedzania, przychodziły do nas francuskie wycieczki. Bardzo się wstydziłyśmy, kiedy siedziałyśmy przy śniadaniu, a nagle do sali jadalnej wchodziła taka wycieczka.

– A to są małe wnuczki pani hrabiny – mówił oprowadzający, tak jakbyśmy były jednym z eksponatów.

Przez pierwszych kilka lat uczyli nas w pałacu prywatni nauczyciele, potem, w latach trzydziestych, chodziłam do gimnazjum żeńskiego im. Wandy Szachtmajerowej. W klasie wyżej uczyła się Jadwiga Piłsudska, córka Marszałka. Nie poznałyśmy się bliżej, mimo że często mijałyśmy się na korytarzu. Za to gościliśmy raz Piłsudskiego i Jadwigę w naszym domu. Związana jest z tym ciekawa historia. Otóż pewnego razu przybiegł do ojca zziajany, przejęty odźwierny.

– Panie hrabio! Panie hrabio! – wołał od progu. – Nadzwyczajna rzecz!

– Cóż takiego się stało? – zapytał ojciec.

– Marszałek Piłsudski spaceruje z córką po naszym parku. Coś jej peroruje, żywo gestykuluje. A za nim, w pewnej odległości, idzie obstawa.

Ojciec, słysząc to, wstał i powiedział, że w takim razie idziemy powitać Marszałka na naszej ziemi. Poszliśmy we dwoje. Piłsudski był w górnym parku, musieliśmy kawałek przejść, w końcu go znaleźliśmy.

– To wielki zaszczyt dla nas gościć pana Marszałka – powiedział tata.

Na to Piłsudski, jak zwykle poważny i mało wylewny, odrzekł:

– Muszę czasem porozmawiać z córką sam na sam. W spokoju i bez świadków, pozwoliłem sobie do pana przyjechać, bo są tu ku temu warunki.

Ojciec nie dał jednak Marszałkowi dokończyć rozmowy wychowawczej z córką, tylko zaprosił go do pałacu na kawę. Pamiętam, że byłam szalenie przejęta, że mogłam uścisnąć rękę Piłsudskiego. Był bardzo dostojny, rzeczowy, ale niezbyt towarzyski. Zrobił na mnie duże wrażenie. Te wąsy, twarz, szary mundur. Znałam to przecież tak dobrze z gazet i portretów, które wisiały w każdym urzędzie. O czym chciał porozmawiać ze swoją córką w wilanowskim parku? Nie wiem. Jadwiga mi tego nie powiedziała.

W Wilanowie bywało w ogóle sporo osobistości. Z Ignacym Mościckim na czele. Prezydent był wielkim myśliwym i przyjeżdżał do nas na polowania. Pewnego razu po zakończeniu łowów, kiedy wszyscy zeszli już na dół przebrani we fraki i mundury, mama kazała nam się przywitać. Choć miałam wtedy dziesięć lat, prezydenta pamiętam doskonale. Siwa czupryna, dostojna postawa, świetnie skrojony frak. Siedział na fotelu.

Podchodziłyśmy do niego kolejno. Mościcki podawał nam rękę, a my robiłyśmy dygnięcie. Gdy przyszła moja kolej, zaczęłam coś wyciągać zza pazuchy. Dość długo się mocowałam z guzikami sukienki i mama wpadła w przerażenie. „Czy ona się chce przy wszystkich rozebrać?!" – myślała przestraszona. Ja jednak wyciągnęłam kartkę z… „Podaniem do Pana Prezydenta Rzeczypospolitej". Mościcki ją wziął i zaczął czytać na głos.

Podanie było mniej więcej takiej treści:

„Panie Prezydencie, ja pana bardzo proszę, żeby pan zabronił wjeżdżać furom zaprzęgniętym w konie pod górę ulicą Belwederską. Tam jest szalenie stromo i furmani okładają batami biedne koniki. A przecież te koniki ciągną fury ciężkiego węgla i nie mają już sił. Proszę jeszcze raz, aby pan Prezydent był łaskaw zakazać furmanom wjeżdżać pod górę, ewentualnie można by wyrównać to zbocze".

Kiedy prezydent skończył czytać, zapanowała całkowita cisza. Wszyscy czekali na to, co powie Mościcki. Mama z nerwów zbladła i była bliska omdlenia. A Mościcki uśmiechnął się i powiedział:

– A wiesz, że to jest rzeczywiście bardzo ważna sprawa. Zajmę się tym, choć będzie to trudne.

Wszyscy mieli z tego kupę śmiechu, historia przeszła do rodzinnej legendy. A prezydent Mościcki dotrzymał słowa. Podejście koło Belwederu rzeczywiście zostało nieco złagodzone, choć tak naprawdę nie wiem, czy to była moja zasługa. Do dzisiaj, ilekroć jadę Belwederską, przypomina mi się tamten wieczór w pałacu w Wilanowie. Elita II RP siedząca przy naszym ogromnym stole. Prezydent Mościcki, oficerowie w pięknych przedwojennych mundurach, panie we wspaniałych toaletach. Gwar rozmów, brzęk kieliszków i sreber, świece w kandelabrach.

Tak, to były wspaniałe czasy. W porównaniu z tym, co miało nadejść, tamto przedwojenne życie jawi się niczym bajka.

## Wojna i miłość

Wojna zmieniła wszystko. Gdy wybuchła, miałam piętnaście lat. Na samym początku w Wilanowie stacjonowali szwoleżerowie. Bardzo to było wesołe towarzystwo. Razem śpiewaliśmy piosenki żołnierskie, ułańskie żurawiejki.

– Na pewno szybko pobijemy Szwabów – zapewniali nas. – Uciekną gdzie pieprz rośnie, zapomną o Gdańsku i swoich głupich pretensjach.

Nasi szwoleżerowie byli bardzo miłymi ludźmi i dobrymi kompanami, ale, niestety, byli równocześnie oderwani od rzeczywistości. Jeden z żołnierzy próbował im przemówić do rozsądku:

– Ej, chłopcy – mówił – dzieciuchy z was jeszcze. Porywamy się z motyką na słońce.

Uważano go jednak za defetystę.

Tymczasem niemiecka armia okazała się znacznie potężniejsza niż nasza. A na domiar złego 17 września cios w plecy zadał nam Stalin. Już pierwsze tygodnie wojny były bardzo ciężkie, samoloty niemieckie gęsto bombardowały Warszawę. Trochę bomb spadło i na Wilanów. A potem zaczęła się okupacja. Niemcy zajęli część muzealną pałacu, bezceremonialnie traktując bezcenne zabytki. Tupali zabłoconymi buciorami po parkietach, rozsiadali się w brudnych mundurach na naszych zabytkowych, wymuskanych kanapach.

Szczególnie przykre to było dla taty. Gdy kiedyś wzięłam do ręki srebrny przedmiot podarowany Janowi III Sobieskiemu przez gdańszczan, tata złapał mnie za rękę i powiedział surowym tonem:

– Nie wolno tego dotykać!

---

*Pałac w Wilanowie był jednym z głównych miejsc spotkań elity II Rzeczpospolitej. Na zdjęciu: wizyta prezydenta Mościckiego*

Ja na to, że przecież to nasze. Tata się wtedy na mnie strasznie obruszył. Powiedział, że to są święte polskie pamiątki, których my tylko strzeżemy... Można więc sobie wyobrazić, co musiał przeżywać, gdy Niemcy panoszyli się po wilanowskim muzeum.

Broń ukryliśmy w kaplicy. Na górze przy suficie była taka gipsowa obręcz. Tam schowane były dwa karabiny myśliwskie. Zawsze kiedy szłam się modlić, patrzyłam z lękiem do góry, czy przypadkiem ich nie widać. Z czasem broni było coraz więcej. Bo cała nasza trójka, ja i moje dwie siostry, zaciągnęłyśmy się do AK. Było to dość zabawne, bo moim dowódcą była żona naszego ogrodnika, pani Płucienniczakowa. Wynikało z tego sporo zabawnych sytuacji. Jednego dnia szłam do niej z jakimś poleceniem od mamy, na przykład żeby przygotowała wiązankę. A drugiego dnia to ona wydawała mi rozkazy.

Zaprzysiężenie zrobiło na mnie wielkie wrażenie. Szczególnie słowa „prędzej zginę, niż zdradzę". Aż dreszcz przeszedł mi po plecach. Muszę przyznać, że działając w podziemiu, miałam sporego pietra. Musiałam przewozić rozkazy, jakieś instrukcje. A przecież Niemcy byli tuż pod nosem, w drugiej części pałacu.

Naszą karocą, z herbami rodowymi na drzwiczkach, woziliśmy do Warszawy broń i rannych po akcjach. Pewnego razu Niemcy zatrzymali powóz i zabierali się do kontroli. Wtedy ze środka wyszła moja mama, Beata Branicka, i zaczęła na nich strasznie krzyczeć:

– Czy wy wiecie, kogo zatrzymujecie!? Co wy sobie myślicie!

Sztorcowała ich oczywiście w idealnej niemczyźnie. Żandarmi stanęli na baczność, zasalutowali i przepuścili powóz. Fragment tej karocy mam do dzisiaj w domu.

Ojciec mój, chociaż ze względu na wiek nie mógł służyć w podziemnym wojsku, bardzo wspierał konspirację. Sprzedawał ziemię i wszystkie zyski przekazywał Armii Krajowej. Na broń wydawał niemal wszystko, aż czasami baliśmy się, że nie starczy nam na jedzenie. Uważał jednak, że to jego patriotyczny obowiązek. Chociaż mógł spokojnie przeżyć wojnę, nadstawiał karku. W efekcie Niemcy dwukrotnie więzili go na Pawiaku.

Właśnie wtedy zjawił się u nas w domu Janusz Radomyski. Mój Janusz... Był dwa lata ode mnie starszy i pochodził z małego majątku w okolicach Krasnegostawu. Armia Krajowa dokonała tam zamachu na jakiegoś ważnego Niemca. W odwecie SS kazało dyrektorowi miejscowej szkoły wyznaczyć zakładników spośród uczniów. Janusz zgłosił się na ochotnika, aby uratować kogoś innego.

Jego ojciec siedział już w więzieniu na zamku w Lublinie. Osadzono ich tam razem. A było to najgorsze więzienie gestapo, o jakim słyszałam. Znęcano się tam nad ludźmi w sposób nieludzki. Ojciec Janusza wkrótce zmarł. Z celi Niemcy nie chcieli jednak zabrać jego ciała. Janusz musiał spać z trupem taty na jednej wąskiej pryczy przez wiele dni. Niemcy twierdzili, że nie mają miejsca na pochówek. Dopiero kiedy ciało znalazło się w tak zaawansowanym stadium rozkładu, że fetor roznosił się po całym więzieniu, przyszli i je usunęli. To, co Janusz wtedy przeżył, było koszmarem.

Kiedy udało się go wykupić z gestapo, koledzy z konspiracji poprosili moją mamę, żeby Janusz mógł przyjechać do Wilanowa. Pomieszkać trochę u nas, dojść do siebie. Wyrobiliśmy mu papiery, według których rzekomo pracował w pałacu. W Wilanowie było już wtedy pełno ukrywających się ludzi z podziemia. Pałac uznawany był bowiem za bezpieczne schronienie. Niemcy nie ośmielali się wchodzić do naszej części.

Dowiedzieliśmy się na przykład, że na wsi niedaleko pałacu ukrywa się pewien francuski żołnierz, uciekinier z obozu jenieckiego, którego nikt nie rozumie i który w związku z tym został zatrudniony przez chłopską rodzinę do niańczenia niemowlęcia. Pojechał po niego i przywiózł go do nas nasz administrator. Ten żołnierz nazywał się Bernard de Roquefeuil. Gdy przyjechał do

Wilanowa, poczuł się od razu jak w domu. Wszyscy mówiliśmy bowiem po francusku. Został.

Janusz był samotnikiem, stąd się wziął jego pseudonim „Cichy". Gdy przyjechał do pałacu, mama zamknęła się z nim w pokoju na rozmowę. Strasznie byłam ciekawa, jak wygląda, więc stanęłam pod drzwiami i podglądałam przez dziurkę od klucza. Nagle drzwi pod moim naporem się otworzyły i wpadłam do środka. Mama się uśmiechnęła, a ja próbowałam udawać, że coś pilnego musiałam jej przekazać. Byłam czerwona ze wstydu.

Janusz był blondynem, nosił włosy zaczesane do tyłu, był szeroki w barach i wysoki. Bardzo przystojny. Pamiętam, że tego pierwszego dnia miał na sobie beżową marynarkę wojskowego kroju. Poprosił, żeby przynoszono mu posiłki do pokoju. Nie chciał się z nikim widywać. Siedział ze spuszczoną głową, czytał. Po tym, co przeżył, był załamany. Mama powiedziała w końcu, że trzeba go wciągnąć do normalnego życia.

Zaczęłam go więc wyciągać z samotni. Spacery, rozmowy. Zaczął jeść ze wszystkimi. Najwięcej czasu spędzał jednak ze mną. I właśnie wtedy zrodziło się nasze uczucie. Zakochałam się w nim i była to miłość odwzajemniona. Na krótko przed Powstaniem potajemnie się zaręczyliśmy. A trzeba tu koniecznie wspomnieć, że należę do rodziny, w której wszystkie małżeństwa były planowane przez rodziców. Stąd należało całą sprawę utrzymać w sekrecie.

Mieliśmy służącego, Stanisława Dębniaka. Zawsze mi powtarzał:

– Panna hrabianka musi mi obiecać, że kiedy będzie chciała wyjść za mąż, to się mnie zapyta o zdanie.

Gdy tylko widział mnie z jakimś chłopcem (adoratorów nazywał „podskakiewiczami"), to brał mnie na bok i mówił:

– Nie, nie, niech pani go popędzi, on nie dla pani.

Bardzo liczyłam się z jego zdaniem. Janusza, jako pierwszego z „panów podskakiewiczów", zaakceptował.

## Skacz, bo cię zabiją

1 sierpnia 1944 roku, dzień wybuchu Powstania Warszawskiego, zapamiętałam jako dzień ciężkiej pracy. Najpierw musiałam zawiadomić kolegów o godzinie „W", potem sama przygotować się do bitwy. Ubrałam się w szarą spódnicę, bluzkę, wiatrówkę. Gotowa do akcji pobiegłam wprost do szpitala. Mama bowiem – tak jak w 1939 roku – zorganizowała u nas w pałacu szpital polowy dla rannych polskich żołnierzy.

Przygotowałyśmy wraz ze służbą łóżka, lekarstwa i bandaże. Duży stół nakryty świeżo wypranym obrusem miał służyć za stół operacyjny. Wszystkie potrzebne przyrządy leżały obok, zawczasu zgromadzone i wysterylizowane. Ponieważ spodziewałyśmy się wybuchu walk, wszystko było przygotowywane od kilku dobrych miesięcy. Teraz trzeba było wszystko dopiąć na ostatni guzik.

Wyglądałam niecierpliwie Janusza. Musiałam go przecież zobaczyć przed Powstaniem, pożegnać się z nim, zapewnić o mojej miłości i o tym, że będę się za niego modlić. Wreszcie przyszedł. A raczej przybiegł. Był zziajany, ledwo mógł złapać dech. Zdążył się tylko przebrać i już pędem zbiegał na dół po schodach. A ja za nim. Nie pożegnaliśmy się jakoś bardzo czule, nie było na to czasu. Po chwili już go nie było. Poszedł się bić.

Przy bramie zatrzymał go jakiś Niemiec (część pałacu była nadal obsadzona przez okupanta), ale całe szczęście zaraz go puścił. Jedna moja siostra, Beata, była już w Warszawie na koncentracji jej oddziału. Druga, Marysia, była w drodze na miejsce swojej zbiórki. W mieście, w naszym mieszkaniu na Smolnej, był tata.

Wreszcie się zaczęło. Wybiła godzina „W". Najpierw usłyszeliśmy z oddali jeden wystrzał, potem kilka, a później rozpoczęła się już regularna kanonada. Czekałam na jakieś rozkazy, ale nikt nie nadchodził. Napięcie było olbrzymie, byłyśmy z mamą coraz bardziej zdenerwowane. Modliłyśmy się za naszych bliskich, za powodzenie Powstania. Wreszcie, nocą, zdrzemnęłyśmy się na kanapie.

Zbudziła nas nad ranem „Lotka", moja koleżanka z oddziału. Powiedziała, że w pobliżu naszego mostku Niemcy dopadli i zamordowali dwóch akowców. I że muszę koniecznie odnaleźć ciała i je obszukać, aby sprawdzić, czy żołnierze przypadkiem nie mieli przy sobie jakichś ważnych papierów. To było przed świtem 2 sierpnia. Chodziłam z latarką po krzakach i szukałam tych trupów. Wreszcie udało się. Dwaj chłopcy leżeli nad łachą wiślaną, koło łódek.

Byłam nieprzyzwyczajona do widoku martwych ciał. Bałam się. Musiałam się jednak przemóc i przeszukać ich mundury, rozpiąć kurtki. Twarze mieli straszne, zastygłe w grymasie przedśmiertelnego przerażenia. Jeden miał szeroko otwarte oczy. Wyglądało to tak, jakby się we mnie wpatrywał. Białka jego oczu w ciemności wyglądały strasznie. Zamknęłam mu powieki. Wreszcie znalazłam w kieszeni portfel.

Nagle za moimi plecami trzasnęła gałązka. Serce dosłownie stanęło mi w piersi. Odwróciłam się błyskawicznie. Niemcy! Było ich dwóch, wyszli zza drzew. Obaj uzbrojeni w karabiny.

– *Was machen Sie hier?! Hände hoch!* – wrzeszczeli.

Zaprowadzili mnie pod eskortą do pałacu, gdzie przed domem stała mama i rozmawiała z jakimś niemieckim oficerem. Musieli dowiedzieć się o przygotowanym przez nas szpitalu polowym. Zauważyli też na pewno, że nagle z Wilanowa zniknęli wszyscy mężczyźni.

Kiedy tak stałyśmy przepytywane przez Niemców, nagle zobaczyłyśmy moją siostrę Marysię. Siedziała na bryczce pod eskortą kilku żołnierzy Wehrmachtu. Minę miała nietęgą. Kiedy do nas dołączyła, zobaczyłam, że coś powoli żuje. Potem dowiedziałam się, że był to meldunek, który w ostatniej chwili zdążyła schować w ustach. Okazało się, że została zatrzymana przez żandarmów w drodze na koncentrację.

Niemcy, którzy stali przed nami, byli coraz bardziej wściekli. Jeden z nich wyjął z kabury pistolet i zaczął do nas mierzyć. Muszę przyznać, że oniemiałam. Pierwszy raz w życiu znalazłam się w takiej sytuacji. Nawet nie pamiętam, czy czułam strach. Chyba byłam po prostu zdumiona. Żeby ktoś groził nam bronią przed drzwiami naszego pałacu. To było nie do pomyślenia. Cóż za tupet i bezczelność! Niemiec tymczasem wymachiwał bronią i coraz głośniej o czymś perorował.

Wreszcie się trochę uspokoił. Coś między sobą uzgodnili i kazali nam wejść do domu. Ja natychmiast pobiegłam do Bernarda, tego francuskiego żołnierza, który się u nas ukrywał. Jeśli by go znaleźli, natychmiast by nas wszystkich rozstrzelali. Szczególnie że mogli go wziąć za Żyda, Bernard miał bowiem nieco semickie rysy. Kazałam mu się schować na niewielkim stryszku nad jedną z łazienek. Ostatecznie przesiedział tam skulony pół Powstania.

Niemcy tymczasem urządzili nam przesłuchanie. Długo wypytywali o to, gdzie są mężczyźni. Gdzie jest ojciec, domownicy i służący? Wypytywali o szpital, o to, skąd wiedziałyśmy, że wybuchnie Powstanie. Zostałyśmy zamknięte w areszcie domowym pod groźbą rozstrzelania. Najgorsze było to, że uwięzienie uniemożliwiło nam pracę w szpitalu. Walki były zaś coraz cięższe i w okolicy było coraz więcej rannych. Modliłyśmy się więc i robiłyśmy rachunek sumienia. Mama powiedziała, że musimy być przygotowane na najgorsze.

Tylko niewielką pociechą dla nas było to, że Niemcy zaadaptowali nasz szpital na swoje potrzeby i niemiecki lekarz – dobry fachowiec i przyzwoity człowiek – nie odmawiał pomocy naszym rannym. Raz przeprowadził bardzo skomplikowaną operację amputacji ręki naszej sanitariuszki. Udała się, choć ręka została odcięta zwykłą piłą do drewna.

Tymczasem bitwa trwała niemal pod naszymi oknami. Słyszałyśmy huk rozrywających się granatów, strzały, okrzyki bojowe. Co chwila widziałyśmy, jak Niemcy prowadzą kolejnych schwytanych powstańców na rozstrzelanie. Do tej pory mam w uszach krzyki młodego chłopaka, który szedł z rękami na głowie i wołał rozpaczliwym głosem:

– Ratujcie mnie, ratujcie!

Za nim kroczyli zaś Niemcy z zaciętymi twarzami i wymierzonymi w jego plecy lufami. Zniknęli nam z oczu, po chwili usłyszałyśmy krótką serię z pistoletu maszynowego. Koszmar.

Jedzenie, przynoszone nam przez pokojówkę, było dokładnie oglądane przez Niemców. Przelewali zupę, grzebali w kartoflach, w jarzynach. Bóg raczy wiedzieć, czego w tym szukali. Najgorsze było to, że w pałacu znajdowało się jeszcze kilka skrytek z pistoletami i gazetkami konspiracyjnymi. Wszyscy domownicy byli przecież w ruchu oporu. Cały czas zastanawiałyśmy się, co się stanie, jeśli Niemcy to znajdą. Żyłyśmy w ciągłym napięciu.

Nasz nieszczęsny Francuz cały czas siedział nad łazienką, koło kotła z gorącą wodą. Ledwo mógł się tam położyć. Nosiłam mu potajemnie jedzenie i picie. Sprawa wywołała jednak pewną komplikację. Otóż kiedy on tam siedział nad pełnym szpar sufitem, bardzo krępowałyśmy się korzystać z łazienki. Ponieważ był dobrze wychowanym mężczyzną, to ufałyśmy jednak, że zachowywał się po dżentelmeńsku i w odpowiednich momentach odwracał wzrok.

---

*Prawe skrzydło pałacu w Wilnowie w czasie wojen służyło jako szpital. Na zdjęciu: Adam Branicki i Jadwiga Reyowa wraz z rannymi w czasie I wojny światowej, 1918 rok*

Bernard był w coraz gorszym stanie, przeziębiony, zmęczony. W każdej chwili bał się, że usłyszą go Niemcy. Postanowiłyśmy więc, że musimy go wydostać ze skrytki. Ale jak to zrobić, skoro pałac i park są pełne Niemców!? Wreszcie wpadłyśmy na pomysł! Francuz miał wyjść z ekipą hydraulików, których sprowadziłyśmy do rzekomo zepsutej rury w łazience. Tak też się stało. Gdy przechodził w przebraniu przez bramę, patrzyłyśmy na to z trwogą. Udało się jednak, strażnicy nie zwrócili na niego uwagi. Po opuszczeniu pałacu zaopiekował się nim nasz administrator.

Janusz przez całe Powstanie był w Warszawie. Bił się na Sielcach, potem na Sadybie i Mokotowie. Był dowódcą plutonu. Codziennie zmawiałam za niego różaniec. W Warszawie walczyła również moja siostra Beata, pseudonim „Atka". Podczas bitwy wzięła powstańczy ślub z oficerem AK Leszkiem Rybińskim „Patem". To było bardzo

romantyczne. Podczas ceremonii oboje mieli opaski, a za suknię ślubną posłużył kitel chirurgiczny związany na plecach tasiemkami.

Mój biedny ojciec przeżył bombardowania na Smolnej. Dowiedział się tam, że Niemcy wydali na niego wyrok śmierci za wspomaganie podziemia.

My tymczasem żyłyśmy w ciągłym strachu. Niemcy byli coraz bardziej nerwowi i agresywni. Wreszcie wpadł do nas jakiś major i oświadczył, że to koniec. Powiedział, że mama, przygotowując szpital, była w zmowie z „bandytami". Dlatego teraz zostanie przykładnie ukarana i powieszona na bramie własnego pałacu. Trudno dziś oddać w słowach, co czułam, gdy to usłyszałam. Bóg jednak nad nami czuwał!

Zaczęto ją już wyprowadzać na egzekucję, gdy niemieckie pozycje przed pałacem zaatakował jeden z oddziałów AK. Doszło do wymiany ognia, w której akurat zginął ten oficer, który chciał powiesić mamę. Była uratowana!

Im dłużej trwało Powstanie i im bardziej jasne stawało się, że skończy się dla Polaków klęską, tym mniej surowi byli wobec nas Niemcy. Reżim stawał się łagodniejszy. W końcu pozwolili nam nawet wychodzić na spacery do parku, oczywiście w asyście wartowników. W pierwszych dniach września doszły do nas wiadomości, że front stanął na Wiśle. Że bolszewicy są już bardzo blisko. Rzeczywiście w okolicy padało coraz więcej bomb lotniczych, z drugiej strony rzeki dochodził do nas ryk artylerii.

Niemcy wreszcie zaczęli się w panice pakować i wyjeżdżać. Nie za bardzo wiedziałyśmy, co to wszystko znaczy, jak to rozumieć. Samochody odjeżdżały, inne przyjeżdżały, ruch, rwetes, krzyki i ponaglenia. Nikt nam oczywiście nie raczył czegokolwiek powiedzieć. Niemcy wkrótce zniknęli, ale pałac nie pozostał nieobsadzony. Ich miejsce zajęli, sprzymierzeni wówczas z Rzeszą, Węgrzy. Cóż to była za zmiana!

Zameldował się nam dowódca. Wysoki, czarny, sympatyczny. Zasalutował i wyjaśnił, że teraz on przejmuje nad nami „pieczę". Jak to wspaniale brzmiało. Był to człowiek ulepiony z zupełnie innej gliny niż nasi poprzedni „opiekunowie". Uprzejmy, kulturalny, dobrze wychowany, nastawiony przyjaźnie do Polaków. Podobnie jego żołnierze. Węgrzy, zanim weszli do naszych pokoi, zawsze pukali. Kłaniali się nam i uśmiechali.

Tacy „okupanci" w ogóle nam nie przeszkadzali. Niestety, po paru dniach przyszedł rozkaz ewakuacji. Sowieci byli już tuż-tuż. Węgrzy kazali nam się szybko spakować. Powiedzieli, że odeskortują nas w bezpieczne miejsce. W panice pakowałyśmy co popadnie. Nie miałyśmy niestety dużo czasu. Z tej ewakuacji bardzo się cieszyłyśmy. Nie miałyśmy złudzeń co do intencji bolszewików. Wiedziałyśmy, że możemy się spodziewać po nich wszystkiego najgorszego.

Tym, czego nie przewidziałyśmy, było to, że żegnamy się z naszym pałacem na zawsze. Że już nigdy nie będzie dane nam zamieszkać w naszym domu.

## Sowieckie uprowadzenie

Pierwszym przystankiem w naszej tułaczce był Nieborów, majątek Radziwiłłów. Niestety pałac był już tak zapchany uchodźcami, że znalazłyśmy trochę miejsca tylko w pobliskiej chacie wiejskiej. Na szczęście trafiłyśmy na bardzo uprzejmych gospodarzy i zatrzymałyśmy się u nich aż do świąt roku 1944.

Z moim Januszem było mi jeszcze dane spotkać się przed jego pójściem do niewoli. Ponieważ wiedziałyśmy, że przez pobliskie Skierniewice będą przechodzić pociągi z jeńcami wziętymi przez Niemców w Powstaniu, udałyśmy się na tamtejszą stację. Zobaczyłyśmy długie transporty z naszym rozbrojonym, pokonanym wojskiem. Gdy patrzyłam na twarze tych załamanych chłopaków, serce mi się ściskało.

Spotykałyśmy wśród nich mnóstwo znajomych osób. Wyglądali do nas z pociągów, każdy chciał coś komuś przekazać, czegoś się dowiedzieć. A my ściągałyśmy z siebie swetry, medaliki, wszystko, co mogło im się przydać w obozie. Wyskubywałyśmy dla nich ostatnie grosze. Wreszcie w jednym z wagonów bydlęcych zobaczyłam go. Siedział na podłodze, w jakimś smarze, ściśnięty. Oni byli tam przecież strasznie poupychani.

Wagon, w którym się znajdował, był już zamknięty, czekał na sygnał do odjazdu. Widzieliśmy się więc przez dużą szparę czy też raczej lukę w drzwiach. Janusz przecisnął przez nią rękę, zrobił mi krzyżyk na czole, dotknął włosów. Przycisnęłam tę jego rękę do twarzy. Pocałowałam ją. Pamiętam, że bardzo płakałam, łkałam. Tak bardzo go kochałam, tak bardzo chciałam, żebyśmy mogli razem pójść do domu, żeby wszystko było tak jak dawniej.

Niestety, rzeczywistość była brutalna. Musiałam się z nim rozstać. Wtedy pocieszałam się, że jeszcze nic straconego. Że nasza miłość przetrwa tę próbę. Wojna szybko się skończy, on wyjdzie z obozu jenieckiego, wróci, a ja będę na niego czekać. Weźmiemy ślub, będziemy żyli długo i szczęśliwie. Tak, jak to sobie wymarzyliśmy. Okazało się jednak, że los chciał inaczej. Widzieliśmy się wtedy po raz ostatni w życiu. Na tym obdrapanym skierniewickim dworcu.

Na początku 1945 roku ruszyła wielka ofensywa Armii Czerwonej. Niemcy zostali zmiażdżeni i wszyscy zostaliśmy „wyzwoleni" przez bolszewików. To było 21 stycznia. Najpierw zabrali mężczyzn,

---

*Po upadku Powstania rozpoczęło się „wyzwalanie" kraju przez Sowietów. Czarne limuzyny gestapo zastąpiły samochody NKWD – wszyscy żyjący Braniccy trafili na Łubiankę. Na zdjęciu: hrabia Adam Branicki wraz z małżonką Marią w jednym z pomieszczeń pałacu wilanowskiego w 1928 roku*

księcia Janusza Radziwiłła i jego syna Edmunda oraz Xawerego Krasickiego. Przyjechali po nich dwiema czarnymi limuzynami, do złudzenia przypominającymi limuzyny gestapo. To jednak były samochody NKWD.

Równocześnie Sowieci aresztowali mojego ojca. Następnego dnia przyszli po kobiety i dzieci. Po nas. Uzbrojeni, patrzący spode łba enkawudziści. Ponure typy. Nie mogłyśmy ze sobą za wiele wziąć, bo dali nam tylko kilka minut na zebranie się do wyjścia. Każdy w zdenerwowaniu brał więc co popadnie. Któraś z nas chwyciła nawet w biegu balową suknię. Tam, gdzie miałyśmy trafić, bali jednak nie było.

W sumie zebrali szesnaście osób. Branickich, Radziwiłłów, Zamoyskich i Krasickich. Najwybitniejsze rody polskiej arystokracji. Następny miesiąc wozili nas z miejsca na miejsce. Otwock, Kutno, Gniezno, Sochaczew, Brześć. Jechaliśmy przez Warszawę. Spaloną,

straszną, wymarłą. Przetrzymywano nas w nieludzkich warunkach w więzieniach i jakichś opuszczonych budynkach. Spaliśmy na gołej ziemi, w naszych wierzchnich okryciach, na czym się dało. Było zimno, ciasno, brudno i głodno.

Dla większości z nas był to szok. Pamiętam doskonale niezwykle smutną scenę. Podczas pierwszego noclegu, gdy rozkładaliśmy się na ziemi, na samym środku celi stała księżna Anna Radziwiłł. Była zdezorientowana, załamana, błędnym wzrokiem omiatała nasze barłogi. I nagle zapytała:

– Kto mnie tu będzie rozbierał?

Dzisiaj może się to wydawać zabawne. Wtedy zrobiło to na nas wrażenie tragiczne. Jedyną zbrodnią tej kobiety było to, że należała do wielkiego polskiego rodu. To wystarczyło bolszewikom, żeby ją tak potraktować. Był to dla mnie symbol tego, co się działo wówczas z naszą nieszczęsną ojczyzną. Był to symbol końca normalnego świata i początku koszmaru, jakim miały być dla Polski rządy komunistów.

Już wtedy, w drodze, zaczęły się pierwsze przesłuchania i szykany. Co może być zaskakujące, największym problemem podczas naszej tułaczki było załatwianie się. Prosiliśmy bolszewików, żeby zatrzymali ciężarówkę. A oni na to:

– Dobrze, ale dawajcie wszyscy razem.

Tłumaczyliśmy im, że my wszyscy razem tego nie robimy. Patrzyli na nas jak na przybyszów z innej planety. To byli jacyś na wpół dzicy ludzie.

Jak tu się tymczasem załatwić przy Radziwiłłach? Przecież to czołowa para Europy! Byli honorowymi gośćmi na królewskich dworach, liczył się z nimi cały świat. A teraz mamy tu razem z nimi, w przydrożnym rowie... Nie do pomyślenia.

W Brześciu pozwolili nam na chwilę wyjść z więzienia, udać się na miejscowy targ. Jakieś Polki zaproponowały, żebyśmy sprzedali trochę ubrań. Za zarobione w ten sposób pieniądze kupiliśmy jedzenie. Białe, świeżutkie bułki i kilka chlebków graham. Nigdy nie zapomnę tego wspaniałego zapachu. Smak chleba docenia się dopiero, gdy jest się naprawdę głodnym.

Do końca życia będę pamiętała tę scenę. Nasz nieformalny przywódca, jeden z najbardziej szanowanych i szacownych arystokratów Europy, książę Janusz Radziwiłł, stoi na środku bazaru w rozpiętym płaszczu. Z pańską, dystyngowaną postawą zachwala różową, zdobną w paryskie koronki koszulę swojej żony. O dziwo, tłum przekupek wcale się do niego nie garnie, co go bardzo gniewa. Najwyraźniej książę nie miał smykałki do handlu z ręki.

Sowieci cały czas nas zwodzili. Z powrotem wpakowali nas do pociągu. Gdy minęliśmy Brześć i jechaliśmy dalej na wschód, dla wszystkich stało się jasne: wywożą nas w głąb Związku Sowieckiego. W wagonie zapanowało ponure milczenie. Spodziewaliśmy się tam najgorszego. Obozu, Syberii, tajgi, niewolniczej pracy i śmierci głodowej. Dla czerwonych byliśmy przecież „krwiopijcami" i najgorszymi „wrogami ludu".

Jechaliśmy kilka dni. W końcu na jednej ze stacji do wagonu wszedł jakiś mężczyzna. Podszedł wprost do księcia i się z nim przywitał. Był to Mironow, dyrektor Łubianki, straszliwego moskiewskiego więzienia NKWD. Znał Radziwiłła, bo książę już raz u niego siedział. Za pierwszym razem został bowiem aresztowany przez bolszewików po 17 września 1939 roku. Po krótkiej rozmowie z Mironowem książę odwrócił się do nas z niewyraźną miną. Tata zbladł.

Tak, zamknięto nas na Łubiance. Siedzieliśmy w maleńkich, surowych celach, z zasłoniętymi oknami, odcięci od świata. Godziny po prostu się wlokły. Mnie na domiar złego porobiły się na nogach paskudne wrzody. Dopiero po dłuższym czasie trafiliśmy do miejsca naszego przeznaczenia – osiedla NKWD w Krasnogorsku pod

Moskwą. Zamknięto nas tam wszystkich, cztery rodziny, w dużym domu na parterze. Szesnaście osób w trzech pokojach.

Znaleźliśmy się pod niezwykle ścisłą, totalną kontrolą. Strzegli nas uzbrojeni wartownicy. Warunki w środku – jak na standardy sowieckie – nie były wcale najgorsze. Łóżka z pościelą, ogrzewanie, a nawet ręczniki, co było już luksusem. Najgorsze było jednak rozdzielenie się. Podjęcie decyzji, kto mieszka w jakim pokoju. Przykro o tym pisać, ale zaczęliśmy się o to kłócić i niestety kłótnie te okazały się stałym elementem naszego internowania. Gdy stłoczy się tylu ludzi na tak małej przestrzeni, chyba po prostu musi się to skończyć w podobny sposób. Szczególnie że w tej sowieckiej niewoli – w całkowitej izolacji – spędziliśmy trzy długie lata.

Najbardziej uciążliwe było to, że zakazano nam wychodzenia na zewnątrz. A co za tym idzie, nie mogliśmy w żaden sposób dać znać bliskim w Polsce o tym, co się z nami dzieje. My zniknęliśmy, a oni w kraju wyobrażali sobie Bóg wie jakie rzeczy. Że jesteśmy w łagrze albo że już dawno zostaliśmy zamordowani. To, co podtrzymywało mnie na duchu, to listy do Janusza. Pisałam je niemal codziennie, opisywałam w nich wszystkie moje przeżycia, uczucia, nadzieje. Oczywiście nie mogłam mu ich wysyłać. Wyobrażałam sobie jednak, że kiedyś – gdy już się spotkamy i będziemy znowu razem – wszystkie mu je wręczę. Przeczyta je i dowie się, co się ze mną działo.

Dopiero z czasem strażnicy zaczęli nas wypuszczać na dwór, ale tylko nocą. Tak, abyśmy nie mogli nawiązać żadnego kontaktu z pobliską ludnością. Najpierw prowadzano nas co sobotę do bani. Z początku nasi panowie niechętnie podchodzili do tych nocnych kąpielowych eskapad, co oficer sowiecki skomentował ze zdziwieniem i naganą w głosie:

*– Każdyj kulturalnyj czełowiek dołżen mytsia odin raz w subotu.*

W ogóle bolszewicy często przychodzili popatrzeć, jak żyjemy. Oglądali nas trochę jak zwierzęta w cyrku. Byliśmy w końcu polskimi arystokratami, o których czytali w swoich propagandowych gazetach, że codziennie piją krew robotników i chłopów. Bolszewicy dziwili się dosłownie wszystkiemu. Choćby temu, że mężczyźni w drzwiach puszczają kobiety przodem.

– *A na szto*? – pytali, drapiąc się po głowie.

Wreszcie pozwolili nam wychodzić i w ciągu dnia. Ale zawsze pod strażą. Nasz pierwszy kontakt ze zwykłymi tubylcami był dość zabawny. Byłam z księciem Januszem na spacerze, gdy przed nami pojawiła się jakaś zasuszona, zgarbiona babuszka. Gdy zobaczyła księcia, był w futrze na lisach i myśliwskiej futrzanej czapie, stanęła jak wryta. A po chwili zaczęła bić pokłony!

– *Hospody pomyłuj, pany wiernuliś!*

Książę, zakłopotany, zaczął ją podnosić z kolan, a ona płakała ze szczęścia, że „kniazie wreszcie wrócili". Że się doczekała.

O tym, że skończyła się wojna, dowiedzieliśmy się ze sporym opóźnieniem. Potem doszły do nas informacje, że mocarstwa wycofały uznanie dla naszego rządu w Londynie i że Stalin narzucił Polsce marionetkowy rząd komunistyczny. Dowiedzieliśmy się, że nasza ojczyzna nie będzie wolna. Że pomimo tylu wysiłków i ofiar przegraliśmy wojnę. Był to dla nas ciężki cios. Tata w Krasnogorsku trafił do lazaretu. Miał wrzód, z którego zrobiła się torbiel. Operacja jakimś cudem się udała.

Niestety nasze położenie wkrótce się pogorszyło. Z budynku NKWD zostaliśmy przeniesieni do łagru. Z drutami, barakami i wieżyczką strażniczą. Przestano traktować nas w sposób uprzywilejowany. O szóstej rano pobudka, mycie, jedzenie – wszystko na rozkaz. Chorowałyśmy z mamą na wątrobę. Lekarz w obozowym lazarecie na szczęście był bardzo miły i do tego przystojny. Nazywał się Hans i pochodził z Norymbergi. Był więźniem, tak jak my.

Nie wszystkim dane było wrócić z Sowietów. Zimą 1947 roku wydarzyło się nieszczęście. Zmarła księżna Anna Radziwiłł. Pewnego dnia nad ranem księcia obudził jej krzyk. Siedziała na łóżku i wołała, że się dusi. Lekarz, który zjawił się natychmiast, pokazał księciu gestem, że jest bardzo źle, żeby wezwał syna z synową. Nie mógł jej nawet zrobić zastrzyku, bo pielęgniarka wyszła na randkę i zabrała kluczyk do szafki z lekami. Typowo sowiecka sytuacja.

Zaczęliśmy się modlić. To była niedziela. Tego dnia odprawiana była u nas w baraku Msza Święta. Ksiądz na końcu pozwolił nam się pomodlić po polsku. Wkrótce księżna zmarła. Pamiętam, że książę Janusz płakał, a po mszy aż zataczał się z rozpaczy. Bardzo kochał swoją żonę. Po kilku dniach Edmund Radziwiłł nagle zaczął wołać mnie na pomoc. To strażnicy nieśli ciało księżnej przez podwórko na łóżku. I jeden do drugiego wrzeszczał ordynarnie:

– Dawaj tę staruchę!

Księżna im bowiem z tego łóżka spadała na ziemię.

Przenosili ją do zimnego baraku. A ja z Edmundem, który tak bardzo kochał i szanował, wręcz czcił swoją matkę, biegliśmy z dwóch stron. Staraliśmy się podtrzymywać ciało, żeby więcej im już nie spadało. W nieopalanym baraku musieliśmy na zmianę czuwać przy ciele. Ja miałam dyżur razem z Elką Krasicką. Odmawiałyśmy litanię. Nagle, w środku nocy, usłyszałyśmy szczury. Cała ich chmara biegła po podłodze w stronę ciała i zaczęła wskakiwać na łóżko. Kołdra zaczęła się ruszać. Starałyśmy się je odgonić.

Wreszcie po dziewięciu dniach dostaliśmy zgodę na pochówek. Pochowaliśmy ją na lokalnym cmentarzysku Tuszyno. Była straszna zawieja śnieżna. Szaro, ponuro, sowiecko. Jeszcze długo po ceremonii książę klęczał przy grobie, z rozwianymi przez wiatr siwymi włosami, sam jeden na tym pustkowiu. Było to dla niego wielkie nieszczęście. Do końca życia zabiegał o zezwolenie na ekshumację ciała żony i sprowadzenie go do Polski. Nigdy nie dostał zgody. Księżna leży tam do dziś.

## Gorzki powrót

Powrót do kraju nastąpił niespodziewanie. Tak samo jak trzy lata wcześniej niespodziewanie nastąpiła nasza deportacja. Już od dłuższego czasu prosiliśmy sowieckie władze o wyjaśnienie naszej sytuacji, ale zawsze spotykało się to z obojętnością. Żyliśmy w stanie zawieszenia. Podjęliśmy nawet próbę strajku głodowego. Aż tu nagle, we wrześniu 1947 roku, do naszego baraku weszło kilku oficerów NKWD i kazało nam się pakować. Zareagowaliśmy różnie. Płaczem, śmiechem, zdenerwowaniem.

Błyskawicznie wpakowali nas do ciężarówki. I ruszyliśmy. Wszyscy, jak jeden mąż, się wówczas przeżegnaliśmy. Wracaliśmy do ojczyzny! Mój tata tak bardzo bał się, że umrze w Związku Sowieckim... Jechaliśmy pociągiem. Pierwszym przystankiem była Moskwa, potem Brześć. Do Warszawy przyjechaliśmy o świcie 12 października 1947 roku. Trzy lata po kapitulacji Powstania, przeszło dwa lata po zakończeniu wojny. Nie mieliśmy pojęcia, czego się spodziewać.

Okazało się, że nasza gehenna wcale się nie skończyła. Na dworcu czekało na nas UB. Znowu ciężarówka i podróż przez zburzone miasto pod uzbrojoną eskortą. Nie mogliśmy uwierzyć w to, co się dzieje. Zawieźli nas na Pragę, na ulicę Cyryla i Metodego, do siedziby Urzędu Bezpieczeństwa. Tam wtrącili nas do cel i zaczęły się nużące przesłuchania. W końcu wypuścili mnie, Marię i mamę, ale zatrzymali tatę. Pamiętam, że żegnając się z nami, powiedział:

– Podczas tej wojny siedziałem dwa razy na Pawiaku, potem po Powstaniu w więzieniach w Otwocku, Kutnie, Brześciu i Moskwie. Trzy lata spędziłem w obozie. Ale wtedy więzili mnie Niemcy i Rosjanie. To było zrozumiałe. Byli to nasi wrogowie. Nie zasłużyłem jednak na to, żeby siedzieć w polskim więzieniu...

Wkrótce jednak przekonaliśmy się, że to państwo, które powstało po wojnie na naszych ziemiach, nie ma wiele wspólnego z Polską, którą kochaliśmy i znaliśmy sprzed wojny. A jego władcy nie mają nic wspólnego z Polakami. To był już zupełnie inny świat.

Po wyjściu z więzienia znalazłyśmy schronienie u dawnej znajomej na Saskiej Kępie. Od razu zaczęłyśmy ją wypytywać o losy naszych najbliższych. Dowiedziałam się, że moja siostra Beata, która jako jedyna nie trafiła z nami do Krasnogorska, ma już ze swoim mężem Leszkiem dwoje dzieci. Adama i Ewę.

Ja oczywiście spytałam o Janusza. To, co usłyszałam, było tak zdumiewające, że nie mogłam w to uwierzyć. Po prostu mnie zamurowało. Otóż powiedziano mi, że Janusz ożenił się i ma już syna. Byłam tą wiadomością po prostu zdruzgotana. Przez trzy lata niewoli żyłam tylko myślą o nim, nadzieją, że go zobaczę, że znów się spotkamy i założymy razem rodzinę. Dlaczego na mnie nie poczekał? Dlaczego złamał dane słowo? Nie mogłam powstrzymać łez.

Okazało się, że po wyjściu z obozu jenieckiego Janusz chorował ciężko na nerwy. Był wykończony przez to wszystko, co przeszedł. Najpierw śmierć ojca, potem klęska Powstania. Gdy jego obóz został wyzwolony przez Anglosasów, nie miał zamiaru wracać do Polski pod kolejną, tym razem sowiecką, okupację. Wyjechał do Ameryki. Nie wiedział, czy ja kiedykolwiek wrócę ze Związku Sowieckiego. Nie wiedział nawet, czy żyję. A on chciał wreszcie normalnie żyć, zbudować rodzinę, znaleźć spokój...

Dzisiaj, z perspektywy czasu, rozumiem jego decyzję. Wybaczyłam mu. Minęło tyle lat, rany się zabliźniły. Wymieniliśmy nawet później po jednym liście. Janusz zmarł w Australii w 2001 roku.

---

*Anna była panienką z dobrego domu. Życie jednak nie oszczędziło jej smutnych doświadczeń: grozy wojny, pobytu w sowieckich więzieniach i obozie koncentracyjnym. Na zdjęciu: Anna po wojnie*

Wróćmy jednak do naszego powrotu do Warszawy w roku 1947. Musieliśmy się jakoś urządzić w nowej, szarej i ponurej rzeczywistości. W zrujnowanym mieście. Oczywiście chcieliśmy wrócić do domu, do Wilanowa. Nie było jednak o tym mowy. Komuniści nie pozwolili nam się nawet do niego zbliżyć. Raz, gdy chciałam odwiedzić znajomych gospodarzy żyjących nieopodal pałacu, milicjant zatrzymał mnie na polnej drodze i pod groźbą aresztu kazał zawrócić.

– Wam się tu nie wolno kręcić! – krzyczał.

Tata zmarł po miesiącu od wyjścia z więzienia. Umieściliśmy go w szpitalu w Otwocku, był w koszmarnym stanie. Miał gruźlicę i raka płuc. Ubecy go wykończyli. To była tragiczna, gorzka i ponura śmierć. Przetrwał sowiecki obóz, żeby zginąć w kraju. Pochowaliśmy go w Wilanowie, w rodzinnym grobowcu. Chociaż na to dostaliśmy zgodę.

Ja za wszelką cenę chciałam nadrobić stracony czas. Chodziłam do teatrów, na odczyty, do Instytutu Francuskiego, do szkoły dziennikarskiej. Zapisałam się na studia na socjologię, mimo że nikt nie chciał ze mną siedzieć w ławce. Panował powszechny terror, UB szalało, ludzie bali się jakichkolwiek związków z hrabianką. Byłam jak trędowata. I tak były to ciężkie czasy, a nazwisko, które nosiłam, jeszcze bardziej utrudniało mi życie.

Nie mieliśmy nic, mieszkaliśmy kątem u znajomych. Jedną noc spędziłam nawet na dworcu, w poczekalni. Nigdy bym nie przypuściła, że do czegoś takiego dojdzie. Że nie będę miała pieniędzy nawet na nocleg. Że będę obca we własnym kraju i we własnym mieście. Musiałam oczywiście iść do pracy. Zgłosiłam się do Biblioteki Instytutu Badań Literackich. Po trzech latach w sowieckiej dziczy byłam spragniona książek, obcowania z nimi, czytania.

Dyrektor biblioteki był fanatycznym komunistą. Podczas pierwszej rozmowy powiedział do mnie:

– Odkąd skończyłem szesnaście lat, walczyłem z takimi jak pani.

Od razu zaczęłam się zbierać, jednak mnie zatrzymał. I przyjął do pracy. Był chyba mnie ciekaw. O dziwo, z czasem nasze stosunki ułożyły się nawet poprawnie. Ilekroć miałam wolną chwilę, prosił, abym mu opowiadała o przedwojennych czasach. Był bardzo zdziwiony, kiedy opisywałam mu działalność społeczną ojca i matki. O tym, jak pomagaliśmy biednym, jak świetnie układały się nasze relacje ze służbą. Wmówiono mu, że byliśmy jakimiś satrapami.

Z mężem, Tadeuszem Wolskim, wzięliśmy ślub w roku 1954. Tadeusz był hodowcą zbóż, pracował nad tworzeniem nowych odmian. Żył tym. Kiedy jechaliśmy samochodem poza miasto, często kazał mi się zatrzymywać i cofać. Wyskakiwał na zewnątrz i biegł w pole oglądać zboże. Powtarzałam mu, że w ten sposób nigdy nie dojedziemy do celu. Przyznawał mi rację, ale po kilku kilometrach znowu wszystko powtarzało się od nowa.

Cieszę się, że tak potoczyło się moje życie. Tadeusz był solidnym, godnym szacunku człowiekiem. Dobrym mężem i dobrym ojcem. Uważam, że wyszłam za mąż dobrze. Zmarł w 2005 roku. Mam dwóch synów, Mikołaja i Xawerego. Mikołaj jest socjologiem, a Xawery artystą. Obaj mają własne dzieci.

W moim dawnym pokoju w pałacu w Wilanowie znajduje się obecnie biuro. To właśnie z tego pokoju, osiemdziesiąt lat temu, w pięknej sukience, z listem za pazuchą, szłam przywitać się z prezydentem Ignacym Mościckim. Z tego pokoju wychodziłam na wspaniałe polowania i przyjęcia. Dzisiaj siedzą tam urzędnicy muzeum. Czy często odwiedzam Wilanów? Nie, bardzo rzadko. Serce mnie bowiem boli, gdy na to wszystko patrzę.

To, że mój rodzinny dom zarekwirowali komuniści, mogę jeszcze zrozumieć. Taka była ich ideologia. Ale Polska od dwudziestu pięciu lat jest niepodległa, komunizmu dawno nie ma, a ja nadal nie mogę wrócić. Święte prawo własności jest gwałcone. Jest to dla mnie coś niepojętego. Kiedyś poszłam z mamą zwiedzić urządzone w pałacu muzeum. Zapłaciłyśmy za bilety i chodziłyśmy po dobrze nam znanych korytarzach i pokojach. Oglądałyśmy dobrze nam znane rzeczy, które teraz znajdowały się w gablotach.

Mama była poruszona. Źle się poczuła i musiała usiąść na krześle. Nagle wpadła jedna z pracownic muzeum i zrobiła jej dziką awanturę – jak śmie siadać na „jej" krześle?

– Proszę w tej chwili wstać!

Mama zaczęła się sumitować, przepraszać. Była wstrząśnięta. Nawet nie pozwolono jej usiąść we własnym domu. Nigdy już tam nie wróciła.

Najlepsi nasi ludzie, najlepsi Polacy zginęli w Powstaniu Warszawskim. Po wojnie ich zabrakło, a ich miejsce zajęły szumowiny, karierowicze. To już nie jest to samo państwo i to już nie jest ten sam naród. Stary, wspaniały świat, w którym zostałam wychowana i którego byłam i chyba do dzisiaj jestem częścią, został unicestwiony. Wiele jeszcze czasu upłynie, nim to wszystko odrobimy.

*Anna Branicka-Wolska*
*(rocznik 1924)*

# „MARZENKA”

## JAŚNIE PANIENKA W OBOZIE

Kiedy kilkanaście lat temu pojechałam ze starszym bratem do Wagańca koło Nieszawy – majątku na Kujawach, w którym mieszkaliśmy – jedyną osobą, która pozostała z tamtych lat, była córka naszego ogrodnika. Zapytana o rodzinę Myszkowskich odpowiedziała, że pamięta tylko małą panienkę Krysię, która do nich często przychodziła. Na to zaczęłam się śmiać:

– To ja. To ja jestem tą małą panienką Krysią.

Biedaczka nie mogła uwierzyć, że ta starsza pani stojąca naprzeciw niej jest tą samą małą blondyneczką z włosami upiętymi w warkocz i końskim apetytem. Bo, trzeba przyznać, że wcinałam wówczas za trzech. Obiady jadałam właściwie tylko u tego ogrodnika. Kuchnia dworska mi nie smakowała. Nie znaczy to, że była niedobra, po prostu trochę za bardzo wyszukana.

Kiedy nadchodziła pora posiłku, uciekałam mojej bonie i biegłam ile sił w nogach na wieś, do ogrodnika. Najbardziej smakowała mi kiszona kapusta. Zresztą tam wszystko było takie pyszne...

Byłam najbardziej psotna z całego rodzeństwa. I chyba najbardziej rozpuszczona. Wynikało to pewnie z tego, że byłam najmłodsza z naszej czwórki.

Urodziłam się w roku Pańskim 1929. Dwaj bracia chodzili we Włocławku do gimnazjum, a siostra do urszulanek. Pomimo nieznacznej odległości od domu mieszkali w internatach. Często ich za to z mamą odwiedzałyśmy. Rodzeństwo obowiązkowo zjeżdżało do Wagańca na wszystkie święta. Strasznie się wtedy cieszyłam, bo dom zaczynał wreszcie żyć, wszędzie panował harmider i z wszystkich kątów rozlegał się śmiech. Gdy miałam cztery latka, to dla żartu – było to chyba w prima aprilis – bracia wmówili mi, że nie jestem ich rodzoną siostrą, tylko że mama wzięła mnie od Cyganów. A ja oczywiście dałam się nabrać.

Dziwnym zbiegiem okoliczności w pobliżu przejeżdżał właśnie cygański tabor. Mieliśmy we wschodniej części domu wykusz porośnięty winoroślą. Miejsce przez wszystkich zapomniane, najdalszy kąt dworu. W obawie, że mnie Cyganie zabiorą z powrotem, schowałam się właśnie za tę winorośl. Poszukiwania trwały przeszło pół dnia. Dopiero ogrodowe psy wywęszyły mnie pod wieczór, śpiącą.

Wiem, że wszystko to, co mówię, wygląda na sztampową historię o przedwojennej polskiej ziemiańskiej sielance, ale tak to właśnie zapamiętałam. Byłam wtedy naprawdę szczęśliwa. To w dużej mierze zasługa rodziców. Żadnej „silnej ręki" nad sobą nie miałam. Mój ojciec był łagodnym człowiekiem o ciepłym spojrzeniu. Wszyscy w domu mnie hołubili. A domowników mieliśmy zawsze dużo. Rozmaitych rezydentów i gości. Najwięcej oczywiście w wakacje.

Zjeżdżała się wówczas młodzież ze szkół wraz z kuzynostwem. Młodzi, kilkunastoletni „panowie" – w moich oczach byli już dorosłymi mężczyznami – całe dnie namiętnie grali w brydża. Raz, znudzona przyglądaniem się kartom i brakiem atencji ze strony „starszych", wzięłam lalki pod pachę i poszłam bawić się na tory kolejki wąskotorowej, które biegły tuż przy naszym domu.

Rozłożyłam lalki i zabierałam się za podanie podwieczorku, kiedy nagle nasz ogrodnik zaczął krzyczeć wniebogłosy:

---

*Dzieciństwo Krystyny było sielanką: dworek, którego życie toczyło się wraz z biegiem natury, wizyty przyjaciół rodziny i podwieczorki na ganku w świetle zachodzącego słońca. Na zdjęciu: rodzice Krysi, Janina i Julian Myszkowscy, 1920 rok*

17
SWIAT

– Panienka na torach!

Na ten okrzyk ocknęli się kuzyni. Jeden z nich – mój stryjeczny brat – popędził co sił w nogach i ściągnął mnie z torów za sukienkę. Dosłownie spod kół pędzącego pociągu. Jak więc widać, nie byłam łatwym dzieckiem. Zawsze unikałam jednak kary.

Życie w naszym dworku toczyło się własnym rytmem. Żyliśmy porami roku, w zgodzie z naturą i wsią. Choć minęło już blisko siedemdziesiąt lat, do dzisiaj, gdy zamknę oczy, widzę zachodzące letnie słońce na naszym ganku, brzęczące wkoło pszczoły, czuję zapach podwieczorku, składającego się tradycyjnie z owocowego placka z masłem i herbaty. Nadal uważam, że jest to najlepszy posiłek na świecie.

## Mauthausen

Moje dzieciństwo było cudowne. Miało tylko jeden mankament. Trwało zbyt krótko. Kres położył mu wybuch wojny. Mój świat rozprysł się wówczas jak rozbite kopniakiem lustro. Lepiej byłoby chyba powiedzieć: kolbą karabinu. Gdy na Kujawy wkroczył Wehrmacht, Niemcy mieli już bowiem przygotowaną czarną listę z nazwiskami przedstawicieli miejscowych elit. Na pierwszym miejscu tej listy znalazł się Julian Antoni Myszkowski. Mój tata.

Doszło do tragicznego zbiegu okoliczności. Gdy do nowo utworzonego miejscowego posterunku gestapo dostarczono tę listę, mój tata akurat był w tym budynku. Musiał się udać na gestapo po odbiór przepustki dla mnie i dla rodziców, pozwalającej nam wyjechać do Generalnej Guberni. Chcieliśmy się tam udać, bo starsze rodzeństwo było już w Warszawie, u sióstr mojej mamy (oprócz najstarszego brata, który siedział w obozie jenieckim). Mieliśmy do nich dołączyć.

Ojca z gestapo już nie wypuścili. Kiedy długo nie wracał, poszłyśmy z mamą na posterunek dowiedzieć się, co się dzieje. Mama powiedziała, żebym to ja weszła, bo dziecka na pewno nie zatrzymają. Pamiętam to doskonale. Wchodziłam po długich stromych schodach z jakąś młodą kobietą, najwidoczniej również zaniepokojoną losem bliskiego. Strażnicy warknęli na nią po niemiecku – wtedy jeszcze nie rozumiałam tego języka – i bezceremonialnie zrzucili ją ze schodów. Mnie, tak jak przewidywała mama, wpuścili.

Dopuszczono mnie do ojca, rzuciłam mu się w objęcia. Na moje liczne pytania nic nie odpowiadał, tylko mnie mocno przyciskał do piersi. Oddał mi sygnet i obrączkę i kazał przekazać je mamie. Wreszcie przyszedł do nas jakiś gestapowiec i powiedział, że tata „jedzie do obozu uczyć się niemieckiej kultury". Wtedy ja zapytałam, jak ta ich kultura wygląda, skoro właśnie zrzucili ze schodów jedną panią. Tylko niezdające sobie sprawy z zagrożenia dziecko może palnąć coś takiego na gestapo.

Tata aż poczerwieniał ze zdenerwowania. Bał się strasznie o mnie i mamę. Wiedział już, co go czeka. I wiedział też, z czego ja wówczas nie zdawałam sobie sprawy, że widzimy się po raz ostatni. Mama po tym, gdy zatrzymano ojca, pomagała ludziom wydostać się z więzienia. Brała udział w pracy Czerwonego Krzyża, przynosiła więźniom zupę. Na przepustce miała wpisane swoje nazwisko plus dwie osoby do pomocy. Ale wchodziła tylko z jedną. Wychodziła zaś oczywiście z dwiema. Uratowała w ten sposób wiele więźniarek. Nie udało jej się jednak uratować męża.

Po pewnym czasie do domu przyszła urzędowa depesza zawiadamiająca o śmierci ojca. Oficjalna przyczyna zgonu: zawał serca. Miejsce: obóz pracy w Mauthausen.

Boże, co oni tam z nim zrobili… Mój tata był wysokim i barczystym mężczyzną. Miał sto dziewięćdziesiąt centymetrów wzrostu, ważył ponad sto kilogramów. Gdy umarł w obozie, ważył zaledwie czterdzieści dwa. W urzędowym zawiadomieniu napisano, że jeżeli rodzina chce zobaczyć ciało, musi natychmiast przyjechać. Mama oczywiście od razu wsiadła do pociągu i pojechała do Krakowa. Dzięki licznym znajomościom – między innymi wstawiennictwu arcybiskupa Sapiehy i biskupa Hlonda – udało się jej po kilku godzinach otrzymać przepustkę na wyjazd do Austrii.

W pociągu do Mauthausen spotkała jeszcze dwie panie, które jechały do obozu zobaczyć ciała swoich mężów. Obaj w aktach zgonu jako przyczynę śmierci mieli wpisane „zawał serca". Było to więc tam rutyną. Aby dojść do miejsca, gdzie znajdowały się trumny, kobiety musiały przejść cały obóz. Widok był straszny. Mama długo nie mogła się z tego otrząsnąć. Każdą z pań strażnik wprowadzał do baraku, w którym stało drewniane przepierzenie z otworem. Przez źle oświetlony otwór było widać głowę. Nie pokazali mamie nic więcej.

W drodze powrotnej do Krakowa jedna z tych pań powiedziała:

– Mój mąż miał dziwną czarną plamę na policzku.

Mama, zdumiona, odrzekła:

– Co pani mówi, mój mąż też ją miał.

Trzecia z pań powiedziała to samo. Okazało się, że wszystkim trzem żonom pokazano tę samą głowę. Jak udało się strażnikom zmylić czujność tych kobiet? Mama była zapłakana, zmęczona podróżą, emocjami. Przez łzy ledwo co widziała. Nie mogła potem o tym spokojnie mówić.

Ojciec został zamordowany w listopadzie 1940 roku, a pogrzeb odbył się w lutym w Warszawie. Chyba całe Kujawy przyjechały, żeby się z nim pożegnać. Ludzie ci mieli zresztą teraz blisko – wszystkich naszych sąsiadów i przyjaciół wysiedlano do Generalnej Guberni. Nasza ziemia została włączona do Rzeszy.

## Konspiracja

Pół roku po śmierci ojca zostałam sierotą. Mama ciężko zapadła na zdrowiu. Miała operację. Staliśmy z rodzeństwem pod szpitalną salą. Po pewnym czasie wyszedł lekarz w białym kitlu. Spojrzał na nas przeciągle i powiedział, że mama ma raka. Że nie ma dla niej ratunku. Trzymał w ręku, tuż przed naszymi nosami, zakrwawioną gazę, a na tej gazie leżał ogromny, wycięty guz. To było straszne. Lekarz ten po wojnie dalej praktykował, był bardzo znany. Oszczędzę więc tego jego rodzinie i nie podam nazwiska.

Zamieszkaliśmy u hrabiostwa Tarnowskich, na rogu Piusa i Alei Ujazdowskich. Hrabia był wspaniałym, przystojnym mężczyzną. Kiedy przebywał na podwórku, biegłam do okna, siedziałam w nim i godzinami mogłam się mu przyglądać. W całej tej historii – jak to zwykle w życiu bywa – jest i wątek komiczny. Otóż hrabia miał lokaja, któremu przytrafiały się rozmaite niezręczności. Raz zadzwonił do naszych drzwi i zapytał mnie w dystyngowany sposób:

– Czy zastałem panicza Jacentego?

Był święcie przekonany, że Jacek jest zdrobnieniem od Jacentego i że nie wypada mu się spoufalać z taką personą.

Tymczasem „panicz” pędził po ulicach Warszawy jak oszalały rykszą i w ten sposób zarabiał na życie. Od tamtej pory przezywaliśmy go Jacentym, a on, rzecz jasna, strasznie się za to na nas boczył.

Szybko wciągnęliśmy się do konspiracji, gdzie przyjęłam pseudonim „Marzenka”. Decyzja ta była dla nas oczywista. To była nasza powinność. Nie ma sensu tego nawet tłumaczyć. U nazaretanek na ulicy Czerniakowskiej, gdzie chodziłam do liceum, działałam w podziemnym harcerstwie. Potem trafiłam do Batalionu „Kilińskiego”, gdzie był już mój starszy brat. Dzięki

*Decyzja o zaangażowaniu się w konspirację była dla osieroconego rodzeństwa czymś oczywistym. Wiedzieli, że walka z okupantem jest ich powinnością. Na zdjęciu: Krysia (najmniejsza) z rodzeństwem, od lewej – Julian, Janina i Jacek, 1937 rok*

temu – jak sam mawiał – mógł mieć mnie na oku. I rzeczywiście nade mną czuwał.

Mimo bacznego oka mojego brata wykonywałam jednak ryzykowne zadania. Dostaliśmy raz z Londynu schemat budowy jakiegoś karabinu. Jeden jedyny egzemplarz, szalenie ważny. Trzeba było zanieść go na ulicę Filtrową, a to przecież była już niemiecka dzielnica. Gdyby mnie z tym złapali żandarmi, byłoby po mnie. Jacek poinstruował mnie, jak przenieść ten schemat. Zapakowaliśmy go w biały papier – była zima – i jeśli bym poczuła, że robi się niebezpiecznie, miałam rzucić paczkę na ziemię. Na szczęście do niczego takiego nie doszło.

Kolejną akcją, jaką zapamiętałam, było przewiezienie bibuły na Pragę mostem Poniatowskiego. Pech chciał, że u wylotu mostu, przy Saskiej Kępie, zgarnęli mnie wraz z innymi ludźmi Niemcy. Wywalili wszystkich z tramwaju. A ja przecież stałam z pełną torbą podziemnej prasy! Myślę sobie: „Że ja zginę, to już pewne. Trudno. Ale mogę przecież zdradzić innych! Boże, spraw, abym wytrzymała tortury". Tego najbardziej się bałam. Tego, że nie wytrzymam bicia.

Niemcy byli coraz bliżej, a ja nie miałam jak i dokąd uciec. Nagle, zamiast przeprowadzić rewizję, jeden z nich chwycił mnie za rękę i podprowadził do schodów prowadzących z mostu na ulicę. Kazał mi iść. Schodziłam po schodach bardzo wolno, plecy miałam tak napięte, że chyba żadna kula by ich nie przebiła. Byłam pewna, że do mnie strzeli, że to jakaś makabryczna gra. Że to koniec.

Dał mi jednak odejść. Nic się nie stało. Nie strzelił. Dlaczego mnie oszczędził? Do dzisiaj się nad tym zastanawiam i nie potrafię znaleźć odpowiedzi. Może miał córkę w moim wieku? Może każdy człowiek, nawet największa bestia, miewa raz w życiu ludzki odruch? A może to mama nade mną czuwała? W efekcie dotarłam do punktu, do którego miałam dostarczyć bibułę. A tam już się zwijali, bo doszły ich słuchy o łapance. Nie mogli uwierzyć, że przeszłam.

## Bitwa

Latem 1944 roku nastroje w Warszawie były tak napięte, że prędzej czy później Powstanie musiało wybuchnąć. My tak bardzo chcieliśmy walczyć. Odegrać się za te straszne pięć lat upokorzeń. Za te pięć lat niemieckiej buty. Gdy nadeszła godzina „W", byłam w domu na ulicy Piusa. Zostałam sanitariuszką. Od razu mieliśmy pierwszą ranną. Przywieźli do nas koleżankę z konspiracji, którą kolega postrzelił w nogę. Fatalny wypadek. Czyścił broń i nie wiedział, że jest naładowana.

Opiekowałam się nią, na szczęście rana była niewielka, pocisk nie uszkodził żadnych kości. Właściwie było to mocne draśnięcie. Po kilku dniach już wydobrzała, ale ponieważ bardzo nie chciała iść do Powstania, udawała, że w dalszym ciągu niedomaga. Trudno zresztą mieć o to do niej pretensje. Po prostu się bała. A może coś przeczuwała. Po pewnym czasie przyszedł Jacek, żeby przeprowadzić nas przez barykadę na Jerozolimskich. Kilka dni później ta koleżanka poległa w Śródmieściu.

Pierwszy powstaniec ranny w boju, którego opatrywałam, miał wyrwany z pleców spory kawał ciała. Był to widok straszliwy. Byłam zszokowana. Mimo to udało mi się jakoś opanować i założyć mu opatrunek. Nie wiem, jak to zrobiłam. Nie wiem też, jak mogliśmy robić takie rzeczy, jak mogliśmy pracować w takich prowizorycznych warunkach. A na dodatek, jakby tego było mało, ranni również przysparzali nam problemów.

---

*Pytana o to, czy wzięłaby raz jeszcze udział w Powstaniu,*
*odpowiada bez najmniejszego wahania, że tak.*
*Straty były ogromne, jednak według niej innego wyjścia nie było.*
*Na zdjęciu: Krystyna w 1945 roku*

Choćby wtedy, gdy przynieśli nam dwudziestoparoletniego mężczyznę do kwatery naszego batalionu w szkole na Górskiego. Pytam go, co się stało, a on zaczyna wrzeszczeć. Dosłownie wrzeszczeć:

– Odejdź! Odejdź! Niech ktoś inny do mnie przyjdzie!

Myślałam na początku, że jest w szoku, że nie wie, co mówi. Ale nie, był całkowicie przytomny. Sprawa szybko się wyjaśniła. Otóż był ranny wysoko w udo i żeby założyć opatrunek, należało mu ściągnąć spodnie. On się po prostu wstydził dziewczyny. Takie to były czasy i tacy to byli chłopcy.

W końcu do akcji wkroczyła starsza od nas pani doktor i go opatrzyła. Zarzekł się bowiem, że żadnej z nas, sanitariuszek, do siebie nie dopuści. Wolałby się wykrwawić.

Przynoszono wielu poparzonych przez „ryczące krowy", czyli pociski rakietowe, które eksplodując, wypalały ludziom skórę. Chłopcy byli często w dramatycznym stanie. Jednemu musiano wyjąć oko.

Jako sanitariuszki miałyśmy swoją komórkę w piwnicy. W ogóle, ze względu na morderczy ogień niemieckiej artylerii i naloty, wszystko działo się w podziemiach. Tam trzymałyśmy rannych, nosze, nieliczne lekarstwa. Tam też udawało nam się odpocząć. Takich chwil było jednak bardzo niewiele. Powstanie to była dla nas, sanitariuszek, niezwykle ciężka praca, która trwała non stop. Cały czas nam kogoś przynoszono.

Pamiętam jednego z ciężko rannych. Zbyszek Morawski „Gnot". Strasznie chciało mu się pić. Powiedziałam mu, że przyniosę wodę z „góry". Na schodach spotkałam brzemienną „Krysię", która miała dyżur przy rannych w drugiej części piwnicy. Poprosiła mnie, żebym ją zastąpiła na godzinę, bo chciała pójść do męża. Powiedziałam, że naturalnie, tylko zaniosę Zbyszkowi wodę i wezmę swoją torbę sanitarną.

Zaledwie zdążyłam to zrobić, aż tu nagle rozległ się potężny huk! Wszystko zaczęło się walić. Gwizd w uszach. Cała druga część piwnicy została zasypana. Wszyscy, którzy tam się znajdowali, zostali zmiażdżeni rumowiskiem. Łącznie z „Krysią". Zabrakło dosłownie sekund, żebym i ja tam zginęła. Kolega, który to wszystko widział, natychmiast pobiegł do mojego brata i powiedział mu, że „Marzenka" zginęła. Czułam się potem, jakbym dostała drugie życie.

Gdy myślę dzisiaj, z perspektywy wielu lat, o tych wydarzeniach, dochodzę do wniosku, że ktoś musiał nade mną czuwać. Najpierw sprawa tego gestapowca na moście Poniatowskiego, potem ta piwnica. Śmierci uniknęłam zresztą kilka razy. Choćby wtedy, gdy już pod koniec Powstania wracałam do naszej kwatery. Nagle słyszę jakiś syk, huk – to nadlatuje z wyciem „krowa".

Uczyli nas, że kiedy się usłyszy „krowę", trzeba biec ile sił w nogach w kierunku, z którego dobiega odgłos pocisku – „krowa" miała bowiem tendencję do skakania. Wbiegłam więc do bramy i miałam do wyboru: wskoczyć na górę po schodach znajdujących się na lewo albo na prawo. Decyzję podjęłam instynktownie, w ciągu ułamku sekund. Wskoczyłam do prawej klatki i właśnie w tym momencie rąbnął pocisk. Gdy wyszłam, ciarki przeszły mi po plecach. Lewa klatka schodowa leżała w gruzach.

## Komplement

Najmilsze wspomnienie z Powstania? Mój pierwszy w życiu komplement! Miałam piętnaście lat, byłam więc już dużą dziewczynką, ale komplementami obsypywana nie byłam. Chyba nie było ku temu okazji, takie niewesołe były to czasy. Nie w głowie były nam takie rzeczy.

Tymczasem w Powstaniu był u nas w oddziale taki chłopak, Zbyszek Jerzykiewicz „Jeż". Zapamiętałam go między innymi dlatego, że miał niesamowicie gęste czarne włosy. Takie, jakie do dzisiaj bardzo rzadko się spotyka. Akurat siedzieliśmy przy jedzeniu, kiedy wrócił z jednej z placówek. Wchodzi zmęczony, brudny, wita się ze wszystkimi:

– Cześć, cześć.

Ja także mówię mu:

– Cześć.

„Jeż" wtedy staje, przygląda mi się i mówi:

– Widzicie, jaka ta nasza „Marzenka" zarozumiała?

– Ja? – pytam zdumiona, nie wiedząc o co chodzi.

– No, a jak! Wie, że ma ładne zęby i śliczny uśmiech. I stale tylko się uśmiecha i te zęby szczerzy. Przecież to nic, tylko zarozumialec jeden.

Cała oblałam się rumieńcem. Nie wiedziałam, co zrobić z oczami. Byłam tym tak zażenowana i speszona. Pod jakimś pretekstem poleciałam do naszej komórki w piwnicy, żeby przejrzeć się w lusterku. Od tamtej pory, ilekroć tylko „Jeż" pokazywał się na horyzoncie, sznurowałam usta, ukrywając zęby. Gdy potem spotkaliśmy się po wojnie, przyznałam się mu, że był to pierwszy komplement w moim życiu. Był tym bardzo rozbawiony.

Jeszcze za czasów konspiracji dostawałam od Jacka pieniądze na obiady w pobliskiej jadłodajni na Piusa. Zamiast jednak na obiad szłam do apteki kupować bandaże, opatrunki, gazy. Kompletowałam sobie torbę sanitarną. Dzięki tym „obiadom" byłam bardzo dobrze zaopatrzona. Szkoda tylko, że na tak niewiele się to zdało. Te moje bandaże były bowiem tylko kroplą w morzu potrzeb. Tylu rannych chłopców...

Zdobyliśmy kiedyś na Mokotowie magazyn pełen przecieru pomidorowego. Mieliśmy kucharza, Jasia, który miał pseudonim „Kundys". Żeby urozmaicić nam menu, gotował więc na zmianę: albo zupę pomidorową z makaronem, albo makaron z sosem pomidorowym. Oprócz tego, dopóki jeszcze były, dostawaliśmy na obiad po sucharku.

Był u nas do pomocy niemiecki jeniec. Cały dzień sprzątał gruz, bo przecież nasza kwatera była bombardowana po kilka razy dziennie. Koleżanka pewnego razu przyniosła mi przydział sucharów. Kiedy Niemiec je zobaczył, zbladł i ślina dosłownie zaczęła mu cieknąć po brodzie. Nie mógł oderwać od tych sucharów oczu. Dziwny i straszny to był widok. Oddałam mu połowę sucharów i powiedziałam:

– To za to, że zamordowaliście mojego ojca. Jedz.

Pomidory szybko się skończyły i nie było co jeść. Ludzie chorowali na bardzo dokuczliwe biegunki. Ja też. Już po kapitulacji, kiedy wychodziliśmy z ruin miasta, w okolicach Kruczej złapała mnie jakaś kobieta i mówi, że ma trochę odłożonej żywności, żebym wzięła dla chłopców. Bo jej się to już nie przyda. Biorę drugą dziewczynę, wchodzimy do wskazanej piwnicy… i nie możemy uwierzyć własnym oczom. Myślałam, że zabiję tę kobietę.

Od podłogi do sufitu półki były nabite żarciem. Worki z mąką, ziarnem, konserwy.

– Jak pani mogła trzymać to wszystko pod kluczem i patrzeć, jak ludzie umierają z głodu?! – zaczęłam krzyczeć.

Pamiętam też taką scenę: mój brat był ciężko ranny, miał obie nogi przestrzelone, leżał na Wilczej u doktora Pleszczyńskiego. Kiedyś do niego pobiegłam, żeby mu powiedzieć, co się dzieje w oddziale, i pech chciał, że właśnie trafiłam na porę obiadu. Myślałam, że na widok jedzenia zasłabnę. Byłam tak strasznie głodna! Zaproponował mi, żebyśmy zjedli na pół, na to ja oczywiście odpowiedziałam, że dopiero co jadłam, wstałam przed chwilą od stołu. Nawet nie patrzyłam mu w talerz, bo po prostu nie byłam w stanie.

Mycie? Takiego tematu podczas Powstania Warszawskiego nie było. Niemcy szybko odłączyli wodociągi i woda była na wagę złota. Myć się mogłyśmy jedynie mokrą chusteczką, jak kot łapą. Były jakieś studnie, chłopcy przynosili nam wiadra z wodą, ale to było szalenie niebezpieczne. Przecież niemieccy lotnicy latali tuż nad dachami i celowali w ludzi stojących w kolejce po wodę. Dla kobiety takie warunki były bardzo kłopotliwe. Miesiączki jednak

*Jeszcze w czasie konspiracji Krystyna otrzymywała od brata pieniądze na obiady – zamiast jedzenia kupowała jednak bandaże i opatrunki. Gdy wybuchło Powstanie, została sanitariuszką. Dzięki „obiadom" pomogła wielu rannym chłopcom. Na zdjęciu: sanitariuszki z noszami na ulicy Jaworzyńskiej*

nie miałam. Później w obozie jenieckim także nie. W obozie to wiadomo dlaczego – dodawali nam sodę do jedzenia. A w Powstaniu? Chyba ze stresu.

## Stalag

Po kapitulacji stałam w tłumie wzdłuż drogi we Włochach. W pewnym momencie usłyszałam wołanie:

– Krysiu, Krysiu!

Odwróciłam się i zobaczyłam księdza profesora Iwanickiego, późniejszego rektora KUL-u, przyjaciela moich rodziców. Próbował mnie wyciągnąć z kolumny idących do niewoli żołnierzy, ale ja się bałam Niemców, bałam się, że mnie zastrzelą. Zostałam w szeregu.

Dobrzy ludzie rzucali nam owoce, warzywa, chleb. Pamiętam, że udało mi się raz złapać cebulę, którą zjadłam jak jabłko. Najpierw byłam w obozie w Lamsdorfie, ale dwa i pół miesiąca później przenieśli nas do Stalagu IV C. To był podobóz przy obozie jenieckim w Mühlbergu, w którym siedzieli nasi jeńcy jeszcze z 1939 roku. Z tego obozu trafiłam do przyobozowego szpitala Zeithain. Podejrzewano bowiem, że zachorowałam na szkarlatynę.

W obozie jedna z Polek urodziła dziecko. Chłopca, którego nazwała Andrzejek. Kiedy się o tym dowiedziałam, to latałam codziennie do niego i jego mamy. Byłam zarejestrowana w obozie jako dziecko i dlatego dostawałam do racji żywnościowej dodatkowo łyżkę twarożku dziennie. I tę łyżkę zanosiłam tej kobiecie, żeby miała więcej pokarmu. Codziennie nosiłam Andrzejka na rękach. Żyłam tym chłopcem. Potem straciliśmy się z oczu.

Trzydzieści kilka lat po wojnie, gdy pracowałam w spółdzielni mieszkaniowej Ursynów, przeglądałam dokumenty kandydata do pracy. Nagle w rubryce „miejsce urodzenia" zobaczyłam napis: „Zeithain". Spojrzałam na imię: „Andrzej". Zrobiło mi się słabo. Spytałam koleżanek, czy ten człowiek do nas przychodzi, a one odparły, że właśnie zaraz ma tu być. Rzeczywiście po chwili wszedł. Młody, przystojny mężczyzna.

Przyjrzałam mu się uważnie i po chwili powiedziałam:

– Wie pan, panie Andrzeju, teraz nie dałabym już rady.

– Z czym? – spytał zaskoczony.

– Żeby wziąć pana na ręce.

Patrzył na mnie jak na kompletną wariatkę.

– Nosiłam pana w obozie.

Gdy opowiedziałam mu całą historię, natychmiast zadzwonił do mamy. Na drugi dzień przyjechała do Warszawy. Co to było za spotkanie. Takie wzruszenie.

Wróćmy jednak do naszej niewoli. Niemcy, kiedy opuszczali obóz, powiedzieli nam, że jeśli ktoś chce, to może iść z nimi. Bałyśmy się jednak, że nas zastrzelą, więc zostałyśmy za drutami. Czekałyśmy na ukochanych aliantów, na to, aż nas wyswobodzą Amerykanie i Anglicy. Spałam na jednej pryczy z niejaką Lidką. Ona na dole, ja na górze. Wieczorem wychyliłam się z tej pryczy i powiedziałam:

– Lidka, do zobaczenia w Londynie.

Nazajutrz ktoś zapukał w bok pryczy. To była Lidka.

– Witam w Moskwie – powiedziała.

Akurat pełniłam dyżur przy komendancie naszego obozu, kiedy weszła sowiecka delegacja z oficerem Armii Czerwonej na czele.

---

*Po upadku powstania Krystyna wraz z tysiącami żołnierzy AK trafiła do niemieckich obozów jenieckich. Czekała na wyswobodzenie z rąk Anglików lub Amerykanów. Na zdjęciu: ppor. Zdzisława Bytnar „Sławska" – matka Jana Bytnara i Danuty Barbary Dziekańskiej oraz ppor. Zofia Bindzio-Świercz „Marta" – Fallinbostel XI B*

Wzbudził we mnie lęk. Miał typową twarz sowieckiego kałmuka. To był w ogóle pierwszy bolszewik, którego widziałam w życiu. Jak powiedział mi później jeden z kolegów, podczas tego pierwszego spotkania cała krew odeszła mi z twarzy.

Sowieci zabronili komukolwiek opuszczać obóz. Przecięłyśmy jednak druty za latryną i poszłyśmy do Mühlbergu, gdzie siedzieli weterani kampanii 1939 roku. Z nimi piechotą ruszyliśmy do Polski. Pamiętam, że do pociągu wsiedliśmy w Sieradzu. Jechaliśmy w otwartym wagonie, zmorzył mnie sen i spałam na ostrym słońcu. Gdy się obudziłam, byłam czarna jak Murzynek. Stałam się obiektem żartów i sensacją dla Ruskich, których pełen pociąg akurat stanął obok nas. Przychodzili mnie oglądać, bo myśleli, że jestem jakimś Mulatem. Wyglądałam naprawdę koszmarnie.

Zatrzymano nas w Łodzi, bo podejrzanie wyglądałyśmy. Już jeden z oficerów Ludowego Wojska Polskiego, którego spotkaliśmy

na trasie, ostrzegł nas, że nie wolno się przyznać, iż byłyśmy w AK. Uzgodniliśmy więc wersję, według której wracamy do domów z robót w Rzeszy. W Łodzi brali nas pojedynczo na przesłuchanie. W końcu machnęli na nas ręką i puścili.

Za Łodzią rozdzieliliśmy się. Ja pojechałam do Końskich z dwoma kolegami, bo jeden z nich stamtąd pochodził. Byłam tam świadkiem powitania rodziców z niewidzianym od sześciu lat synem. Zostaliśmy przy furtce, żeby nie przeszkadzać, nie psuć im tej wzruszającej, intymnej chwili. Pomyślałam wtedy, że ja nie mam się z kim tak witać. Na mnie nikt nie czeka. Byłam przecież sierotą.

Jak oni chcieli mnie zatrzymać! Mówili:

– Dziecko, zostań z nami, będziesz dla nas jak córka, której nigdy nie mieliśmy.

Mnie ciągnęło jednak do Warszawy. Pojechałam, ale tam nie było żadnych wiadomości o moim rodzeństwie. Zaczęłam się więc tułać. Pojechałam do Włocławka, ostatecznie zamieszkałam w internacie dla sierot u sióstr niepokalanek.

Moim opiekunem został Stefan Wyszyński, przyszły prymas. Jak do tego doszło? Rodzice znali kardynała przed wojną. Po powrocie z obozu poszłam do niego i powiedziałam mu, że oboje nie żyją, że nie wiem, co ze sobą zrobić, nie mam się gdzie podziać. To on załatwił mi miejsce u niepokalanek. Niedaleko było seminarium duchowne, w którym prymas był rektorem. Bardzo często do niego chodziłam, po prostu żeby porozmawiać z kimś życzliwym.

Pewnego razu musiałam zanieść zegarek mojej kuzynki do zegarmistrza, bo stłukłam jej szkiełko. Zegarmistrz powiedział:

– Zegarek będzie na jutro.

– Ja bardzo pana przepraszam, ale niech pan nie robi na jutro, tylko na za trzy dni – odpowiedziałam trochę zmieszana.

Na zdziwioną minę zegarmistrza wyjaśniłam, że dopiero za trzy dni dostanę rentę i wtedy będę mogła zapłacić. Moja renta wynosiła sto sześćdziesiąt trzy złote. Nie starczało tego nawet na podzelowanie butów.

Zegarmistrz wzruszył ramionami. Powiedział, że jeśli tak sobie życzę, to tak będzie. Wyjął blankiet i zapytał o nazwisko.

– Krystyna Myszkowska.

Na to zegarmistrz z wrażenia wypuścił ołówek.

– Panienka Krysia!

Okazało się, że był to dawny kierowca mojego ojca, Hieronim. Nie widzieliśmy się przez całą wojnę i w pierwszej chwili mnie nie poznał. Miałam piękne blond warkocze, ale musiałam je ściąć, bo w obozie dostałam wszawicy. Ostrzyżono mnie „na zero". Kiedy przyszłam po trzech dniach, żeby odebrać zegarek i zapłacić, pan Hieronim powiedział:

– Panienko, jak ja mógłbym od panienki wziąć pieniądze? Lata, które przepracowałem u pani ojca, były najlepszym okresem mojego życia.

## Babcia

Moja siostra wyszła za mąż za oficera łącznikowego w Niemczech z ramienia Polskich Sił Zbrojnych w Londynie. Kiedy zaszła w ciążę, postanowiła jednak wrócić do kraju i tu urodzić dzieci. Miała bowiem bliźniaki. Razem z bratem Julkiem do Polski wrócili w 1946 roku. Z kolei Jacek, mój drugi brat, służył u Maczka we Włoszech. Stamtąd pojechał do Londynu na studia chemiczne. Wyjechał później z rodziną do Stanów. I został tam już na zawsze.

Ja zamieszkałam w Warszawie. Pracowałam w Przedsiębiorstwie Budownictwa Przemysłowego numer 9, które mieściło się w Arsenale.

Na pierwsze wczasy wyjechałam w 1951 roku. Wybrałyśmy się z koleżankami do Ustronia Morskiego. Była to strasznie długa i męcząca podróż. Już w Kołobrzegu nie zmieściłyśmy się do autobusu jadącego na miejsce. Byłyśmy więc skazane na przejażdżkę furą zaprzężoną w dwa konie. Usadowiłam się koło woźnicy. Moje koleżanki i mój przyszły mąż Edward z kolegami usiedli z tyłu.

– Co pani tutaj robi? – spytał mnie zdziwiony woźnica.

– Przypomną mi się przedwojenne czasy – uśmiecham się do niego.

– To pani żyła przed wojną? – pyta woźnica, odpowiadając na mój uśmiech.

– Czy pozwoli mi pan powozić troszkę?

– Co pani, chce nas pozabijać?

– Ja naprawdę powoziłam, wprawdzie linijką, ale powoziłam.

– Jeśli pani zgadnie, co za zboża będą na trasie, to uwierzę, że jest pani ze wsi.

I oczywiście zgadłam. Byłam taka szczęśliwa, mogąc znowu powozić. Na kilka chwil przeniosłam się do rodzinnego Wagańca. I do tamtych starych, dobrych, przedwojennych czasów.

Po powrocie z wakacji zadzwonił do mnie Edward. Wybraliśmy się do teatru, potem do kawiarni. W rok później, czyli w roku 1952, wzięliśmy ślub. Nasz syn Andrzej urodził się w 1953 roku, a córka Marta w 1957. Martę ochrzcił prymas Stefan Wyszyński. Mieszkają w Warszawie i mają już dorosłe dzieci. Wszyscy są po studiach. Jestem więc babcią i marzę, żeby zostać prababcią. Gdy mówię to kolegom – którzy pamiętają mnie z Powstania jako piętnastoletnią sanitariuszkę – nie chcą wierzyć.

Do Powstania poszłabym raz jeszcze. Bez najmniejszego wahania. Nie zrozumie tego nikt, kto nie przeżył okupacji. Te pierwsze sierpniowe dni... Na domach zawisły niewidziane od 1939 roku polskie flagi, pojawili się polscy żołnierze, ludzie rzucali się sobie w ramiona. To był kawałek Polski, tej prawdziwej, wolnej. Straty, jakie ponieśliśmy, były oczywiście potworne. Do tego ci wszyscy niewinni mieszkańcy Warszawy... Innego wyjścia jednak nie było.

---

*Swojego przyszłego męża Edwarda Sierpińskiego Krystyna poznała w trakcie pierwszych powojennych wakacji nad morzem. Po roku znajomości 13 lipca 1952 roku zakochani wzięli ślub*

Jak ja po wojnie musiałam ukrywać, że byłam w AK! Przez działalność w konspiracji miałam kłopoty w pracy. Kiedyś mnie nawet wezwali do UB. Przesłuchiwał mnie taki kawał chama. Gdy Niemiec przesłuchuje, to człowiek myśli – wróg. Ale gdy przesłuchuje rodak, mówiący po polsku – to nie da się opisać tego, jak bardzo to boli.

Kiedy z którymś z kolegów z Powstania spotkałam się po wojnie, to płakaliśmy. Ze szczęścia, że żyjemy. I z rozpaczy. My po prostu nie mogliśmy uwierzyć w to, że Rosjanie, będący tuż obok, po drugiej stronie Wisły, nam nie pomogli. Myśmy cały czas wierzyli, że ktoś nam przyjdzie z odsieczą. Że uda nam się wygrać tę bitwę.

*Krystyna Sierpińska z domu Myszkowska*
*(rocznik 1929)*

# JADWIGA

## W PIEKLE WOLI

Stałam przed stosem palących się ciał i patrzyłam w czarny wylot lufy. Żołnierz mierzył do mnie z karabinu. Wszystko płonęło. Wystrzały, krzyki mordowanych. Byłam pewna, że zaraz zginę. Co wtedy czułam? Proszę mnie o to nawet nie pytać. Nie ma takich słów, które mogłyby to oddać. Pamiętam, że powiedziałam:

– Mamo, ja nie chcę umierać.

Mama stała bowiem obok mnie. Miałam osiem lat.

Jak to się wszystko zaczęło? Skąd się wzięłam pod tym murem? Dlaczego ci ludzie chcieli mnie zabić? Mieszkałam z rodzicami na warszawskiej Woli, na rogu Płockiej i Wolskiej. Gdy wybuchło Powstanie i Niemcy rozpoczęli zagładę naszej dzielnicy, zaczęliśmy ukrywać się w piwnicach. W końcu odnaleźli nas tam jednak i wypędzili. Wrzeszczeli jak w filmach:

– *Raus, raus!*

Te straszne, wykrzywione nienawiścią twarze. Jak w jakimś amoku. Do tego potworne ujadanie psów.

Wyszliśmy na ulicę Płocką. Wtedy zobaczyłam po raz pierwszy ciała pomordowanych. Przed szpitalem leżały ich całe zwały, były starte na miazgę gąsienicami czołgu. Byłyśmy przekonane, że wśród nich jest ojciec. Mama gorączkowo mówiła do mnie:

– Patrz na buty, patrz na buty (ojciec nosił charakterystyczne buty podkute gwoździami), bo po twarzy go przecież nie poznamy.

Twarze przypominały krwawe maski.

Było nam strasznie gorąco. Początkowo mama była pewna, że nas po prostu wypędzą z miasta. Do jakiegoś obozu. Ubrane byłyśmy więc w płaszcze, ciepłe buty. Zimowe ubrania miałyśmy narzucone na nocne koszule. A to był początek sierpnia. Upał, a do tego straszliwy żar bijący od budynków. Cała Płocka już płonęła.

Doznałam wtedy szoku i cała zesztywniałam. Po prostu nie mogłam iść. Nie byłam w stanie zrobić kroku.

Ktoś powiedział mamie, żeby, broń Boże!, nie brała mnie na ręce, bo od razu zabiją. Jakieś kobiety niosły wcześniej niedołężną matkę na rękach, Niemiec podszedł i ją natychmiast zastrzelił. Bo chorych nie mieli zamiaru prowadzić. Mama i ciocia, która nam towarzyszyła, wzięły mnie więc pod ręce i ciągnęły między sobą. Nogi szurały mi po trupach, którymi usłana była cała ulica.

Między trupami walały się walizki. Setki, tysiące walizek. Wszystkie rozprute, wokół rozrzucona w nieładzie bielizna, którą ludzie zdążyli zapakować przed opuszczeniem domów. Wśród tych ubrań ktoś dostrzegł woreczek z pieniędzmi i chciał go podnieść, ale inni z naszej grupy zaczęli mu mówić:

– Panie, przecież i tak idziemy na rzeź. Po co panu te pieniądze? Jak się pan schyli, to od razu pana zabiją.

Pieniądze zostały na bruku.

Zrozumieliśmy wtedy, że nas rozstrzelają. Wypędzili nas na ulicę Górczewską i tam zaczęli szukać miejsca na egzekucję. Prowadził nas Ukrainiec. Podwinięte rękawy, brudny mundur, karabin w ręku, twarz pełna nienawiści. Drugim dowódcą był Niemiec, który – nie wiedzieć czemu – tak jak my, mimo upału, był w płaszczu. W końcu znaleźli odpowiednie, położone nieco z boku, miejsce.

---

*W 1939 roku Jadwiga miała zaledwie trzy lata –*
*była „wychuchanym dzieckiem", oczkiem w głowie rodziców,*
*którego szczęśliwe dzieciństwo przerwał wybuch wojny*

Stała tam jakaś kuźnia, jakiś zakład. Na podwórzu leżała młoda kobieta z niemowlęciem przytulonym do piersi. Miała blond włosy do ramion, z modnym wówczas lokiem nad czołem. Oboje, ona i dziecko, się palili. Zaczęłam krzyczeć do mamy:

– Mamo! Trzeba ratować tę panią, oni jeszcze żyją!

Mama odpowiedziała, że jeśli tylko oddzielimy się od grupy, to nas zastrzelą. Patrzyłam więc na tę kobietę i dziecko. Nie wiem do dziś, czy oni naprawdę byli jeszcze żywi, czy to ich martwe ciała pod wpływem ognia tak się dziwnie zachowywały. Jakby się kurczyły i rozkurczały.

Niemcy wycelowali w nas lufy. Rozległ się straszliwy lament. Ludzie błagali o życie, inni się modlili. Wszyscy byli pewni, że to koniec. Nagle między Ukraińcem a Niemcem doszło jednak do ostrej wymiany zdań. Niemiec stwierdził, że nie wolno nas rozstrzelać, bo właśnie dostał rozkaz zabraniający dalszego zabijania ludności cywilnej. Wszystkich należy skierować do obozu.

Warto w tym miejscu dodać, że był to Dzień Przemienienia Pańskiego – 6 sierpnia. Ukrainiec zaczął się z tym Niemcem spierać. Oponował. Miał mord w oczach. Mama znała niemiecki i wszystko nam na bieżąco tłumaczyła. W końcu Ukrainiec powiedział do Niemca, że jeżeli w ciągu pięciu minut przyjedzie z tym rozkazem na piśmie, to wtedy nas oszczędzi. Jeśli zaś choć chwilę się spóźni, to egzekucja odbędzie się zgodnie z planem.

Zaczęły mijać długie sekundy. Tymczasem oprawca zabawiał się nami. Kazał nam stanąć raz przodem, raz tyłem. Przymierzał się, z której strony będzie mu nas wygodniej rozstrzelać. Był to niebywały wręcz sadyzm. Właśnie wtedy powiedziałam do mamy:

– Mamo, ja nie chcę umierać.

– Chcesz czy nie chcesz, to nie od nas zależy – odparła. – Pożegnaj się teraz z ciocią i przeproś, jeśli kiedyś byłaś niegrzeczna. Zmów modlitwę.

– Mamo, a czy to będzie bolało?

– Córeczko, nie wiem, czy będzie bolało. Może będzie.

Wokół nas rozbrzmiewała pieśń:

– *Słuchaj, Jezu, jak Cię błaga lud.*

To nie był śpiew, to było naprawdę błaganie. Do tej pory, kiedy słyszę tę pieśń, to nie potrafię powstrzymać łez. W końcu zniecierpliwiony Ukrainiec spojrzał na zegarek i kazał nam stanąć w szeregu. To był koniec.

Mama jeszcze zdążyła mi szepnąć:

– Jakby cię kula nie trafiła, to leż, nie wstawaj. Nie wychodź spod trupów. Czekaj, aż się ściemni i nie będziesz słyszała wokoło głosów. Wtedy uciekaj.

– Mamo, ale ja naprawdę nie chcę umierać. Nie chcę, żebyś i ty umierała.

– Nie ma się czego bać. Tatuś już na pewno czeka na nas w niebie.

Pamiętam, że zapytałam wówczas, jak jest w tym niebie. Mama zaczęła mi tłumaczyć i w tym momencie usłyszeliśmy warkot motoru. Zapadła straszliwa cisza, w której słychać było tylko odliczanie Ukraińca. Nagle wyłonił się ten Niemiec w otwartym samochodzie. Wymachiwał kawałkiem papieru. Zdążył w ostatnim momencie.

## Żegota

W 1939 roku, kiedy wybuchła II wojna światowa, miałam trzy lata. Czyli niewiele. Byłam za to najbardziej wychuchanym dzieckiem na świecie. A wiąże się z tym pewna historia, dotycząca jeszcze mojego dziadka, który był kolejarzem i obsługiwał rządowe salonki. Jeździł między innymi z Józefem Piłsudskim. Razem z Marszałkiem pojechał kiedyś do Rumunii i straszliwie się przeziębił.

Piłsudski chciał zostawić go na leczenie w Bukareszcie. Powiedział, że powrotna podróż może mu zaszkodzić. Dziadek się jednak uparł:

– Wracam do kraju z Marszałkiem.

W domu pojawił się z bardzo zaawansowanym zapaleniem płuc i zmarł po kilku dniach. Niecały rok później zmarli dwaj bracia mamy. Mama wpadła w czarną rozpacz i poroniła. Kiedy wreszcie ja się urodziłam, cała i zdrowa, rodzina chodziła wokół mnie na palcach.

Mieszkanie na Woli było bardzo wygodne. Ojciec był technikiem i pracował w zakładach mechaniki precyzyjnej jako tokarz. Zarabiał około siedmiuset złotych miesięcznie, co, jak na tamte czasy, było godziwym wynagrodzeniem. Mama pracowała w zakładach farmaceutycznych Klawego.

W 1939 roku pojechaliśmy na wakacje na wieś pod Sochaczew. Ojciec dojeżdżał do nas pociągiem na, jak to się dzisiaj mówi, weekendy. Gdy przyjechał w sierpniu, miał już w kieszeni powołanie do wojska.

– Będzie wojna – powiedział.

Jako młody chłopak w 1918 roku ojciec pomagał rozbrajać na ulicach Niemców. Był piłsudczykiem. Potem brał udział w wojnie z bolszewikami. Doszedł aż do Kowna. Kochał książki, miał wspaniały księgozbiór. Z wojny przywiózł najprawdziwszą Biblię Gutenberga. Znalazł ją na strychu w chacie u chłopa, który za rewolucji pewnie zabrał ją z jakiegoś pałacu arystokratów. Tata zaproponował mu za nią wszystko, co miał. Czyli cały żołd. A chłop tylko wzruszył ramionami i powiedział:

– A weźże se to, panoczku. Mnie to do niczego niepotrzebne.

W zakładzie, w którym pracował tata, praktyki odbywała Jadwiga Piłsudska, córka Marszałka. Już wówczas znana szybowniczka. Podczas praktyk była pod opieką mojego ojca. Po niej właśnie noszę imię Jadwiga. Tak mu się praktykantka spodobała, że powiedział, iż właśnie taką córkę chciałby mieć.

Choć byłam dzieckiem, pamiętam pierwszy dzień wojny. Akurat wróciliśmy do Warszawy, skończyły się wakacje. Siedziałyśmy z mamą w kuchni przy dużym dębowym stole i nagle jak nie huknie! Pierwsza niemiecka bomba spadła właśnie na Wolę. Koło Obozowej. Z tego dnia pamiętam zmartwioną twarz mojej mamy. I to, że na obiad były buraczki, których po prostu nie znosiłam. To był ten jedyny raz, kiedy mama we mnie tych buraczków nie wmuszała.

*Jadwiga otrzymała swoje imię na cześć córki Marszałka Piłsudskiego, którą jej ojciec poznał, pracując w zakładach mechaniki precyzyjnej. Na zdjęciu: rodzice Jadwigi, Michał i Janina, na ulicy Wolskiej, 1937 rok*

Podczas jednego z kolejnych nalotów bomba rąbnęła w ścianę naszej kamienicy. A ja w tym czasie spałam w łóżeczku po przeciwnej stronie muru. Odłamki utkwiły w mojej poduszce. Mama potem długo klęczała przed obrazem Pana Jezusa. Trzymała mnie na rękach i dziękowała za cudowne ocalenie. Ojciec wrócił z wojny dopiero po Bożym Narodzeniu. Okazało się, że szedł pieszo aż z Rumunii. Nogi miał strasznie pokancerowane.

Po powrocie zgłosił się do Związku Walki Zbrojnej. Został zaprzysiężony i potem przez całą okupację odbywały się u nas konspiracyjne zebrania. Przychodzili młodzi żołnierze. Ojciec uczył ich, jak się rozkłada i składa pistolet. Jeździł z nimi do podwarszawskich lasów na poważniejsze szkolenia. Wkrótce jednak podjął współpracę z Żegotą. Podziemną agendą mającą na celu ratowanie Żydów.

W swoim oddziale miał właściciela zakładu pogrzebowego mieszczącego się *vis-à-vis* szpitala na Wolskiej. Ten człowiek na zlecenie ojca robił trumny z podwójnym dnem. Wjeżdżali z tatą do getta pod pretekstem zabrania ciał zmarłych, a z powrotem wywozili żywych. Była to bardzo niebezpieczna robota. Później musieli jej zaniechać, bo Niemcy zorientowali się w całym fortelu i bagnetami przekłuwali trumny.

W naszym mieszkaniu był punkt kontaktowy. Żydzi, którym udało się uciec z getta, dostawali nasz adres i przychodzili. Przez jakiś czas, dopóki Żegota czegoś dla nich nie zorganizowała, żyli z nami. Przez nasze mieszkanie przewinęło się około stu czterdziestu Żydów. Każdy dostawał podrobioną kenkartę z nowym nazwiskiem.

Jeden z tych Żydów – nazywał się Jurek Michelson i był studentem – mieszkał u nas ponad dwa lata. Pochodził z Podlasia. Dotrwał u nas aż do Powstania. Była też dziewczynka w moim wieku, Wisia Goldberg. W dowodzie miała wpisane, że jest siostrzenicą mojej mamy. Była u nas rok. Jej ojciec przychodził co wieczór odwiedzić córeczkę. Tuż przed Powstaniem odprowadził ją do klasztoru Sióstr

Karmelitanek na Wolską. Spotkaliśmy tych państwa po wojnie. Pan Goldberg nazywał się wówczas Gronowski.

Była u nas jeszcze ciotka tego Jurka, Helena Müller. Z nią związana jest pewna przykra historia. Niemcy przyszli do nas do domu. Pojawiali się już wcześniej, jednak tym razem ich przyjście nie skończyło się na samej rewizji. To było latem 1943 roku. Mamy nie było w domu, byliśmy ja i tata. Niemcy robili rewizję, otwierali szafki, szafy, a ten Jurek, wysoki mężczyzna, siedział właśnie w jednej z szaf na ubrania. Nie wiem, jakim cudem się to stało, ale gestapowcy go nie zauważyli.

A pani Helena, która akurat obierała kartofle, wskoczyła do paki na węgiel. Na skrzyni tata postawił kartofle, usiadł obok i spokojnie dalej je obierał. Na odchodnym Niemcy kazali jeszcze ojcu zapalić pod piecem. Bo ludzie bardzo często ukrywali Żydów właśnie w piecach. Chyba z tej wściekłości, że nic nie znaleźli, zabrali ojca na Szucha, do siedziby gestapo. Później okazało się, że donos na gestapo złożyła... kuzynka naszej Heleny. A więc Żydówki, którą u siebie ukrywaliśmy. Chodziło o zwykłą zemstę. Nie mogliśmy tej kobiety przyjąć, bo w naszym mieszkaniu nie było już miejsca. Nigdy nam tego nie zapomniała.

Niedługo po rewizji przyjechała mama. Rozpacz. Jurek i pani Helena dosłownie trzęśli się ze strachu. Mama, jedyna przytomna w całym towarzystwie, pojechała na Szucha. Powiedziano jej tam, że tata został zatrzymany za ukrywanie Żydów na podstawie anonimowego donosu. Mama odpowiedziała, że przecież w domu była rewizja, więc donos był kłamstwem. Gestapowiec popatrzył spode łba i powiedział, że ojca wypuszczą. Ale za pięć tysięcy złotych. Chciał łapówkę.

Skąd jednak wziąć nagle tyle pieniędzy? Mama jakoś uzbierała po znajomych i rodzinie i wpłaciła „okup". Kiedy poszła po tatę i wychodzili razem z alei Szucha, nie byli pewni, czy to nie podstęp. Za bramą puścili się biegiem. Zwolnili dopiero przy placu Trzech Krzyży.

To nie był niestety koniec tego przykrego incydentu. Koledzy z konspiracji zaczęli tatę podejrzewać, że coś powiedział. Że skoro go tak szybko wypuścili – znaczy, że pękł w śledztwie i poszedł na współpracę z tajną policją. Dopytywali się, nękali go, nie dawali spokoju. W końcu na pewien okres odsunęli go od konspiracji. Tata bardzo to przeżywał. To był nadzwyczaj uczciwy człowiek, wielki patriota. Samo podejrzenie, że mógł zdradzić, było dla niego gorsze od wyroku śmierci.

W końcu koledzy przywrócili go do szeregów Armii Krajowej, ale on długo nie mógł się z tej sprawy otrząsnąć. Nigdy jednak nie żałował, że pomagał Żydom. Mówił zawsze, że gdyby mógł cofnąć czas, zachowałby się dokładnie tak samo.

## Bitwa

Im bliżej było do Powstania, tym silniej w mieście odczuwało się niepokój. Od wschodu szły wozy obładowane tobołami, zmęczeni ludzie maszerowali koło swojego dobytku. Uciekali przed Armią Czerwoną. Coraz więcej zaczęło się też pojawiać na ulicach niemieckiego wojska. Pojawili się też Kozacy, w wyszywanych pelerynach, w czapkach z krzyżem na kolorowych denkach. Chodzili po ulicach z pejczami. Byli i Kałmucy. Pamiętam, że ci ostatni byli wyjątkowo agresywni.

Ojciec uważał, że Powstanie jest potrzebne. Przekonywał mamę, żeby się nie martwiła, bo bolszewicy na pewno przyjdą nam z pomocą. Przecież już byli prawie na Pradze. Pamiętam dobrze ten ostatni niedzielny obiad. Była kuzynka mamy, był kolega ojca z konspiracji. Oczywiście Jurek. Moja mama bardzo ładnie śpiewała.

I takim rzewnym głosem zanuciła piosenkę *Ta ostatnia niedziela*. Zaraz pozostali podchwycili melodię. Siedzieli i śpiewali, a mnie się, nie wiedzieć czemu, zachciało płakać.

Jeszcze przed Powstaniem w Warszawie dochodziło do egzekucji. Po dokonaniu zbrodni Niemcy rozsypywali na bruk trociny, żeby krew w nie wsiąkła. Ludzie palili tam później świeczki, maczali chusteczki we krwi. Taki był zwyczaj, żeby te chusteczki do grobu schować, bo przecież Niemcy nie wydawali ciał. Jedną z takich egzekucji sama oglądałam przy ulicy Tyszkiewicza, razem z moim bratem stryjecznym. Przez okno na klatce schodowej kamienicy.

Siedzieliśmy i patrzyliśmy na tę egzekucję, gdy nagle rozległ się ryk syreny. To jadą Niemcy w ciężarówkach! Łapanka! Ludzie w mig się rozpierzchli, ulica w kilka chwil opustoszała. My z bratem zaczęliśmy biec na górę drewnianą klatką schodową. Chcieliśmy uciec na dach, ale wyjście było zamknięte. Schowaliśmy się więc, dwoje malutkich dzieci, w kącie pod miotłę. Po chwili usłyszeliśmy ciężkie buciory walące po schodach, mignął nam stalowy hełm. Niemiec rozejrzał się i wrócił. Nie zobaczył nas. Po chwili rozległy się krzyki, to ludzi zaczęto wyciągać z mieszkań.

1 sierpnia 1944 roku ojciec – jak co dzień – wyszedł rano do pracy. Ja bawiłam się na podwórzu z Wojtusiem, który mieszkał w tym samym domu. Była piękna pogoda, deszcz przestał siąpić, kiedy nagle usłyszeliśmy strzały. Mama zbiegła po schodach na dół i zabrała nas do mieszkania. Strzały rozlegały się coraz częściej. I coraz bliżej.

Ojciec był u „Radosława". Zaczął walki od cmentarza ewangelickiego na Woli. Wieczorem jeszcze go nie było. Mama zupełnie nie wiedziała co robić. Siedzieliśmy po ciemku, załamani. Wreszcie jednak przyszedł ojciec. Z sześćdziesięcioma żołnierzami. Z całym swoim oddziałem, który czekał na podwórzu.

Wziął tylko bieliznę, najpotrzebniejsze rzeczy. Mama mówi:

– Słuchaj, Michał, nie idź ty już do tego Powstania. Przecież wy tam zginiecie. Nie macie żadnych szans.

A ojciec popatrzył na mamę, potem na mnie. Przytulił mnie mocno i powiedział:

– Jasiu, kocham was obydwie, ale jakże ja mogę zostawić wojsko? To byłaby dezercja. Mnie sąd polowy czeka, gdybym nie poszedł. Ojczyzna pierwsza. Musicie sobie jakoś radzić. Polecam was opiece boskiej. Nie mam innego wyjścia.

Oznajmił jeszcze, wychodząc:

– Powiedz sąsiadom, żeby wszyscy z tego domu się wynieśli. Tu będzie niebezpiecznie. Musicie uciekać.

Mama zdecydowała, że jeszcze tego samego wieczora pójdziemy do jej kuzynki Wacławy, która mieszkała kilka domów dalej. Przed wyjściem uprzedziła sąsiadów. Niestety, niewielu usłuchało rady. Żal im było zostawiać dorobek życia. Wszyscy zginęli.

Mama kiedyś kupiła dwie kury na rosół. Jedna z nich była naprawdę piękna, dorodna. Jak kogut. Przywiązałam się do niej bardzo i gdy uciekałyśmy z domu, wzięłyśmy ją ze sobą. Żołnierze taty chcieli ją zjeść, ale mama na szczęście im nie pozwoliła.

Wtedy właśnie, na samym początku, doszło do niesamowitego zdarzenia. Mój brat stryjeczny, wówczas ośmioletni, postanowił pobawić się w wojsko. Zabrał mojemu ojcu butelkę z benzyną i zaczaił się przy ulicy Górczewskiej na niemiecki czołg. Gdy czołg się pojawił, rzucił w niego tą butelką. I czekał na efekt. Nic się jednak oczywiście nie stało. Za to z czołgu wyszedł

---

*Na Woli mała Jadzia była świadkiem straszliwej tragedii. Mimo to Jadwiga do dziś mieszka w tej samej dzielnicy, w której w 1944 roku skazano ją na śmierć. Na zdjęciu: Jadwiga w 1963 roku*

Niemiec i go złapał. Zamiast chłopca zastrzelić, zdjął pasek, spuścił mu spodnie i wlał w tyłek. Stryj o mało co zawału nie dostał, kiedy zobaczył z okna mieszkania, co wyrabia jego syn. Był razem z nim mój tata, który czym prędzej odbezpieczył pistolet i trzymał go w pogotowiu, gdyby Niemiec jednak chciał strzelić do chłopca.

Kiedy podczas jednego z ostrzałów siedzieliśmy w piwnicy, bomba uderzyła w znajdującą się nad nami kamienicę. Podmuch eksplozji rzucił mną o ścianę. Miałam potem przez to spore kłopoty z kręgosłupem. Do szpitala jednak oczywiście nie można było się przedostać. Już wówczas trwały tam rozstrzeliwania. Była z nami kobieta ze wsi, spod Piaseczna, pani Śledziakowa. Przynosiła nam mięso i jajka. Pech chciał, że z ostatnią dostawą przyszła akurat 1 sierpnia i utknęła w powstańczej Warszawie.

## Cud

To było 2 sierpnia, gdy Niemcy wypędzili nas z piwnicy w domu cioci. Utworzyli z nas kolumnę i pędzili Płocką. Padał deszcz, a za nami z chrzęstem gąsienic sunął powoli czołg. Ludzi było mnóstwo. Płakali, krzyczeli:

– Nie mordujcie!

Jakoś nas dowlekli do kościoła św. Wojciecha. To był początek Powstania, a ilu już było rannych! A pod kościołem zwały martwych ciał. Pamiętam, jak mama powiedziała:

– Boże kochany, my tu zginiemy.

Podeszła do jakiegoś Niemca o „ludzkim wyglądzie" – a takiego znaleźć było niełatwo – i tłumaczy mu, że zostawiła w domu małe dziecko. Że musi po nie iść i niedługo wróci. Dobrze wybrała, bo ten człowiek powiedział, że teraz nie może nas puścić, ale żebyśmy poczekały na zmianę warty. Gdy on będzie wartownikiem, możemy „uciekać". On będzie strzelać, ale nie mamy się czego bać, bo kule pójdą w powietrze.

I rzeczywiście, udało nam się – pod tym niemieckim „ostrzałem" – uciec. Chowałyśmy się po bramach, pod dachami. W pewnym momencie, ukryte w jednej z bram, słyszymy tupot nóg. To biegnie jakiś mężczyzna z malutkim dzieckiem na ręku. Zaraz za nim pędzi Niemiec i krzyczy:

– *Halt, halt!*

Doszło do szamotaniny. Niemiec był górą i w pewnym momencie wyrwał to dziecko i wrzucił do płonącego domu. Mężczyzna wpadł w szał, z rozpaczy rzucił się na Niemca z pięściami. Ten wpakował w niego całą serię.

Chciałyśmy uciekać, tak jak wielu ludzi z naszego domu, w pola, przez pobliskie kartoflisko. Ale Niemcy znali tę trasę i rozlokowali w pobliżu snajperów. Każdy, kto próbował wyjść na tę otwartą przestrzeń, dostawał kulę. Ukryłyśmy się więc w piwnicy i właśnie z tej piwnicy 6 sierpnia – w Dzień Przemienienia Pańskiego – wypędzili nas Niemcy i mierzyli do nas z karabinu. To wtedy przeżyłam najbardziej przerażające chwile w życiu.

Gdy ten Niemiec dostarczył samochodem rozkaz o zaprzestaniu rozstrzeliwań cywilów, Ukrainiec był niepocieszony. Nie było jednak rady. Rozkaz to rozkaz. Niemcy uformowali z nas kolumnę i, pod silną eskortą, przepędzili do fortów Wola. Tam kolejna gehenna. Cały dzień bez wody w straszliwym upale. Omdlewałyśmy z powodu swądu spalonych, rozkładających się ciał, nad którymi krążyły stada tłustych much.

Wpakowali nas do olbrzymiego dołu, który już wcześniej był zapełniony ludźmi. Dali nam jedynie cienką kawę. Ludzie chciwie ją pili, a moja mama i ciocia zaczęły się w niej myć. Mnie też buzię obmyły. Do picia zostało po łyku.

Już po zmroku usłyszałyśmy przeraźliwe krzyki, jęki. Okazało się, że Ukraińcy wyciągali z tłumu kobiety i – wszystko jedno, czy miały osiem, czy osiemdziesiąt lat – dokonywali na nich brutalnych zbiorowych gwałtów. Były nawet przypadki, że losu tego nie uniknęły trzyletnie dziewczynki. Gdybym tego nie widziała na własne oczy, to nie wiem, czy bym w to uwierzyła. To było prawdziwe piekło. Z ciemności dobiegały błagania:

– O, Jezu, mamo, ratuj!

Te kobiety leżały, jęczały w pobliskich kartofliskach, słychać było wrzaski pijanych Ukraińców i Niemców.

Obok nas siedział ksiądz. Powiedział, że słyszał, iż jeśli ktoś ma rodzinę na Jelonkach, to go wypuszczają. A moja ciocia przypomniała sobie, że właśnie ma tam bliskich, państwa Bogackich. Mama poszła więc z tym księdzem do strażnika i mówi, że ma na Jelonkach męża i chce do niego dołączyć. Podała adres Bogackich. Niemiec mówi:

– Dobra.

Mama mu wcisnęła w łapę pierścionek i nas wypuścił. To był kolejny cud.

Poszłyśmy do wsi pani Śledziakowej. Po drodze pukamy do drzwi jakiegoś gospodarstwa. Prosimy o wodę, mleko, odrobinę kartofli. Chłop spojrzał na mamy obrączkę i mówi:

– Jeśli mi dasz ten pierścionek, to ci dam jeść.

Mama rozpłakała się. Oczywiście mogła mu ją dać, bo prawdziwą złotą obrączkę schowała, a na palcu miała obrączkę z tombaku.

Nie chodziło jednak o wartość tego przedmiotu. Mamie zrobiło się żal, że Polak Polakowi nie może bezinteresownie pomóc. I to jeszcze podczas narodowego Powstania. Nic oczywiście od tego chłopa nie wzięła. Po drodze jadłyśmy zboże wprost z kłosów. Dopiero późnym wieczorem dotarłyśmy do wsi Borowina, gdzie mieszkała pani Śledziakowa. Tam się jakoś urządziłyśmy w domu opuszczonym przez uciekających do Rzeszy folksdojczów.

Na tym jednym spotkaniu z chciwym chłopem nasze kłopoty z rodakami niestety się nie skończyły. Nie jest tajemnicą, że na trasach ucieczek cywilnej ludności z Warszawy grasowały bandy rabunkowe. Ludzie ci wykorzystywali nieszczęście warszawiaków i grabili ich z resztek dobytku. Tych resztek, które udało się uratować przed Niemcami. Nas także w tym domu nachodzili bandyci. Nękali nas regularnie. Było to straszne.

Trwało to kilka tygodni, aż mama poszła któregoś razu po mleko do gospodarzy. Zatrzymali ją po drodze jacyś uzbrojeni ludzie. Zapytali, kto tak co noc w tej okolicy krzyczy. Mama odpowiedziała, że to ona, bo co noc jest napadana przez złodziei. Wtedy mężczyzna przeglądający kenkartę spytał po polsku:

– Czy pani mąż to Michał Łukasik?

Okazało się, że razem z ojcem znali się z konspiracji, walczyli w Powstaniu, ale jemu udało się wydostać z Warszawy i trafić do partyzantów. To był oddział AK.

– Od dzisiaj – powiedział żołnierz – może pani spać spokojnie, z otwartymi drzwiami domu. My się tym zajmiemy.

I faktycznie, błyskawicznie znaleźli bandytów, zrobili szybki sąd polowy i ich rozstrzelali. Następnie ułożyli ciała na drodze. Całkowicie nagie. Tylko z karteczkami. Imię, nazwisko, imię ojca i że to za bandytyzm. Miało to być nie tylko karą, ale podziałać odstraszająco na innych chętnych do rabunków.

Niestety nie okazało się to skuteczne w stu procentach. Co jakiś czas nadal nawiedzały nas grupki kryminalistów. Pewnej nocy jedna z nich podeszła pod nasze okna. Zobaczyli światło i dużo ludzi – akurat zatrzymała się u nas grupa uchodźców z Warszawy – i odeszli. Zajrzeli do kolejnej chałupy, a tam gospodarz topił tłuszcz. Bandyci zobaczyli na jego piersi złoty medalik i wtargnęli do środka. Żeby nie wzywał pomocy, wlali mu ten wrzący tłuszcz do gardła.

We wsi podniósł się alarm. Z domów wybiegli inni gospodarze. Gdy zobaczyli straszliwe obrażenia tego nieszczęśnika, rzucili się w pościg za zbirami. Dopadli ich i zlinczowali. Zadźgali ich widłami. Uciekł tylko jeden, ale długo nie pożył. Powiesił się w lesie. Takie to były bezwzględne czasy. Wojna wyciągnęła z ludzi wszystko, co najgorsze. Ludzkie życie nie miało żadnej wartości.

## Powrót

Gdy Powstanie się wypaliło, mama zdecydowała się pójść do domu. Na rekonesans. Sprawdzić, co się stało z mieszkaniem, czy można z niego coś wziąć do ubrania. Robiło się coraz zimniej, a my nie miałyśmy nawet cieplejszych butów. Po drodze jednak złapali mamę Niemcy i wywieźli do obozu aż pod sam Wrocław. My z ciocią czekałyśmy i czekałyśmy. Nie wiedziałyśmy, co się stało. Czasy były niespokojne, bałyśmy się, że zginęła.

Od razu, gdy przybyła do obozu, wsadzono ją do karceru, w którym lodowata woda sięgała po pas. A była to już połowa listopada, mróz. Mama stała tak w tej wodzie przez cały dzień i gdy ją wyciągnęli, była jednym wielkim soplem lodu.

Znowu udało jej się przekonać jakiegoś strażnika, żeby ją wypuścił. To był już koniec wojny, dyscyplina się rozprężała. Kiedy nadeszła noc, Niemiec podniósł im lufą druty kolczaste – z mamą uciekała jeszcze jedna pani – i wskazał kierunek. I one w głębokich bruzdach, w śniegu po pas, czołgały się na brzuchach przez kilka kilometrów, aż dotarły do wsi. Tam ludzie dali im wody, nowe ubranie i coś do jedzenia. Nie wiem, jak to zrobiła, ale udało jej się do nas wrócić.

Ojciec tymczasem również trafił do obozu. Był ranny. Wylądował w obozie w Luckenwalde, potem w Lamsdorfie, a potem w Buchenwaldzie. Wkrótce skontaktował się z rodziną. Dał znać, że żyje. To były najpiękniejsze święta w moim życiu. Raz, że mama wróciła. Dwa, że dowiedzieliśmy się, że tata przeżył Powstanie.

Rodzina w Sochaczewie wynajęła nam domek letniskowy, który miał osiem metrów kwadratowych. Tam dotrwałyśmy do końca wojny. Pewnego dnia siedziałam w oknie i obserwowałam drogę. Mamy akurat nie było, rozmawiałam więc z ciocią. Powiedziałam jej, że widzę idącego drogą żołnierza, że jest bardzo podobny do

*Gdy po upadku Powstania Jadzia z matką dowiedziały się, że ojciec żyje i jest w Buchenwaldzie, radość była ogromna. Wkrótce rodzina była ponownie razem. Na zdjęciu: Jadwiga z ojcem, 1953 rok*

mojego taty. Na to ciocia odpowiedziała, że teraz wszyscy żołnierze będą mi się wydawali podobni do taty. W tej chwili do domu wpadli moi kuzyni, krzycząc wniebogłosy:

– Jadzia, twój tatuś wrócił!

Ja nawet nie zeszłam z piętra, ja spadłam z niego na łeb na szyję. Rzuciłam się na ojca i długo nie mogłam się od niego odkleić. Gdy wróciła mama, zapanowała pełnia szczęścia. Znowu rodzina była razem. Radość nie do opisania. Byliśmy szczęśliwi, mimo że nie mieliśmy niczego. Straciliśmy piękne mieszkanie, bogaty księgozbiór, cały dorobek życia. Wszystko to nie miało jednak żadnego znaczenia. Grunt, że żyliśmy i byliśmy razem. To było najważniejsze.

Po wojnie chcieliśmy wracać do Warszawy. Mama zaczęła nawet zagospodarowywać pokój naprzeciwko szpitala na Wolskiej. Wkrótce jednak do znajomych rodziców zaczęli przychodzić smutni panowie z Urzędu Bezpieczeństwa. Wypytywali o ojca. Stało się jasne, że o powrocie nie ma co marzyć. Wkrótce zresztą komuniści odnaleźli ojca w Sochaczewie. Jako były akowiec musiał meldować się regularnie na posterunku.

Komuniści mówili tacie, że nie należy mu się mieszkanie w Warszawie, bo ją zburzył. Dopiero w 1958 roku, po śmierci Stalina i po odwilży, mogliśmy wrócić do naszego miasta. A więc po czternastu latach od Powstania. Traf chciał, że przydzielono nam mieszkanie na Woli. Zaczęłam studiować farmację. Niestety, studiowałam tylko trzy lata, bo musiałam iść do pracy. Ojciec zaczął chorować, jeszcze z obozu wrócił z gruźlicą. Wojna go wykończyła. Studia w końcu jednak skończyłam, ale inne. Studiowałam wieczorowo na Wydziale Handlu Zagranicznego w Studium Języków Obcych i Stenotypii. Rano zaś pracowałam. Przez wiele lat moim szefem w Metal Exporcie był brat słynnego przedwojennego pisarza Tadeusza Dołęgi-Mostowicza. Mimo że pracowałam w handlu zagranicznym, za granicę mnie nie wypuszczali. Dopiero po dziesięciu latach pozwolili mi na krótką służbową podróż. O mało co zresztą wtedy nie umarłam. Lecieliśmy do Meksyku, kiedy nagle zapaliły się silniki. Obydwa. Widziałam nawet, jak się palą, bo siedziałam na wysokości skrzydła, a mój szef, który siedział obok mnie – zawsze elegancki, szarmancki – zaniemówił z przerażenia. Na moje pytanie, czy umrzemy, odpowiedział:

– Cicho bądź. Módl się.

Na szczęście Opatrzność i tym razem miała mnie w opiece. W ostatnim momencie wylądowaliśmy awaryjnie w Bogocie. Lotnisko wyglądało jak z filmów akcji. Karetki, wozy strażackie, policja. Na szczęście nikomu nic się nie stało.

Tata zmarł w 1961 roku. Mama zmarła zaś niedawno, w 2006 roku. Miała blisko sto lat.

Ja nigdy nie wyszłam za mąż. Okazało się, że na skutek obrażeń, jakich doznałam podczas Powstania, kiedy w naszym domu wybuchła bomba, nie mogę mieć dzieci. Ponieważ bardzo pragnęłam zostać matką, postanowiłam adoptować dziecko. Niestety, żaden z moich narzeczonych nie chciał się na to zgodzić. Chyba właśnie dlatego nigdy nie zdecydowałam się na ślub. Co to za rodzina, kiedy nie ma w niej dzieci?

Mieszkam w tym samym mieszkaniu, które dostaliśmy z rodzicami w 1958 roku. I w tej samej dzielnicy, w której w 1944 roku skazano mnie na śmierć. Minęło siedemdziesiąt lat, a ja żyję. To jest moje zwycięstwo.

*Jadwiga Łukasik*
*(rocznik 1936)*

# TERESA

## W MROKU KANAŁÓW

Najgorszym dniem mojego życia był 13 sierpnia 1944 roku. Niedziela. Przebywałam wówczas na kwaterze przy ulicy Kilińskiego na Starówce. W pewnej chwili, to było późnym popołudniem, usłyszałam przez okno jakiś harmider. Krzyki, wiwaty. Jakby grała muzyka. Wyszłam na balkon i moim oczom ukazał się nieprawdopodobny widok. Środkiem ulicy jechał mały czołg otoczony tłumem żołnierzy i cywilów. Wszyscy byli zachwyceni, podnieceni, poklepywali pancerz.

– Zdobyczny czołg! Zdobyczny czołg! – dolatywało z ulicy.

Mnie też udzielił się ten entuzjazm. To było po prostu wspaniałe, nie mogłam w to uwierzyć. Sytuacja coraz trudniejsza, Niemcy w natarciu, po naszej stronie pada coraz więcej rannych i zabitych, dramat. A tu nagle taki sukces. Wszystko to wyglądało jak sen. Jak jakaś defilada zwycięstwa. A może, pojawiła się myśl, to naprawdę koniec? Może Niemcy skapitulowali? Może wygraliśmy?

Gdy czołg skręcił w Kilińskiego, tłum zgęstniał i zaczął coraz bardziej na niego napierać, każdy chciał go dotknąć. Ludzie wylegli z mieszkań, z piwnic. Maszyna posuwała się powoli, wszystko działo się jakby w zwolnionym tempie. A jednocześnie było takie wyraźne. Pamiętam najdrobniejsze detale. Jakiś mężczyzna wręczył idącej obok pojazdu młodziutkiej sanitariuszce bukiet kwiatów. Uśmiechnęła się szeroko, poprawiła odruchowo włosy.

Wtedy coś mnie tknęło. Spojrzałam na czołg. Chyba zaczęło się coś w nim psuć, jakiś element powoli zsuwał się z pancerza.

Z góry wszystko było widać jak na dłoni. To coś odłączyło się od konstrukcji maszyny i zaczęło spadać na ziemię... Zamarłam, ale ludzie wokół niczego nie zauważyli. Euforia była zbyt wielka. Jakiś mały chłopczyk, na oko czteroletni, podbiegł do samej gąsienicy, otworzył szeroko buzię, żeby krzyknąć z radości...

W tej samej sekundzie nastąpiła eksplozja. Największa z eksplozji, jaką kiedykolwiek widziałam. Głucha detonacja, oślepiający błysk i fala uderzeniowa, która zatrzęsła ziemią. W promieniu dobrego kilometra wszystkie szyby wyleciały z okien, ludzi zwaliło zaś z nóg. Jakieś martwe ciało – najprawdopodobniej kierowcy – wleciało z impetem na nasz balkon. To był sam korpus – bez głowy, rąk i nóg – który odbił się od ściany budynku i potężnie uderzył mnie w plecy. Przewróciłam się, byłam cała we krwi i kawałkach wnętrzności.

Fala uderzeniowa rozpruła mi spódnicę, całe ubranie wisiało na mnie w strzępach. Wówczas jednak nawet tego nie zauważyłam. Byłam w szoku, dzwoniło mi w uszach. Rzuciłam się w panice do środka, do mieszkania, niewiele widząc w kłębach unoszącego się wszędzie gryzącego pyłu. Razem z innymi powstańcami zbiegłam na dół, a stamtąd na podwórze. A tam... pandemonium. Tak chyba musi wyglądać piekło.

Pył powoli opadał, a ulicami chodzili w kółko oszołomieni, ranni ludzie. Chodniki były usłane trupami i wijącymi się rannymi. Nieludzkie wycia, błaganie o pomoc, zapach prochu zmieszany ze słodkim swędem spalonego ciała. Spojrzałam pod nogi. Przeraźliwie zdeformowane ludzkie ciało, a właściwie jego resztki, pełzało po podwórzu. Zaczęłam się krztusić, miałam odruch wymiotny. Jakiś leżący na ziemi chłopak wyjął scyzoryk i wył do jednej z moich koleżanek:

– Dobij mnie!

Zawróciłam i popędziłam na górę po moją torbę sanitarną. Dopiero w tej chwili uświadomiłam sobie, że zostałam ranna, na szczęście bardzo lekko. Nie miałam jednak czasu, żeby myśleć o sobie. Trzeba było przenieść rannych do szpitala. Ale jak to zrobić? Rannych były setki. Cała ulica była pokryta lepką mazią, w której grzęzły nasze podeszwy. To było połączenie ludzkiej krwi z kurzem i pyłem. Trudno było w tym iść.

Spojrzałam w górę i zmartwiałam. Na oknach, rynnach i balkonach wisiały fragmenty ludzkich ciał. Nogi, ręce, korpusy, kiszki. W tłumie chodziły kobiety i przeraźliwymi, obłąkanymi głosami nawoływały dzieci. Nikt im jednak nie odpowiadał...

Masakra na Kilińskiego, którą spowodowała eksplozja niemieckiego czołgu napakowanego materiałami wybuchowymi, należy do najbardziej tragicznych epizodów Powstania Warszawskiego. Zginęło wówczas kilkaset osób. Ci, którzy byli jej świadkami, nie zapomną tego do końca życia. Do dzisiaj, gdy zamykam oczy, widzę te koszmarne obrazy. Później dowiedziałam się, że w tym morzu trupów leżał mój cioteczny brat. Dostał odłamkiem w tętnicę i zginął na miejscu. Przynajmniej się nie męczył.

## W oblężonej twierdzy

Służba na Starówce dla sanitariuszki Armii Krajowej była niezwykle ciężka. Potwierdzi to chyba każda dziewczyna, która była wtedy z nami. Dzielnica przez miesiąc była niczym oblężona twierdza. Przez cały ten czas sypał się na nas grad nieprzyjacielskich pocisków. Do tego niezwykle zacięte walki na barykadach. Po kapitulacji ze Starego Miasta nie pozostał kamień na kamieniu. I nie jest to żadna metafora. Tak było. Straty wśród powstańców i ludności cywilnej były gigantyczne.

Pamiętam, jak zostałam zawołana do rannych w bramie na Nowomiejskiej. Zobaczyłam tam klęczącą kobietę z obłędem w oczach.

Na jej kolanach leżała córeczka – bez obu rąk i bez obu nóg. A co najgorsze – była przytomna. Wołała:

– Mamusiu, jak to strasznie boli!

A potem:

– Mamusiu, ja umieram.

Tak strasznie płakała. A matka błagała mnie, żeby dać jej morfinę. Nie pozwalała zakładać opatrunków, żeby nie sprawiać jej dodatkowego bólu. Nie pamiętam nawet, czy zdążyłam zrobić jej ten zastrzyk...

Stale byliśmy w pobliżu katedry. Któregoś razu wezwano mnie do młodej pary. Oboje zostali ranni krótko po ceremonii. To był oczywiście ślub powstańczy, nowożeńcy byli z AK, choć nie z naszego oddziału. Ona miała kilkanaście lat, on może ze dwadzieścia. Pamiętam, że była bardzo drobna, chudziutka. Kiedy do nich dotarłam, leżeli już na noszach. Koledzy położyli ich obok siebie, żeby mogli trzymać się za ręce. Wiadomo było, że oboje tego nie przeżyją.

Innym razem ratowałyśmy kolegę. Leżał ranny we wnęce katedry. Na zewnątrz wystawały jednak nogi i „gołębiarz" – niemiecki strzelec wyborowy – cały czas mu w te nogi strzelał. Pobiegłam do niego z przyjaciółką z konspiracji, Justyną Suryn. Jakoś udało się go ściągnąć spod ostrzału i przenieść do szpitala. Poskładano go tam do kupy, ale na niewiele się to zdało. Gdy Starówka kapitulowała, Niemcy go zastrzelili. A Justyna kilka lat po wojnie popełniła samobójstwo. Być może to właśnie historia z tym chłopakiem przyczyniła się do tego. Justyna nie mogła sobie poradzić z powstańczą traumą.

Czasem zbieraliśmy się wieczorami w piwnicy. Było to już wtedy, gdy Niemcy się zmęczyli i przestawali strzelać. Któregoś razu piliśmy tam paskudne, kwaśne wino wydobyte z jakichś niemieckich zapasów przez naszych chłopców. Miało to nas uchronić przed czerwonką. Śpiewaliśmy wtedy powstańcze piosenki, rozmawialiśmy. Dzięki temu na kilka minut udawało się zapomnieć o koszmarze, który nas otaczał.

Pamiętam, że podczas jednej z takich chwil wytchnienia nagle wpadła do nas lekarka Bela.

– Chodź! Musisz mi pomóc! – krzyknęła.

Pobiegłyśmy do jakiejś sali na piętrze. Znajdowała się tam duża rodzina, która z jakiegoś powodu odmówiła ucieczki z płonącego domu. Nie pamiętam już, czy tam byli mężczyźni. Na pewno dużo kobiet i dzieci. Trzy-, cztero-, pięcioletnich. Wszyscy byli potwornie poparzeni. Byli nieprzytomni albo majaczyli. Ubrania mieli zwęglone, przylepione do ciał. Ja podawałam im wodę, a Bela robiła zastrzyki z morfiny. Do rana wszyscy skonali.

Miesiąc bitwy na Starówce to był cały ciąg takich strasznych doświadczeń. Mogłabym tak opowiadać jeszcze długimi godzinami. Tyle twarzy, przerażonych oczu, błagań o pomoc. Tylu konających, wpatrujących się we mnie z ostatnią nadzieją. A ja przecież nie mogłam im w żaden sposób pomóc. Przeszłam przez piekło.

Podczas Powstania nie miałam żadnego kontaktu z rodzeństwem. Ktoś powiedział mi, że mój brat, Jaś, bił się na Powiślu, a potem został ranny. Przebiegał przez Nowy Świat, kiedy dosięgła go kula. Całe szczęście to był lekki postrzał. Szybko się z tego wylizał i wrócił na Powiśle. Miał pseudonim „Rafał Olbromski", bo był miłośnikiem Żeromskiego. Od tego pseudonimu jego żołnierze nazywali się „Rafałkami". Na hełmach wymalowali sobie literę „R", na ramieniu nosili tarczę z trupią czaszką.

Był plutonowym podchorążym. Gdy zginął, miał niecałe dwadzieścia jeden lat. To było 24 sierpnia, na ulicy Smulikowskiego. Brytyjczycy właśnie zrzucili do Warszawy PIAT-y. Nową broń, granatniki przeciwpancerne. Jaś, rzecz jasna, chciał jako pierwszy wypróbować, jak to działa. Okazja nadarzyła się sama. Niemiecki pociąg pancerny na moście Poniatowskiego zaczął akurat ostrzeliwać z dział Powiśle. Gdy pojawił się w zasięgu wzroku, Jaś wziął go na cel.

Był świetnym strzelcem, mimo to zginął od pocisku, który sam wystrzelił. Pocisk odbił się bowiem od framugi okna i trafił go prosto w pierś. Brytyjczycy dopiero później pomyśleli o tym, żeby dosłać instrukcję do PIAT-ów…

Mama całe Powstanie spędziła w naszym majątku ziemskim w podwarszawskich Oborach. Przyjeżdżała do niej mama mojej koleżanki z AK, Hali Paschalskiej. Razem wychodziły na łąkę przed dworem. Widać z niej było dymy unoszące się nad Warszawą. Wieczorem nad miastem wisiała jasna, czerwona łuna. Mama, widząc to, mówiła, że stamtąd nikt żywy nie wyjdzie. A przecież była tam trójka jej dzieci.

Gdy wychodziliśmy do Powstania, do głowy nie przyszło jej, aby nas zatrzymać. Zaledwie ćwierć wieku wcześniej przeżywała to

samo. Jej bracia walczyli w roku 1920 z bolszewikami. Jeden z nich w tamtej wojnie poległ. To była patriotyczna polska rodzina. Jej kolejne pokolenia bez szemrania spełniały swój obowiązek wobec ojczyzny. Ja byłam tylko kolejnym ogniwem tego łańcucha.

## Złodzieje budzików

Urodziłam się w Oborach w roku 1925. Miałam dwójkę rodzeństwa. Jaś był ode mnie starszy, a Ania, którą wszyscy nazywaliśmy Anusią – młodsza. Ojciec, Henryk Potulicki, umarł, gdy miałam pięć lat. Długo i ciężko chorował, wyjeżdżał na zagraniczne kuracje. Niestety nic to nie pomogło. Nami zajmowały się francuskie albo angielskie bony. We dworze zawsze bywało dużo gości, cudzoziemców, dyplomatów. Mama prowadziła dom otwarty.

Gdy nadszedł nieszczęsny wrzesień 1939 roku, usłyszeliśmy w radiu słynną odezwę pułkownika Romana Umiastowskiego, w której wzywał on wszystkich mężczyzn i chłopców zdolnych do noszenia broni do ewakuacji do wschodniej Polski. Rozeszła się plotka, że Niemcy będą wyłapywać i rozstrzeliwać wszystkich chłopców powyżej piętnastego roku życia. A ponieważ Jaś dopiero co miał piętnaste urodziny, mama postanowiła, że musimy uciekać.

Wyjechaliśmy po kryjomu o trzeciej w nocy naszym chevroletem. Mama, nasza nauczycielka, nas troje i szofer. Dworski administrator przeprawił nas promem przez Wisłę. Mieliśmy karabin mauzer, który mój brat właśnie dostał od mamy na urodziny. Był zapalonym myśliwym i ten karabin miał mu służyć na grubego

---

*Brat Teresy, Jan, w czasie Powstania był plutonowym podchorążym.*
*Mając niespełna 21 lat, zginął od brytyjskiego pocisku PIAT, który sam wystrzelił.*
*Na zdjęciu: Jaś w rodzinnym majątku Obory, lato 1934 roku*

zwierza. Mimo protestów mamy Jaś uparł się, żeby zabrać mauzera ze sobą. Schował go wzdłuż drzwi pod przednim siedzeniem.

Gdy jechaliśmy na wschód, na drodze panował chaos. Długie kolumny wozów z dobytkiem, jakieś ciężarówki, bydło. Przestraszeni, wymęczeni ludzie. Co pewien czas przejeżdżała pędem limuzyna z członkami rządu. Pewnego razu, już na Wołyniu, zajechaliśmy do ukraińskiego chutoru. Chcieliśmy tylko dostać wody, chłopi okazali się jednak bardzo wrogo nastawieni. W pewnym momencie nasz szofer zauważył, że zaczęli zamykać bramę. W rękach mieli siekiery. Chcieli nas zamordować i ograbić. Mama krzyknęła:

– Jasiu, karabin!

Na widok wymierzonego w nich mauzera chłopi natychmiast spokornieli i otworzyli bramę na oścież.

Dojechaliśmy tak do samej granicy ze Związkiem Sowieckim. Było to akurat 17 września, gdy zadano nam cios w plecy i Armia

Czerwona wkroczyła do Polski. Zapamiętałam bardzo przykre sceny, część ludności witała ich kwiatami. Byli to niestety głównie miejscowi Żydzi. Nie było innej rady, musieliśmy zawracać i przebijać się z powrotem do Obór. Nie chcieliśmy zostawać pod rządami bolszewików.

Podczas kampanii 1939 roku przejechaliśmy więc naszym samochodem Polskę w tę i z powrotem. To, że nam się to udało, wydaje mi się dzisiaj wręcz niebywałe. Wokół nas szalała wojna, Polska obracała się w gruzy, a nasz chevrolet wypakowany dziećmi i kobietami odbył wycieczkę Warszawa–Równe i Równe–Warszawa. Opatrzność musiała nad nami wtedy czuwać.

Po powrocie okazało się, że wyjazd był grubym błędem. Zastawszy pusty dom, do naszego dworu wpakowali się niemieccy oficerowie. Dwóch spało nawet w moim pokoju. Na szczęście, kiedy przyjechaliśmy, ustąpili nam miejsca i wyprowadzili się do oficyny. Majątku jednak nie opuścili. Co warte odnotowania, podczas tych pierwszych kilku dni spędzonych w naszych pokojach Niemcy ukradli nam… budziki. A z szafy mojego brata ubrania.

Pamiętam też, że jeden żołnierz, tuż przed atakiem na Związek Sowiecki w czerwcu 1941 roku, zastrzelił się w naszym parku. Tak bardzo bał się iść na front wschodni.

Mój brat zaczął niemal od razu jeździć na tajne komplety, my z siostrą dalej uczyłyśmy się w domu. Mama świetnie zarządzała majątkiem. Oborskie mleczarnie zaopatrywały w mleko okupowaną Warszawę. Kiedy do miasta jechał nasz wóz, już na rogatkach ustawiały się kobiety z kankami.

---

*Dwór Potulickich w Oborach był otwarty dla wszystkich. Szczęśliwe dzieciństwo Teresy w rodzinnym majątku przerwał jednak wrzesień 1939 roku. Na zdjęciu: od lewej: siostra Anna, Teresa, brat Jan oraz ojciec Henryk Potulicki na ganku w Oborach, 1931 rok*

Pewnego dnia – było to już w roku 1942 – moja przyjaciółka, Hala Paschalska, zapytała mnie, czy nie chciałabym przystać do konspiracji. Co za pytanie?! O niczym innym nie marzyłam! I tak znalazłam się w harcerskiej organizacji „Wigry", której dowódcą był Eugeniusz Konopacki „Trzaska". Na rok przed Powstaniem Warszawskim nasza organizacja scaliła się z Szarymi Szeregami. W sumie było nas pięćset osób. Ja miałam pseudonim „Michalska", Hala – „Danowska".

Żeby zrobić maturę i zarazem móc bardziej aktywnie działać w podziemiu, przeprowadziłam się do Warszawy, na Wiejską, do mieszkania babci. Odbywały się tam tajne komplety. Bela Niedźwiedzka, lekarka, która pracowała w Szpitalu Ujazdowskim, uczyła nas robić opatrunki. Musiałyśmy też zbierać materiały do naszych toreb sanitarnych. Apteki były źle zaopatrzone, kupowałam więc po jednym bandażu. Stawałyśmy na głowie, żeby, gdy wreszcie wybuchnie Powstanie, mieć wszystko, co potrzeba.

Przeszłyśmy kurs posługiwania się alfabetem Morse'a i telefonami polowymi. Nocami przepisywałam na maszynie instrukcje używania broni i środków wybuchowych. Zostawiałam luki dla mojej koleżanki, która, jako że pięknie rysowała, opatrywała tekst ilustracjami – pistoletów, karabinów, granatów, bomb. Jak to wszystko obsługiwać w praktyce, nauczył mnie mój brat, który był po prostu maniakiem broni. Fascynował się nią.

Jaś jeździł na prowincję odbierać zrzuty. Jego oddział wynajmował w tym celu ciężarówkę z zakładów tramwajowych. Magazyn broni mieścił się na Powiślu i z transportem zawsze musiał

---

*Teresa marzyła o działaniu w konspiracji. Gdy w 1942 roku nareszcie dołączyła do harcerskiej organizacji „Wigry", przyjęła pseudonim „Michalska" i rozpoczęła szkolenie sanitariuszki.*
*Na zdjęciu: Teresa w czasie wojny*

przejechać przez most. A wszystkie mosty były obstawione przez niemieckie posterunki. To był najbardziej niebezpieczny moment całej misji. Jaś nigdy nie wiedział, czy żandarmi będą przeszukiwać ciężarówkę, czy zadowolą się sprawdzeniem podrobionych papierów.

Już po wojnie dowiedziałam się od lekarki z jego oddziału, że to dzięki temu, iż mieli magazyn z bronią na Powiślu, elektrownia tak długo mogła się bronić. To dzięki niemu tak długo w walczącej Warszawie był prąd.

Może głupio to zabrzmi w tak poważnym kontekście, ale Jasia po prostu rozpierała energia. Bardzo zaangażował się w konspirację i chyba wziął na swoje barki zbyt duży ciężar. Zgłosił się między innymi do Kedywu – Kierownictwa Dywersji – i wykonywał wyroki śmierci na Niemcach i ich konfidentach. To było dla niego bardzo ciężkie przeżycie, w końcu był młodym chłopakiem.

Wiedziała o tym wtedy tylko nasza mama. Jaś po każdej egzekucji musiał bowiem zawsze odreagować. Przyjeżdżał na pewien czas do Obór, jeździł konno, chodził na spacery. Takie rzeczy nie spływają po człowieku jak po kaczce. Wyroki często wykonywało się w domach, na oczach rodziny skazanego… Była jednak wojna, to był jego obowiązek.

Zrobiłam maturę w czerwcu 1944 roku, a w sierpniu już się zaczęło. Rano 1 sierpnia siedziałam w domu z Halą. Czekałyśmy spokojnie na rozkazy. Nagle wpadła do nas zdenerwowana „Ju" i krzyknęła:

– Koncentracja do drugiej!

Była jedenasta. Puściłyśmy się pędem do mieszkania podporucznika „Prokopa". Niestety niewiele się tam dowiedziałyśmy. Panował ogólny zamęt i chaos. Ludzie biegali, wydawali sprzeczne rozkazy. Wyglądało to zupełnie nie tak, jak to sobie wyobrażałyśmy. Zupełnie nie tak, jak powinno wyglądać. Miałam zbiórkę na

Starym Mieście, ale musiałam pojechać jeszcze na plac Zbawiciela po torbę sanitarną.

Czy się bałam? Oczywiście, że nie. Nikt z nas się nie bał. Czekaliśmy na Powstanie z niecierpliwością. Odczuwaliśmy raczej podekscytowanie niż strach. Szykowano nas przez kilka lat do walki i ta walka teraz miała nastąpić. Na placu Zbawiciela złapałam rykszę i kazałam się wieźć na Starówkę. Rykszarz domyślał się pewnie, kogo wiezie. Całe miasto było pełne idącej gdzieś młodzieży ubranej po wojskowemu. Wysokie buty, płaszcze, pod pachami długie zawiniątka.

Do punktu koncentracji dotarłam objuczona jak wielbłąd. Ponieważ surowo zabroniono nam pakowania się w plecaki, bo to mogło „zwrócić uwagę wroga", ubrania, apteczkę i jedzenie włożyłam do tuzina toreb i innych zawiniątek. Zbiórkę miałyśmy w mieszkaniu Stanisława Patka na ulicy Kanonia. Patek był szefem dyplomacji w rządzie Leopolda Skulskiego. Przed samą wojną był senatorem. Zginął w dwudziestym drugim dniu Powstania od wybuchu bomby lotniczej.

Kiedy się u niego zebrałyśmy, był już bardzo chory. Leżał w swoim pokoju i nawet nie wiedział, że jesteśmy w jego mieszkaniu. Wprowadziła nas do środka gosposia, kobieta prosta, ale wielka patriotka. Wiele takich kobiet spotkałam później w Powstaniu.

Wreszcie zaczęło się. Ludzie zaczęli wieszać w oknach polskie flagi, cała młodzież wyległa na ulice, na Rynku Starego Miasta huczało jak w ulu. Rozległy się też pierwsze eksplozje. To Niemcy z działek stojących przy Wiśle ostrzelali skarpę.

Pierwszą noc spędziłyśmy w jakimś zarekwirowanym mieszkaniu – właścicielka wyraźnie nie była tym zachwycona. Nie wiedziała, że już niedługo jej mieszkanie, podobnie jak i cała dzielnica, przestanie istnieć. Nad ranem przyszła do nas Bela. Powiedziała, że mamy rozejść się do domów. Że Powstanie zostało odwołane. Nic z tego nie rozumiałyśmy. Tyle przygotowań i wszystko na nic?

Postanowiłyśmy z Halą iść do mieszkania jej rodziców na ulicę Zgody, do Śródmieścia. Po drodze spotkałyśmy chłopaka w mundurze. Zaczepił nas i zapytał po polsku, czy za rogiem są powstańcy. Odpowiedziałyśmy, że są. Na to on odwrócił się do kolegi, który siedział w oknie mieszkania, i zaczął krzyczeć… po niemiecku. Byłyśmy za to na siebie wściekłe! Ale nic nie mogłyśmy już zrobić. Dobrze, że nas nie zastrzelili.

W Śródmieściu nie chciano nas przyjąć do żadnego oddziału, nawet do kuchni. Uważano nas chyba za dezerterki. Czułyśmy się z tym fatalnie. Wreszcie po dwóch dniach wróciłyśmy na Starówkę. Po drodze zaszłyśmy jeszcze na Elektoralną, do moich ciotek. Były bardzo wzruszone. Uważały nas za bohaterki. Dały nam po świętym medaliku. Chyba się przydały te prezenty, bo obie wyszłyśmy z Powstania cało. Wśród walczących na Starówce należało to do rzadkości.

## Przeprawa do Śródmieścia

Po eksplozji czołgu na Kilińskiego na Starym Mieście z każdym dniem było coraz gorzej. Z powodu ostrzału w szpitalu na Długiej ranni leżeli w piwnicach. Po ciemku, bez świeżego powietrza, jeden koło drugiego. Było niezwykle gorąco, słychać było błagania o wodę, jęki. Nie nadążaliśmy ze zmianą opatrunków. Rany gniły i ropiały, wreszcie pojawiły się w nich robaki. Brakowało leków i środków dezynfekujących. Często nie zauważaliśmy, że ktoś umarł. Trupy leżały obok żywych.

Chłopcy z oddziałów niestety coraz częściej pili wódkę. Szczególnie ci z pierwszej kompanii. Ich placówka nazywała się nawet

„Pod pijanym Korwinem”, od pseudonimu dowódcy Edwarda Matuszyńskiego. Pamiętam, jak pewnego dnia przyszedł do nas nocą załamany i otępiały z rozpaczy podchorąży Czesław Korzycki „Wiktor”. W szpitalu, który właśnie spłonął, leżały jego żona i siostra. Niemal codziennie ktoś z nas dowiadywał się o śmierci bliskich.

Nadszedł koniec sierpnia. Od dawna nie było już prądu ani wody, w szpitalu na Długiej sytuacja była po prostu tragiczna. Od kilku dni już wiedzieliśmy, że na Starówce długo nie zostaniemy. Że trzeba poddać dzielnicę. Lada dzień miała się rozpocząć ewakuacja do Śródmieścia. Część miała pójść kanałami, a pozostali górą, przez Ogród Saski.

Nie mogłam się pogodzić z tą porażką. Tak długo się broniliśmy i teraz mieliśmy jak szczury wycofać się kanałami? A co gorsza, trzeba było zostawić na pastwę Niemców cywilów i ciężko rannych, nasze powstańcze szpitale. Nie było jednak innego wyjścia. Przed zejściem do kanału udałam się do piwnicy. Tam leżeli najciężej ranni. Jednym z nich był nasz kolega Stefan Filipowicz „Faliński”. Płakał, mówił, że go opuszczamy. Był zrozpaczony.

Rany mu ropiały, miał wysoką gorączkę, cierpiał na biegunkę. Nie było szans, żeby mógł stanąć na własnych nogach, a co dopiero maszerować. Czułam się całkowicie bezsilna. Co ja mogłam mu powiedzieć? Przecież oboje wiedzieliśmy, że zostaje w szpitalu na pewną śmierć. Kilka dni później rzeczywiście został zamordowany przez Niemców. Z chłopcami zdecydowała się zostać Jadwiga Konopacka „Wisia”. Była zdziwiona, kiedy wyrażałyśmy swój podziw dla tej decyzji. Powiedziała, że jej rodzicom będą musieli wystarczyć jej brat i siostra.

My tymczasem w pośpiechu pakowałyśmy do toreb lekarstwa. Chciałyśmy wziąć ich ze sobą jak najwięcej, bo nie wiedziałyśmy, jaką sytuację zastaniemy w Śródmieściu. W końcu oddział ruszył.

Szliśmy nocą, przez dopalającą się, wymarłą dzielnicę. Co pewien czas słychać było tylko pojedyncze strzały karabinowe albo eksplozje granatów. To był koniec Starówki. My mieliśmy zaraz odejść, a na nasze miejsce mieli wejść Niemcy, aby przystąpić do regularnej rzezi cywilów i rannych.

Przy włazie na ulicy Długiej działy się dantejskie sceny. Panika. Niemcy strzelają, a tłum cywilów napiera, tratuje się na śmierć. Wszyscy chcieli się wydostać z tego piekła. Żołnierze odganiali ich jednak, aby zrobić przejście dla wojska. Złorzeczenia, krzyki. Co tam się działo! Zwątpiłam, czy uda mi się dostać do kanału. Najgorsze było to, że zaczynało świtać. Czyli zbliżało się bombardowanie, które Niemcy codziennie – z pedantyczną dokładnością – zaczynali o siódmej. A tu tłum ludzi na otwartej przestrzeni.

Siódma była coraz bliżej, a tymczasem wejście do kanału było zablokowane. Niemcy wpompowali do środka benzynę, a następnie ją podpalili. Trzeba było czekać. Wreszcie stało się. Nadleciały samoloty. Tłum zaczął biec w kierunku murów, by schronić się pod gzymsami. Ranni, którzy nie mogli uciec, kulili się, chowali głowy w palta, wierząc, że tak będą mieli większe szanse. My dobiegłyśmy do sklepiku przy kinie miejskim. Byłyśmy szare od kurzu, ale żywe. Ci, którzy zostali na ulicy, prawie wszyscy zginęli lub zostali ranni.

Jedna z bomb uderzyła w ścianę sądu i przysypała grupę żołnierzy. Pobiegłam tam i zobaczyłam wystające spod gruzów ręce i nogi. Zaczęłam ich odkopywać, jednak sama nie dawałam rady. Pomogło mi kilku mężczyzn. Jednego żołnierza, którego udało się

---

*Pod koniec sierpnia 1944 roku oddział, w którym służyła Teresa, zarządził ewakuację kanałami do Śródmieścia. Na zdjęciu: łączniczka na Nowym Świecie zaraz po wyjściu kanałami ze Starówki*

wydostać, zaczął opatrywać niemiecki jeniec, który – jak się okazało – był lekarzem. Chłopak miał głęboką ranę w głowie. Był nie do uratowania.

Drugi miał zmiażdżone nogi. Krzyczał, żeby go nie ruszać, bo to tylko powiększa ból, a on „i tak musi umrzeć". Ogarnęło mnie przerażenie. Zostawiłam trochę bandaży niemieckiemu lekarzowi i pobiegłam z powrotem, bo mieliśmy rozkaz wejścia do kanału. Zawiązałyśmy sobie z dziewczynami chustki na głowach, żeby w momencie, gdy natkniemy się na płonącą benzynę, nie zapaliły nam się włosy. Przeżegnałam się i puściłam się pędem przed siebie. Wskoczyłam.

...

Kanały. Ktoś, kto nie był wtedy na dole, nigdy tego nie zrozumie. To, co teraz opowiem, nie będzie w stanie oddać naszych uczuć, tego, co przeżyliśmy w tych czeluściach. Oddać tego po prostu się nie da. Mogę tylko spróbować się do tego zbliżyć. Dać pewne wyobrażenie.

Otóż pierwsze uczucie to było obrzydzenie. Gdy znalazłam się we włazie, wyczułam pod nogami szczebelki metalowej drabinki. W dole szumiała jakaś mętna ciecz. Zeszłam na dół i miałam tę ciecz po kolana. Zapach? Lepiej nie mówić. Przede mną do włazu wszedł jakiś żołnierz, który zabrał ze sobą do Śródmieścia kolegę cywila. Ten człowiek tak bardzo bał się kanału, że dostał ataku histerii.

Mieliśmy iść do przodu, trzymając się liny. Nie widziałam nic, panowały całkowite ciemności. Słychać było tylko chlupot nóg, ciężkie, ludzkie oddechy, co pewien czas stłumione jęki przerażenia. Szliśmy pod niemieckimi pozycjami i nerwy mieliśmy napięte do granic możliwości. Niemcy bowiem co pewien czas otwierali włazy i wrzucali do środka granaty albo środki trujące. Musieliśmy więc zachować absolutną ciszę. Najmniejszy hałas mógł nas zdradzić.

Drugi powód strachu – zgubimy się! I będziemy błądzić kanałami w całkowitych ciemnościach, dopóki nie padniemy z wyczerpania i się nie utopimy. Niestety, nie wszyscy byli w stanie utrzymać dyscyplinę. Wystarczyło, że ktoś tylko szepnął, iż zabłądziliśmy, a już podnosił się nieprawdopodobny lament. Ludzie krzyczeli, że już po nas, że zostaliśmy pogrzebani żywcem. Podobne krzyki rozlegały się również, gdy podnosił się poziom wody. To wszystko strasznie szarpało nerwy.

Rękami wyczuwałam przesuwające się obślizgłe ściany kanału, po obu moich stronach i nade mną. Tam było tak ciasno! Wszyscy nieśliśmy ciężkie torby. Byliśmy spoceni, skrajnie wyczerpani. Niestety coraz częściej potykałam się o porzuconą broń. Żołnierze woleli dotrzeć do celu, niż utonąć pod ciężarem sprzętu. O tym, że nie były to niesłuszne obawy, świadczyły umiejscowione w niektórych miejscach kamienne występy o szerokości pół metra. Na każdym z nich leżały trupy tych, którym zabrakło sił.

W jednym z miejsc nosze z rannym leżały wprost w kanale. W wodzie. Ktoś tam porzucił tego człowieka... Nie zawsze jednak tak było. Jedna z moich koleżanek niosła kolegę na plecach. Była tęga, silna, jakoś dała radę. Tego cywila, który wpadł w panikę zaraz po wejściu do włazu, też musiał nieść żołnierz.

Stale trzeba było pilnować, żeby się w coś nie zaplątać. W cieczy w kanale pływały różne mniej lub bardziej obrzydliwe rzeczy... Odpadki, zdechłe szczury...

W pewnym momencie stało się najgorsze. Włosy po prostu stanęły mi dęba na głowie. Poczułam bowiem mocne szarpnięcie i zostałam... z początkiem liny w ręku. Przede mną nikt jej nie trzymał. Nikogo też z przodu nie słyszałam. Tylko plusk wody. I ciemność. Nie mogłam o tym powiedzieć ludziom z tyłu, którzy już coraz bardziej się niecierpliwili. Bałam się, że wpadną w panikę i albo mnie stratują, albo zaczną tak wrzeszczeć, że nakryją nas Niemcy.

Owinęłam więc koniec sznurka wokół ręki i udawałam, że nic się nie stało. Szłam dalej i zachęcałam grupę, żeby przyspieszyła kroku. Nie chciałam zostawać w tyle. Może dogonimy resztę? Nagle rozpacz. Kanał się rozwidla. Którędy iść? W prawo czy w lewo? Nigdy wcześniej ani później w całym moim życiu tak żarliwie i szczerze się nie modliłam. Nie mogłam jednak długo się zastanawiać, żeby nie wzbudzić podejrzeń.

Starałam się wymacać nogą jakieś porzucone kurtki i broń. Jakiś ślad przemarszu. W końcu wybrałam na chybił trafił. Szliśmy tak coraz dłużej, powoli traciłam siły. Zarzuciłam linę na ramię, szliśmy teraz pochyleni wpół, zawadzając głowami o strop. Ten odcinek był najgorszy. Jak się okazało, było to już przed samym Śródmieściem. Wreszcie zobaczyłam bowiem w oddali światło zapałki. Uratowani! Wykrzesałam z siebie ostatki sił i przyspieszyłam kroku, wyrywając tym z letargu całą grupę.

Właz. I światło! Jeszcze kilka ruchów w górę i byłam na powierzchni. Wzięłam głęboki oddech i zmrużyłam oczy przyzwyczajone do ciemności. Co to było za uczucie! Na górze zobaczyłam inną dziewczynę ze Starówki, Zosię. Zerwałyśmy chustki i rzuciłyśmy się sobie jak szalone na szyję. Przeżyłyśmy! Wyrwałyśmy się stamtąd! Dopiero po kilku chwilach rozejrzałam się wokół siebie. To, co zobaczyłam, sprawiło, że zdębiałam.

To było normalne miasto! W oknach szyby, kwiaty i firanki. Kamienice stoją, ludzie normalnie, schludnie ubrani. Panowie w garniturach, dziewczyny uczesane, czyste, w sukienkach w kwiatki. Tłum spacerował spokojnie, a nie biegał w przerażeniu od bramy do bramy. Przechodnie patrzyli na nas jak na przybyszy z innej planety.

Jedna z nas, przybyszek ze Starówki, zaraz po wejściu do mieszkania znajomej chwyciła za miotłę i wybiła jej wszystkie szyby. Kobieta wrzeszczała, a ta dalej, jak oszalała, tłukła miotłą szkło. Gdy skończyła, powiedziała spokojnie:

– Nie masz czego żałować. Przynajmniej gdy u was się zacznie, to wylatujące z okien szyby nikogo nie pokaleczą.

Miała rację. Śródmieście miało dopiero przejść przez swoją golgotę.

## Powrót do domu

W Śródmieściu kwaterę mieliśmy na Jasnej, *vis-à-vis* gmachu PKO. Wreszcie mogliśmy się umyć. Wszyscy zaczęli wtedy na potęgę wszystko prać. Poszłam do mojej babci na Wiejską. Przechodziło się wtedy pod Alejami Jerozolimskimi, bo Alejami w tę i we w tę jeździły czołgi. Dopiero po kapitulacji można było z powrotem chodzić górą. Kapitulacja była dla mnie wielkim nieszczęściem. Po raz drugi w swoim krótkim życiu – po wrześniu 1939 roku – poczułam gorzki smak porażki i upokorzenia.

Niektórzy ludzie w momencie kapitulacji zachowywali się dziwnie. Niektóre dziewczyny przed wymarszem z Warszawy zaczęły na przykład buszować po piwnicach i wyciągać z nich futra. Nas zebrał Eugeniusz Konopacki „Trzaska". Pytał każdego, czy ma w Warszawie rodzinę. Kiedy podszedł do mnie, powiedziałam mu, że mam tu babkę.

– To maszeruj do babki – rozkazał.

A ja tak bardzo chciałam iść ze wszystkimi do niewoli. Nie było jednak rady – rozkaz to rozkaz. Okazało się, że babci bardzo się przydałam. Jej kamienica nie została zburzona i razem ze służącą wyniosłam ją z mieszkania na noszach. Była bardzo ciężko chora. Z wielkim trudem doszłyśmy do Dworca Zachodniego. Otwartą lorą zawieźli nas potem do Pruszkowa, do obozu. Tam zapędzili nas do jakichś hal fabrycznych. Nie pamiętam już nawet, na czym tam spałyśmy. Chyba na gołej ziemi.

Potem nas rozdzielili. Babcię deportowali pod Kraków. Służącą wywieźli na roboty do Rzeszy, a mnie uratowała moja ciotka, która była w Czerwonym Krzyżu. Ona także siedziała po uszy w konspiracji, ukrywali się u niej angielscy oficerowie, którzy uciekli z oflagów. Pamiętam, że gdy wypatrzyła mnie w obozowym tłumie, od razu zapytała:

– Dlaczego ty tak dobrze wyglądasz?

*Kapitulacja Warszawy była dla Teresy wielkim nieszczęściem. Wraz z babcią trafiła wkrótce do obozu w Pruszkowie. Na zdjęciu: mieszkańcy Warszawy w obozie przejściowym Dulag 121 w Pruszkowie po upadku Powstania Warszawskiego*

Rzeczywiście, przez trzy dni po kapitulacji, które spędziłam u babci na Wiejskiej, na zmianę tylko jadłam i spałam. Wyglądałam przez to na zdrową, rumianą dziewczynę. Młody człowiek szybko się regeneruje. Ciotka była tym jednak bardzo zmartwiona. W końcu wpadła na pomysł. Założyła mi na rękę temblak i przedstawiła mnie niemieckiemu lekarzowi jako ranną. Powiedziała, że musi mnie ze sobą zabrać. Uzbierała jeszcze kilka takich „kalek" i wyszła z nami z obozu.

Zawiozła mnie do zakładu sióstr Magdalenek dla... upadłych kobiet. Założyła go i prowadziła inna moja krewna. Przyjęła mnie do swojego pokoju. Kiedy się następnego dnia obudziłam, na białym jaśku zobaczyłam małe plamki krwi. To była robota wszy.

Dopiero kolejnego dnia jakoś dotelepałam się do domu, do Obór. Mama już wiedziała, że Jaś nie żyje. Zniosła to mężnie, ale wiem, że był to dla niej potworny wręcz cios. Ania przeżyła Powstanie i tak jak ja dotarła do domu. Już w październiku Niemcy wyrzucili nas z majątku i dali w zamian jakąś pożydowską willę w Konstancinie. Było to karą za nasz udział w Powstaniu. Pozwolili nam wywieźć część rzeczy, ale ponieważ nowy dom był mały, większość mebli mama rozdała.

To było dziwne zrządzenie losu, że wywieziono nas akurat tam. Konstancin założył bowiem mój dziadek. Nazwa pochodzi od imienia mamy jego szwagra, Konstancji. Czułyśmy się więc niemal jak u siebie... Potem przewalił się front bolszewicki i przyjechał do nas jakiś urzędas z komunistycznego „rządu" lubelskiego. Wyrzucił nas z willi, ale do Obór też nie pozwolił wrócić. Straciliśmy niemal wszystko. Za pięć dolarów łaskawie pozwolił nam zabrać resztę rzeczy z pałacu w Oborach. Głównie książki, które były zamurowane w piwnicy.

Zapomniałam wcześniej powiedzieć, że przez całą wojnę w Oborach ukrywał się pewien Żyd, pan Aleksander. Mama dała mu pracę w administracji i jakoś tam się uchował pod samym nosem Niemców.

Gdy wyrzucili nas z Obór, to oczywiście jego wyrzucili razem z nami. I razem z nami zamieszkał w Konstancinie. Po wojnie przynosił mamie kwiaty za to, że uratowała go przed gestapo.

My tymczasem, choć ograbione z rodzinnej własności przez nową władzę, starałyśmy się jakoś urządzić. Ja zapisałam się na studia. Koleżanka z konspiracji namówiła mnie, żeby pójść na ogrodnictwo na SGGW. Było tam wtedy wielu starszych od nas studentów. Byli to ludzie, którzy przerwali studia z powodu wybuchu wojny i teraz, po sześciu latach, wrócili na uczelnię. Nazywaliśmy ich mamutami.

Ania z mamą mieszkały w na wpół spalonym budynku na ulicy Frascati. Ja zamieszkałam w akademiku. Wkrótce do mamy zgłosił się jakiś oficer amerykański – było to zaraz po tym, gdy w Warszawie otwarto ambasadę Stanów Zjednoczonych. Był polskiego pochodzenia, zdaje się, że był nawet jakimś naszym dalekim krewnym. Chciał pomóc i zaproponował mamie, żeby założyła na Frascati stołówkę dla personelu ambasady.

Znaleźli razem kucharkę – grubą, solidną babę – i mama świetnie rozkręciła interes. Ciotka, do której należało mieszkanie, zajmowała się kasą. A my z Anusią pomagałyśmy. Gotowało się to, co Amerykanie lubili. Codziennie z Berlina wojskowy samolot przywoził świeże mleko – bo polskie było dla nich „niedobre" – i rozmaite inne produkty w puszkach i konserwach.

Wkrótce wydarzyła się tragedia. Moja mama straciła drugie dziecko. Ania utopiła się na obozie żeglarskim.

Męża, Marka Łatyńskiego, poznałam sześć lat po wojnie, w 1951 roku. To było na przyjęciu u naszej wspólnej znajomej. Po powrocie z tej imprezy powiedział swojej siostrze bliźniaczce, że chciałby mieć taką żonę jak ja. Sprawdziło się to dwa lata później.

Pracowałam dwadzieścia lat w Polsce jako architekt krajobrazu. Mój mąż był dziennikarzem radiowym. Znał angielski, miał więc kontakty za granicą i SB zaczęło go nachodzić i dręczyć. Był tym bardzo zmęczony i pewnego dnia powiedział mi, że musimy wyjechać. Że on nie chce dla Mai – czyli naszej córki – takiej przyszłości. Nie chce, żeby żyła w takim kraju. Przyjął więc wyższe stanowisko w radiu, w 1967 roku dostaliśmy paszporty i we trójkę wyjechaliśmy. Do PRL już nie wróciliśmy.

Na początku szukaliśmy pracy we Włoszech i Francji, wreszcie w Paryżu odwiedził nas Jan Nowak-Jeziorański i złożył konkretną ofertę. Mój mąż podjął pracę w Radiu Wolna Europa. Zarekomendował nas tam Zbigniew Brzeziński. Zamieszkaliśmy w Monachium i szybko ja również znalazłam pracę w radiu. Pracowałam w archiwum, monitorowałam mass-media PRL. Maja poszła do szkoły międzynarodowej. Mieszkaliśmy tam dwadzieścia jeden lat.

Ponieważ mąż miał fatalne stosunki ze Zdzisławem Najderem, postanowiliśmy odejść z Wolnej Europy. Przeprowadziliśmy się do Paryża, potem do Berna, a stamtąd do Waszyngtonu, gdzie Marek pracował w redakcji Głosu Ameryki. Zjechałam szmat świata. Pod koniec lat osiemdziesiątych przyjechaliśmy znowu do Niemiec, mąż został dyrektorem Wolnej Europy. Tymczasem w kraju wybuchła „Solidarność", a potem nastąpił rok 1989 i ziściło się nasze marzenie. Polska odzyskała niepodległość.

Marek zmarł na raka płuc w roku 2003. Stało się to w Warszawie. Nie chciałam go chować w Waszyngtonie. Miałabym potem wozić prochy? To nie miałoby sensu. Na krótko przed jego śmiercią, gdy już był ciężko chory, wróciliśmy do kraju. On tu umarł, a ja potem zostałam… Cel, o który walczyłam w Powstaniu, cel, dla którego zginęło tylu moich kolegów i koleżanek, przecież się ziścił. Tutaj jest więc moje miejsce. Tutaj się urodziłam, tutaj walczyłam i tutaj umrę.

*Teresa Łatyńska z domu Potulicka*
*(rocznik 1925)*

# „DORA"

## SPRAWIEDLIWA Z ŻOLIBORZA

Mój ojciec nazywał się Mieczysław Gutowski. Był majorem Wojska Polskiego. Bolszewicy zgładzili go strzałem w tył głowy w ramach Zbrodni Katyńskiej. Podczas kampanii wrześniowej bił się we wschodniej Polsce. Gdy Stalin zadał nam cios w plecy i stało się jasne, że wojna jest przegrana, tata próbował się przebijać do Rumunii. Chciał dalej walczyć o wolną Polskę. Niestety, został schwytany przez Armię Czerwoną. Jego los był przypieczętowany.

Trzymano go w Równem, w straszliwych warunkach. W jakimś zorganizowanym naprędce, prowizorycznym obozie. Uciekał z niego trzy razy i trzy razy był łapany. Dowiedziałyśmy się o tym wszystkim od naszego ogrodnika, który siedział razem z nim, ale – ponieważ nie był oficerem – został przez bolszewików zwolniony i wrócił do Warszawy. Od ojca z niewoli otrzymałyśmy tylko jeden list. Przyszedł w 1940 roku ze Starobielska.

Co pisał? Że jakoś przeżył zimę, że wszystko u niego w porządku, że czuje się dobrze. Co innego mógł napisać? Nie chciał nas martwić, nie chciał nam dokładać trosk. Domyślał się bowiem, że w okupowanej przez Niemców Warszawie nam ich nie brakuje. Potem kontakt z tatą bezpowrotnie się urwał. Nie wiedziałyśmy, że kilka tygodni po wysłaniu listu już nie żył. Leżał w dole śmierci z innymi zamordowanymi oficerami. Mama przechowywała ten dokument jak relikwię. Niestety później w wojennej zawierusze gdzieś zaginął.

Gdy w kwietniu 1943 roku Niemcy ogłosili, że odnaleźli w Katyniu ciała naszych pomordowanych oficerów, domyśliłyśmy się, co się z tatą stało. Pewności oczywiście jednak nie było. Wszystko wyjaśniło się dopiero niedawno, gdy niepodległa Ukraina przekazała Polsce listę nazwisk Polaków zgładzonych przez NKWD na jej terytorium. Okazało się, że tata – wraz z innymi jeńcami ze Starobielska – został zastrzelony w Charkowie.

*Gdy w 1940 roku przyszedł list ze Starobielska, Janina nie wiedziała jeszcze, że jej ojciec od kilku tygodni nie żyje. Został zamordowany w Charkowie przez NKWD. Na zdjęciu: major Mieczysław Gutowski przed wojną*

Niedawno udało mi się tam pojechać. Zapalić znicz na zbiorowej mogile, w której leżą jego szczątki. Mama niestety tego nie doczekała.

Ostatni raz widziałyśmy go 2 września, gdy wyjeżdżał na wojnę. Był w mundurze, z bronią. Pamiętam jak dziś – przytulił mnie i powiedział na ucho:

– Opiekuj się mamą i siostrą.

Bardzo mnie to zaskoczyło. Miałam przecież dopiero osiemnaście lat i nagle miałam się wszystkimi opiekować? Ale nic mu nie powiedziałam, tylko kiwnęłam głową.

Tata mówił, żebyśmy się niczym nie martwiły, bo wojna szybko się skończy, a on wkrótce wróci do domu. Był wtedy taki zwyczaj, że się starszych całowało w rękę. Pocałowałam go więc w rękę, a on wówczas się schylił i mnie również pocałował w rękę. Ogarnęło mnie przerażenie, nigdy wcześniej tego nie robił, dlaczego teraz w taki sposób się ze mną żegnał? Tak jakbym przeczuwała, że już więcej się z nim nie zobaczę. Że to nasze ostatnie pożegnanie.

Tata był zawodowym oficerem, komendantem w Rejonowej Komisji Uzupełnień na Pradze. Mieszkaliśmy na Żoliborzu, na placu Inwalidów róg Mickiewicza, w wojskowym domu. Chodziłam do wojskowych szkół, począwszy od przedszkola, przez szkołę powszechną, a na gimnazjum Aleksandry Piłsudskiej skończywszy. Latem jeździliśmy do klubu wojskowego nad Wisłą. Wychowałam się więc w tradycyjnej, oficerskiej rodzinie piłsudczykowskiej. W domu panował kult Marszałka.

Byliśmy zapraszani do Belwederu na rozmaite uroczystości i święta państwowe. W dniu imienin Wandy Piłsudskiej odbywało się zawsze wielkie przyjęcie dla dzieci. A pani Aleksandrze Piłsudskiej śpiewaliśmy:

– Chociaż wszystkie mamy swoje własne mamy, jako rodzoną mamę tak ciebie kochamy.

Śmierć Marszałka w 1935 roku była dla nas szokiem, ponurą zapowiedzią tego, co nas czeka. Rzeczywiście, cztery lata później nasze beztroskie lata brutalnie dobiegły końca.

Pamiętam doskonale bal maturalny z 1939 roku. Moja bliska koleżanka powiedziała mi, że jej brat – Janusz – zaprasza mnie na swoją studniówkę. Byłam tym bardzo podekscytowana, nigdy wcześniej nie wychodziłam z chłopakiem. Studniówka zaczynała się o ósmej. Tata punktualnie odprowadził mnie pod drzwi szkoły. Przed wojną panienki z dobrych domów nie poruszały się bowiem same po mieście, zwłaszcza wieczorem.

Na balu bawiłam się wyśmienicie. Janusz okazał się bardzo sympatycznym chłopcem, przypadliśmy sobie do gustu. Do tego stopnia, że obiecał, iż następnego dnia odprowadzi mnie po lekcjach do domu. Byłam niesamowicie przejęta i naturalnie opowiedziałam o tym koleżankom. Wyobrażałam sobie nie wiadomo co.

Tymczasem lekcje się skończyły, ja stoję przed szkołą, a Janusza nie ma. Byłam po prostu załamana. Takie upokorzenie. Wlokłam się do domu aleją Wojska Polskiego, a tam, na boisku, widzę... Janusza. Jak gdyby nigdy nic grał jak szalony w piłkę. Zapomniał! Najbardziej głupio mi było wobec koleżanek. Do wojny już się do niego nie odezwałam.

Wybiegnę teraz trochę w przyszłość, do czasów okupacji. Otóż jestem już w konspiracji i dostaję telefon, że zaraz przyjdzie do mnie kurier z paczką. Żeby zmylić mogących podsłuchiwać Niemców, w takich sytuacjach mówiliśmy, że przyniosą „jarzyny". Po pewnym czasie odzywa się dzwonek do drzwi, biegnę, otwieram, a tam... Janusz. A ja, zamiast pytać go o hasło, wyskoczyłam do niego z pretensjami:

– To ty dopiero teraz po mnie przychodzisz?!

Ale mu było głupio.

## Państwo Teicherowie

Niemcy zajęli Warszawę. Zapisałam się na tajne komplety. Byłam pod ogromnym wrażeniem naszych nauczycielek, które spotykając się z nami w domach, narażały życie. W gimnazjum, przed wojną, uczyłam się różnie. Zdarzały się i dwójki, i piątki. Ale na tajnym nauczaniu wkuwałam naprawdę solidnie, jak nigdy przedtem. Zdałam podziemną maturę. A w 1941 roku sama byłam już w szeregach konspiracji. Przyjęłam pseudonim „Dora".

Nasza sytuacja materialna stała się trudna. Mama piekła pasztety i ciastka – żony oficerów przeważnie tym się zajmowały w czasie okupacji – i dostarczała je do sklepów zwanych paszteciarniami. Jakoś wiązałyśmy koniec z końcem.

Po maturze zapisałam się do tajnego nauczania medycznego. Wykłady odbywały się na uniwersytecie, prowadził je profesor Loth. Wkrótce dostałam praktykę w Szpitalu Dzieciątka Jezus. Kiedy po raz pierwszy wpuszczono mnie na salę operacyjną, nie wiedziałam, czy długo wytrzymam. Jednak z czasem się „wyrobiłam". Chodziłam na praktyki aż do wybuchu Powstania.

Oprócz praktyk w szpitalu pracowałam jeszcze w ośrodku zdrowia. Z czegoś przecież musiałam żyć. Dostałam przydział do getta warszawskiego. Wyglądało to tak: wchodziliśmy do dzielnicy żydowskiej w grupie. Ja i czterej koledzy. Mieliśmy rozpylacz cieczy przeciwtyfusowej oraz dokument potwierdzający, że walczymy z zarazą. Niemcy nawet nas nie rewidowali, bo tak panicznie bali się tej choroby. Dzięki temu w workach wnosiliśmy żywność.

Nigdy nie zapomnę mojego pierwszego wejścia do getta. Rozgorączkowany tłum biegający tam i z powrotem. Wszędzie migające ryksze. Ludzie żebrzący, a obok handlarze. Głośne targi, krzyki. Mimo tego ruchu nad wszystkim unosiło się poczucie całkowitej

beznadziei i rozpaczy. Trudno to dziś oddać słowami. Najgorszy widok to te strasznie wychudzone, obdarte dzieci. Leżące na ulicy, umierające albo już martwe.

Co można było wnieść? Chleb, tłuszcz, cebulę. Nie było tego bardzo dużo, bo nie mieliśmy za co kupować. Staraliśmy się jednak choć trochę pomóc. Chodziliśmy tam przez dwa miesiące, ale potem getto przed nami zamknęli. Chyba się zorientowali. Później już tylko pani Irenie Sendlerowej udawało się tam jakoś dostać.

W końcu 1942 roku przyszła do nas do domu – mieszkałyśmy od 1935 roku w willi na Felińskiego – pewna znajoma. Poprosiła o przechowanie przez dwa tygodnie rodziny żydowskiej. Małżeństwa z małym synkiem. W dotychczasowym miejscu ich pobytu nie byli już bezpieczni. Doszło do krótkiej narady. W naszym domu sporo się działo. Koledzy z konspiracji od 1940 roku w piwnicy budowali magazyn z bronią. Na górze odbywały się wykłady podchorążówki, w których uczestniczyłam jako jedyna dziewczyna.

Do tego zameldował się u nas pan Józef Lewandowski, zrzutek z Anglii, cichociemny. Było już więc wystarczająco niebezpiecznie. Na domiar złego naprzeciwko naszej willi jak na złość zainstalował się jeszcze szpital niemiecki. Po ulicy bez przerwy kręcili się Niemcy. Ale może właśnie najciemniej jest zawsze pod latarnią? Nie było rady, trzeba było pomóc tym biednym Żydom. W końcu stanęło na tym, że Lewandowski na dwa tygodnie ma się ulotnić – był to zresztą jego pomysł – a ta rodzina się wprowadzi.

Nazywali się Teicherowie i pochodzili z Łodzi. Po dwóch tygodniach znajoma mamy zabrała ich do kolejnej kryjówki. Po chłopca miała przyjść później. Niestety, rodzice zostali w nowym miejscu

---

*Gdy Niemcy zajęli Warszawę, Janina zapisała się na tajne komplety. Po zdaniu podziemnej matury przystąpiła do walki z okupantem. Przyjęła pseudonim „Dora". Na zdjęciu: Janina w 1941 roku*

wykryci i aresztowani. Wspomniana znajoma wpadła w panikę i zakomunikowała nam, że już nie interesuje się tym dzieckiem. Powiedziała dosłownie:

– Zróbcie z nim, co chcecie.

Chłopczyk został więc z nami.

Miał siedem lat. Załatwiłyśmy mu metrykę na nazwisko Piotr Chrzanowski. Niczego niestety nie mogłyśmy się od niego dowiedzieć. Na wszystkie nasze pytania dotyczące rodziny, pochodzenia, nawet własnego imienia odpowiadał, że nie pamięta. Zaczął mówić dopiero po wojnie. Okazało się wtedy, że rodzice zakazali mu

stanowczo mówić, jak się nazywa i skąd pochodzi. I on temu zakazowi był wierny nawet po ich śmierci...

W razie niebezpieczeństwa Piotruś miał biec na strych. Tam urządziłyśmy mu legowisko. Miał nie schodzić na dół także podczas spotkań konspiracyjnych. Świetnie czytał, pochłaniał jedną książkę za drugą, zrobiłyśmy mu więc na strychu małą bibliotekę. Szczególnie interesowało go lotnictwo, nawet pytał mnie o to, jak działają poszczególne części samolotu. Niestety, niewiele mogłam mu objaśnić.

Z Piotrusiem tylko raz miałyśmy kłopot. Otóż... obciął kotu wąsy. Ale i kot, i my szybko mu to wybaczyliśmy. Żal nam było bardzo tego chłopca, bo nie mógł wyjść pobawić się do ogrodu ani nawet podejść do okna. Zapomniałam wcześniej powiedzieć, że obok naszego domu była willa pułkownika Adama Koca, dużej figury za czasów sanacji, zatem Niemcy bacznie obserwowali naszą okolicę. Tylko czasem – wieczorem, gdy już było ciemno – pozwalałyśmy Piotrusiowi wyjść na werandę.

Później ukrywała się u nas jeszcze jedna Żydówka: pani Irena Palenker. Żona polskiego oficera, który siedział w oflagu. Oboje – ona i Piotruś – przeżyli wojnę. Zamieszkali w Izraelu. Dziś już nie żyją. Ona umarła niedawno, bo w 2005 roku. On miał raka. Do końca utrzymywaliśmy kontakt. W 1996 roku ja pojechałam do Izraela, gdzie zostałam odznaczona medalem Sprawiedliwej Wśród Narodów Świata i nadano mi honorowe obywatelstwo państwa Izrael. Teraz co roku przyjeżdża do mnie córka Ireny, Anna. Więzy te nie zostały więc zerwane.

---

*Janina nigdy nie zapomniała swojego pierwszego wejścia do getta.*
*Getto warszawskie było głośne, zatłoczone i zanurzone w rozpaczy.*
*Najgorszym widokiem były wychudzone i obdarte dzieci leżące na ulicach.*
*Na zdjęciu: getto warszawskie – most nad ulicą Chłodną łączący dwie części getta*

## „Dzień dobry, panienko"

Szkołę Podchorążych Armii Krajowej ukończyłam jako jedna z niewielu kobiet. Miałam stopień plutonowego podchorążego. Czułam się dobrze w towarzystwie naszych oficerów-wykładowców, oficerem był przecież mój tatuś. Podczas zajęć puszczaliśmy na patefonie niemieckie płyty, między innymi Sarę Lander, aby zmylić ewentualnych podsłuchujących. Musztrę miałam we krwi, ale gorzej mi szło z pistoletem. Na początku nie miałam zielonego pojęcia, jak go rozłożyć i złożyć.

Jakaś konspiracyjna akcja? Raz do szpitala na Niekłańskiej przywieźli chłopaka, którego Niemcy postrzelili w nogę podczas ucieczki. Siedział przy nim Niemiec i go pilnował. Dodatkowo był przykuty do łóżka kajdankami. Organizacja wysłała mnie do szpitala, żebym zobaczyła, czy nie można by go stamtąd jakoś wyciągnąć. Blikle w czasie okupacji dawał pieczywo i ciastka do szpitali. Podałam się więc za dostawcę firmy i tak dostałam się do środka.

Zgłosiłam się do lekarza, dopytywałam o rannego. W mig pojął, dlaczego tak mnie interesuje. Uzgodniłam z doktorem, że w umówionym dniu pielęgniarki, robiąc opatrunek, nie zapną kajdanek. Tak też się stało. Po południu przyszli nasi chłopcy, przystawili Niemcowi broń do skroni, wynieśli rannego i było po sprawie. Czysta robota.

W pewnym momencie konspirowała u nas cała rodzina. Mama należała do swojej organizacji, siostra do swojej, a ja do swojej. Nigdy nie rozmawiałyśmy o tej naszej działalności.

Zbliżał się rok 1944. Któregoś dnia wyjrzałam przez okno i zobaczyłam, że w willi Koców kręci się gestapo. Pułkownik był w Anglii, a w kraju pozostały jego żona i trójka dzieci. Nagle patrzę, a do domu zbliża się Andrzej Koc, syn pułkownika. Nie miałam jak go ostrzec, było za późno. Miał na szczęście umówiony znak z matką. Wchodząc do mieszkania, gwizdał. Jeśli nie było niebezpieczeństwa, matka mówiła:

– W porządku.

Tym razem krzyknęła na cały głos:

– Andrzej, uciekaj!

Ten błyskawicznie odwrócił się na pięcie, zbiegł ze schodów, przeleciał jak torpeda koło naszego domu i popędził w stronę Dworca Gdańskiego. Tam zniknął. Niemcy puścili się za nim, oddali kilka strzałów. Nie wiedziałyśmy, czy udało mu się uciec. Moja siostra dostała histerii, że zabili Andrzeja. Młody Koc był bowiem jej narzeczonym. Nie udało mi się jej uspokoić, zdołałam z niej jedynie wydusić, że dwa dni temu Andrzej dał jej do przechowania jakąś paczkę.

Poszłam na strych, gdzie znajdowała się ta paczka – Piotrek już tam siedział z obawy przed Niemcami – otwieram i oczom nie wierzę. Sterta amunicji, jakieś materiały wybuchowe. Jezus Maria, jeśli gestapo jest obok, to zaraz zajrzy i tu. Wtedy będzie po nas. Niewiele myśląc, wzięłam paczkę, włożyłam ją do kosza wiklinowego, przykryłam gałązkami rabarbaru i wyszłam pospiesznie z domu.

Na Felińskiego zawsze kręcił się patrol. Jakiś Niemiec powiedział do mnie:

– Dzień dobry, panienko.

Ze strachu odpowiedziałam:

– Dzień dobry – chociaż nigdy wcześniej tego nie robiłam.

Tym razem wolałam jednak nie zgrywać bohaterki. Jeszcze by mnie z wściekłości zrewidował. Potem udało mi się tę trefną paczkę ukryć i przekazać organizacji. Najadłam się przy tym sporo strachu. Wracając do domu, dowiedziałam się, że Andrzej uciekł. Ale gestapo zabrało jego matkę i gosposię. Obie zginęły w Auschwitz.

## W Zgrupowaniu „Żywiciel"

1 sierpnia 1944 roku stawiłam się w samo południe na odprawie na Królewskiej. Umówiliśmy się na piątą. Następnie rozjechaliśmy się do domów, żeby się przebrać. Ja miałam jeszcze wziąć torbę sanitarną. Byłam ubrana w letnią sukienkę w kwiatki, przecież nie mogłam tak iść do boju. Wsiadłam więc do tramwaju, jechałam Miodową i już przed wiaduktem tramwaj nagle się zatrzymał. Niemcy kazali wszystkim wysiadać. Przepuścili tylko kobiety i dzieci. Już się zaczęło...

To było kilka godzin przed godziną „W". Z magazynu na ulicy Suzina nasi chłopcy wynosili broń. Weszli na ulicę Słowackiego z worami pełnymi amunicji, napotkali patrol niemiecki i wynikła z tego przypadkowa strzelanina. W efekcie całe miasto dowiedziało się, że przystępujemy do akcji.

Tymczasem mnie jakoś udało się przedostać do domu, przebrałam się, chwyciłam w biegu torbę, już chciałam wyjść... ale nie mogłam się ruszyć!

Wokół domu pełno Niemców, ewakuowali szpital. W ogóle Niemcy patrolowani dzielnicę jak wściekli, wielu osobom, podobnie jak mnie, pierwszego dnia nie udało się wyjść z domu.

W pewnym momencie słyszę łomot do drzwi, otwieram i widzę stojącego w progu Niemca z wycelowanym we mnie pistoletem maszynowym.

– Jeżeli ktoś się stąd ruszy, to wszystkich zaraz rozwalę – krzyczał.

Dosłownie umierałyśmy ze strachu, Irena najbardziej z nas wszystkich. Piotrek pobiegł na strych, zresztą on był zawsze z nas wszystkich najbardziej opanowany. Przeszedł przecież przez piekło getta, miał już za sobą „dobrą" szkołę.

Drugiego dnia Powstania pobliska Poniatówka została zajęta przez naszych chłopców. Porucznik „Żytomirski", przedwojenny zawodowy wojskowy, objął dowództwo nad gmachem. Od razu tam pobiegłam i zameldowałam się, prosząc o przydział. W ten sposób znalazłam się w Zgrupowaniu „Żywiciel". Włożyłam na ramię opaskę. Byłam powstańcem, rozpierała mnie duma.

Moim pierwszym zadaniem była pomoc w zorganizowaniu na nowo pobliskiego szpitala. Na szczęście Niemcy zostawili w nim absolutnie wszystko. Łóżka, materace, pościel, lekarstwa, środki dezynfekcyjne. Uciekali w pośpiechu. Jedynym problemem była jeżdżąca po Żoliborzu pancerka, która ciągle ostrzeliwała nasz gmach. Długo tam nie wytrzymaliśmy, musieliśmy się wynieść i wszystko przenieść.

Miałam do dyspozycji gońca, chłopca o pseudonimie „Fred". Wyglądał na jedenaście, może dwanaście lat. Mały chłopaczek, typowy zawadiaka z Marymontu. Powiedział, że jeśli będzie trzeba, to on meldunek zaniesie wszędzie. Zna bowiem wszystkie okoliczne ogródki, zakamarki i bramy jak własną kieszeń. Był niesamowicie zwinny. Posyłaliśmy go więc z rozkazami. Gdy wracał, zawsze przynosił mi a to pomidora, a to jabłko, a to gruszkę zerwaną z jakiegoś sadu czy ogródka.

– „Dora", jak się skończy wojna, a ja dorosnę, to się z tobą ożenię – powtarzał przy każdej okazji.

A ja śmiałam się i oczywiście mu przytakiwałam. Niestety, moim pierwszym rannym był właśnie ten chłopiec – „Fred". Gdy dowiedziałam się, że go trafili, natychmiast do niego pobiegłam. Po drodze zatrzymał mnie lekarz:

– Tu nie ma czego zbierać – powiedział. – Wszystko ma na wierzchu, krew leje się z niego wiadrami. Cud, że w ogóle jest jeszcze przytomny.

„Fred" pojękiwał cichutko i pytał się mnie, czy będzie żyć. A ja siedziałam przy nim, trzymałam go za rękę i zapewniałam go, że tak. Że przecież musi dorosnąć i się ze mną ożenić. Mieliśmy przecież naszą umowę. Zapewniałam go, że już szykują dla niego stół na sali operacyjnej. A przecież wiedziałam, że żadna operacja tu nic nie pomoże. Byłam cała we krwi. Tak się z niego lało, że krew przesączała się przez materac na podłogę. Głaskałam go po główce. Łzy płynęły mi ciurkiem, ale on już tego nie widział.

## Wynoś się z tą nogą

Głównym lekarzem naszego szpitala był doktor Ludwik Zaturski pseudonim „Raczek". Był bardzo surowy, wprowadził wojskowy dryl. Nie pozwalał na przykład pacjentom mieć rozkopanej pościeli podczas porannego obchodu. Wszystko musiało być wygładzone, ranni musieli leżeć prosto, ich rzeczy z pedanterią poukładane. Muszę przyznać, że patrzyłam na niego jak na wariata, chociaż był świetnym chirurgiem.

Kiedy tylko obchód dobiegał końca, wchodziłam na salę i mówiłam pacjentom, że teraz mogą robić co im się żywnie podoba. Rozkopywać i zrzucać pościel, rozwalać się na łóżkach. Bardzo się wtedy śmiali z tych naszych dziwnych zwyczajów. Z tej szpitalnej dwuwładzy.

Do moich obowiązków należało asystowanie przy operacjach. Któregoś dnia przyniesiono nam chłopaka, który był ranny w nogę. Pamiętam, że miał pseudonim „Karol". Lekarze naradzili się i postanowili, że trzeba nogę amputować. A chłopak zaledwie dwudziestoletni. Siedział przerażony. Rozpoczęła się operacja i... kazano mi trzymać tę odcinaną nogę. Co innego podawać waciki, a co innego robić coś takiego. Najpierw trzeba było przeciąć skórę, potem przerżnąć mięśnie, a w końcu przepiłować kość. Wszystko działo się przed moim nosem.

Operacja się skończyła, a ja dalej – jak zdrętwiała – trzymałam w rękach tę nogę. Już odpiłowaną. Byłam chyba w szoku. Wtedy lekarz, który znany był ze swojej niedelikatności i wymyślania dziewczynom od największych idiotek, kopnął mnie i powiedział, żebym się z tą nogą wynosiła. A trzeba dodać, że przy tym całym swoim grubiaństwie lekarz ten był największym babiarzem.

Wybiegłam więc z sali operacyjnej i spotkanego na korytarzu innego doktora zaczęłam błagać, żeby zabrał tę nogę.

– Jestem lekarzem, a ty sanitariuszką, ja nie zajmuję się takimi błahymi sprawami – odpowiedział.

Wtedy ja, już całkowicie załamana, po prostu rzuciłam tę odciętą nogę na ziemię. Dopiero następnego dnia wróciłam po nią, zaniosłam do ogrodu i zakopałam. Potem jeszcze długo nie mogłam

---

*W czasie Powstania „Dora" została sanitariuszką w Zgrupowaniu „Żywiciel". Na zdjęciu: powstańcy zgrupowania na terenie gimnazjum „Poniatówka" na Żoliborzu, 15 sierpnia 1944 roku*

dojść do siebie po tej całej historii. Wkrótce amputacje stały się jednak codziennością.

W szpitalu robiło się bowiem z dnia na dzień coraz bardziej dramatycznie. Coraz więcej rannych, przepełnienie. Ludzie strasznie poharatani. Jeden mężczyzna dostał w kręgosłup i musiał leżeć na brzuchu. Nie mógł się nawet normalnie załatwić. Wszyscy jęczą, wszyscy domagają się pomocy. Najgorzej było wieczorami. Wtedy ranni najbardziej cierpieli, nie mogli zasnąć. Tyle ludzkiego nieszczęścia…

A to opatrunki, a to operacje, na nic nie miałam czasu. Tylko trzy razy udało mi się pobiec do domu, który był przecież tak blisko. Piotrek zachowywał się spokojnie. Irena znalazła gdzieś *Przeminęło z wiatrem* i z wypiekami na twarzy przeczytała je kilka razy od początku do końca. Wanda, moja siostra, ani razu nie zajrzała do domu w czasie całej bitwy. Walczyła. Mama starała się pomagać przy szpitalu.

## Niemiecki ból zęba

Pod koniec września, gdy Powstanie się już dopalało, doszło do natarcia na nasz szpital. Co chwila przynoszono nam rannych, nie nadążałyśmy z zakładaniem opatrunków. Aż tu nagle rozkaz: przenieść niezwłocznie rannych do fortu w parku Żeromskiego. Niesiemy ich więc na noszach. I w pewnym momencie dostajemy się pod gęsty ogień nieprzyjaciela. Kule się sypią, pociski eksplodują wokół nas. Straszliwy huk, krzyki rannych. Przerażenie.

Wielu rannych zostało trafionych i skonało na noszach. Musieliśmy się wycofać. W pewnym momencie odłamki trafiły córkę starego generała, która nosiła nam do szpitala obiady. Urwało jej nogę. Powstańcy przenieśli ją do szpitala, ale doktor natychmiast kazał ją nieść dalej, do szpitala w forcie. Ledwo wyszli, kiedy w całą grupę trafił pocisk. Ranną zabił na miejscu, a sanitariuszkę – miała pseudonim „Krokus" – i lekarza poważnie zranił.

Tym rannym był nasz ordynator, pedantyczny doktor „Raczek". Całe plecy, pośladki i obie ręce miał poharatane. Mnóstwo krwi, mięso na wierzchu. Wybiegłam do nich ze szpitala. Zepchnęłam martwą, zmasakrowaną córkę generała z noszy i położyłam na niej ranną sanitariuszkę. Przeciągnęłam ją jakoś na tych noszach do szpitala i wepchnęłam przez małe okienko piwniczne. Nie wiem, jak mi się to udało zrobić. Czytałam później, że w sytuacji ekstremalnej, w strachu, człowiek może wykrzesać z siebie więcej siły.

Ja również dostałam wówczas odłamkiem w plecy. Mimo to, kiedy już uporałam się z „Krokusem", wróciłam po „Raczka".

– „Dora", dobij mnie – ryczał. – Ja jestem chirurgiem, a ręce mam porozrywane, jestem teraz do niczego, dobij mnie!

Powiedziałam mu, żeby przestał się wygłupiać. Złapałam jakiegoś cywila, który na początku niespecjalnie miał ochotę pomagać, i jakoś razem dotaszczyliśmy go do fortu.

Tego samego dnia przyszło rozporządzenie, żeby zaprzestać transportowania rannych. Więcej bowiem w czasie tej operacji zginęło sanitariuszek i pacjentów, niż zostało doniesionych na miejsce. Nie miałyśmy jednak nawet chwili wytchnienia. Kolejni ranni przybywali taśmowo. Bardzo dużo. Jedni sami przybiegali, innych przynoszono. I jeden z nich... nie zapomnę tego do końca życia. Ten człowiek miał urwaną nogę i sam – w panicznym strachu – kicał na drugiej, zdrowej, do szpitala. Dla mnie, młodej dziewczyny, podobne widoki były czymś szokującym. Sama się sobie dziwię, że to wytrzymałam. Jednocześnie szpital zaczął płonąć. Musieliśmy się przenieść na dolne piętra. Dym, wrzaski przerażonych rannych, trzaski pękających w ogniu desek, smród. Prawdziwa apokalipsa.

To był koniec, musieliśmy się poddać...

W tym miejscu muszę opowiedzieć pewną historię. Trudno w nią uwierzyć, ale wydarzyła się naprawdę. Otóż jeszcze na początku września – a więc w środku najbardziej zaciętych powstańczych walk – pewnego niemieckiego żołnierza rozbolały zęby. I postanowił pojechać do dentysty ze Śródmieścia na Bielany... na rowerze. Przejechał tak beztrosko przez pół Warszawy. Nie wiem, jakim cudem uchował się żywy. Wreszcie nasi chłopcy zobaczyli go na placu Wilsona.

Postrzelony spadł z roweru, ale przeżył. Chłopcy zlitowali się nad nim, wzięli go na nosze i przytaszczyli do naszego szpitala. Niemiec bał się okropnie, bo myślał, że go zastrzelimy. Doktor musiał mu długo po niemiecku tłumaczyć, że my nie mordujemy jeńców. Założyliśmy mu nogę i rękę na wyciąg. Gdy już ochłonął, zachowywał się bardzo przyzwoicie. Kiedy ksiądz przynosił papierosy, to – choć częstowany – nie brał, by nie opalać polskich żołnierzy. Bardzo skromnie też jadł. Był zwykłym żołnierzem, a nie żadnym hitlerowcem.

Gdy było już po wszystkim i siedzieliśmy w piwnicy płonącego szpitala, a patrole niemieckie przechodziły ulicą nad naszymi lufcikami, podchodziłam do tego Niemca i kładłam mu poduszkę na twarz. Żeby przypadkiem nie krzyczał. Był przekonany, że chcę go zadusić, a ja chciałam po prostu przeżyć. Niemcy, gdy słyszeli jakiekolwiek krzyki z piwnic, często bowiem – na wszelki wypadek – wrzucali do środka granaty.

Kiedy ewakuowaliśmy rannych, mieliśmy dylemat. Co zrobić z naszym Niemcem? Rękę i nogę miał na wyciągu, przenoszenie go mogłoby mu poważnie zaszkodzić. Kiedy wynieśliśmy ostatniego naszego rannego, powiedziałam mu:

– Teraz możesz krzyczeć, żeby cię zabrali.

Następnego dnia, już po kapitulacji, przyleciałam jednak do szpitala zobaczyć, co się z tym Niemcem stało. Miałam wyrzuty sumienia, że go tak zostawiłam. Na szczęście koledzy go znaleźli i zabrali.

Kilka dni później przyszedł do nas oficer niemiecki, elegancki, czysty. A my – pożal się Boże – siedem nieszczęść. Ani umyć się porządnie nie mogliśmy, ani przebrać. Mój fartuch był czarny. Oficer podziękował lekarzom za opiekę nad rannym Niemcem. W podzięce przysłał nam auta ciężarowe do wywiezienia naszych rannych do szpitala poza Warszawą.

Rzeczywiście przyjechały samochody. Ja dostałam pod swoją opiekę grupę dwudziestu rannych. Mieli nas zawieźć do szpitala w Milanówku, ale okazało się, że wiozą nas do obozu w Pruszkowie. Miałam między innymi rannego z partyzantki wileńskiej, której oddział przybył nam z pomocą. Gdy ładowaliśmy go do ciężarówki, doktor ostrzegł mnie, żeby na niego uważać szczególnie. Był świeżo po operacji brzucha. Miał być na ścisłej diecie.

Był również inny ranny, chłopak z Marymontu, z amputowaną nogą. Niemiecki żołnierz podszedł do niego z bułką z szynką i chciał mu ją dać. Chłopak ten odwrócił jednak głowę z pogardą i powiedział, że od Szwaba jedzenia nie będzie brał. Aż zamarliśmy ze strachu. Niemiec schował jednak bułkę i nic nie powiedział. Odszedł.

## W wagonie SS

Po dotarciu do Pruszkowa postanowiłam zrobić wszystko, żeby wydostać moich rannych z obozu. Warunki były przecież fatalne, a oni potrzebowali opieki. Zgłosiło się do mnie również kilku chłopców, którzy nie byli ranni, a też chcieli nawiać. Jak ich uratować? Wpadłam na pomysł, że wpiszę im w kartach choroby tyfus. Niemcy, jak pamiętałam z getta, szalenie bali się tej choroby.

Poszłam więc do naczelnego lekarza obozu, który zachował się bardzo przyzwoicie. Przybił mi pieczątkę na podaniu o zwolnienie tych ludzi, ale powiedział, że po ostateczną decyzję muszę udać się do stojącego w pobliżu wagonu SS. To oni tam bowiem rządzili. Weszłam więc do środka, a tam pierwsze, co rzuciło mi się w oczy, to olbrzymi portret Hitlera. Przed nim duże biurko, a obok pielęgniarka.

Wysoka, ładna, jak to się dzisiaj mówi, seksowna. Pantofelki, czysty biały czepek i fartuch. Uczesana, a ja taki brudas... To było dla mnie strasznie upokarzające... Przy biurku siedział ponury oficer SS. Podałam mu podanie. Ona coś tam cały czas do niego ćwierkała. On nawet nie spojrzał na papier, wrzasnął tylko:

– *Raus!*

Wyszłam jak zbity pies. Co ja teraz zrobię? Poczekałam ze dwie godziny, może tamta pielęgniarka coś od niego chciała, a ja im przeszkodziłam?

Weszłam drugi raz, stanęłam na baczność i podałam mu jeszcze raz podanie. Spojrzał na mnie przeciągle, wziął kartkę i przystawił pieczątkę. Bez słowa. Byłam tak zdziwiona, że aż powiedziałam:

– *Danke.*

Niemcy dali nam podwody, czyli wozy drabiniaste, i przy ich pomocy przetransportowaliśmy rannych do prywatnej kliniki w Pruszkowie. Lało jak z cebra, ranni byli bez opatrunków, koszmar. Wchodzę do szpitala, a tam czysto, biało, chorzy leżą w świeżej pościeli, mnóstwo kręcących się lekarzy i pielęgniarek. Po tym, co widziałam w powstańczym szpitalu, to był szok. Inny świat.

Znalazłam lekarza naczelnego i wyłuszczyłam mu całą sprawę. Mam rannych, trzy dni już nie zmieniałam im opatrunków, są głodni, brudni, zmoknięci i przemęczeni. Trzeba ich niezwłocznie przyjąć. A on na to, że wykluczone. Ubrudzimy bowiem cały szpital, a poza tym na pewno mamy wszy. Poprosiłam więc chociaż o suterenę. On twardo jednak stał przy swoim. To była dziwna scena. Chorzy podnieśli się z łóżek, lekarze wyglądali z sal. Wszyscy się na nas patrzyli. A on, pan i władca, skazywał moich rannych na śmierć. Wyglądał, jakby sprawiało mu to przyjemność.

– Jedźcie do Komorowa – powiedział. – Tam jest szpital, na pewno was przyjmą.

Powiedziałam mu, żeby go szlag trafił. Odwróciłam się i trzasnęłam za sobą z całej siły ogromnymi szklanymi drzwiami. Aż szyby poleciały! Szkło rozbiło się w drobny mak i rozsypało po schodach. Janek, nasz lekarz, aż mnie ucałował za to, że rąbnęłam tymi drzwiami.

Komorów niby blisko, ale wtedy wydawało się, że dzielą nas od niego setki kilometrów. Dojechaliśmy jakoś w tym deszczu o ósmej wieczorem. Wyszedł do nas doktor:

– Dziewczyno, jak ty wyglądasz!

Ja na to, że przecież jeszcze żyję. Ale mam rannych i jeżeli natychmiast czegoś nie zrobi, to oni na pewno umrą. Wnieśli ich szybko do szpitala, na dużą salę. Umyłam szybko ręce i zabraliśmy się razem za robienie opatrunków. Dali nam herbatę i coś do jedzenia.

Doktor zaproponował mi pokoik do spania, była tam mała umywalka, łóżko i... dwie zmarłe staruszki przykryte prześcieradłem. Nie przeszkadzało mi to jednak, taka byłam zmordowana. Spałam do jedenastej, aż doktor ze swoim pomocnikiem zajrzeli do mnie, żeby sprawdzić, czy jeszcze żyję.

Ciekawe przejścia miałam jeszcze z chłopcem z wileńskiej partyzantki. Miałam dawać mu lekkostrawne jedzenie: białe pieczywo, jakieś kasze. W przeciwnym razie mógłby dostać skrętu kiszek. Chodziłam więc po okolicznych willach, prosząc o sucharki albo o to, żeby ugotowali dla rannego żołnierza coś lekkiego.

Młody żołnierz oczywiście patrzył na mnie za to z nienawiścią, jakbym dawała mu najgorszą truciznę. Po prostu nie znosił tych papek. Zwróciłam przy okazji uwagę na dziwną rzecz. Otóż on właściwie nie wstawał z łóżka. Zaczęło mnie to zastanawiać. Może ukrywał coś pod poduszką? Pistolet, a może granat. Wreszcie udało mi się wejść do sali, gdy go nie było. Prędko zajrzałam pod poduszkę, a tam... grube pęto kiełbasy i kawał czarnego chleba.

– Chłopie! Dostaniesz przecież skrętu kiszek! – krzyknęłam, gdy wrócił.

– Siostra, jeśli ja bym jadł, co ty mi dawałaś, to ja bym dopiero skrętu kiszek dostał – odparł z charakterystycznym wileńskim akcentem.

O dziwo, to on miał rację. Szybko się bowiem na tej kiełbasie wykurował.

## Powrót na gruzy

Mama po upadku Powstania nie miała żadnego kontaktu z moją siostrą. Wanda po kapitulacji została wywieziona do obozu w Oberlangen. Nawet przyszła pożegnać się ze mną do szpitala, ale ja akurat spałam – odsypiałam te sześćdziesiąt trzy nieprzespane noce – i nie mogła mnie żadnym sposobem dobudzić. Irena i mama z Piotrkiem musieli tymczasem opuścić dom, bo przecież Niemcy wszystkich wyrzucali ze stolicy.

Obandażowała Piotrkowi głowę, zostawiając tylko jedno oko, i posmarowała bandaże pomadką – że to niby krew. Nie chciała iść do rodziny, żeby jej nie narażać. Znalazła schronienie

---

*Gutowscy ukrywali w czasie wojny dwójkę Żydów: małego chłopca Piotra oraz Irenę Palenker. Obojgu udało się przeżyć wojnę. Za bohaterstwo Janina została odznaczona medalem Sprawiedliwej wśród Narodów Świata. Na zdjęciu: Piotr z pieskiem*

w jakiejś wiosce koło Krakowa i zarabiała, sprzedając suszone grzyby. Ja w grudniu wylądowałam w Zakopanem, gdzie za miskę zupy pracowałam w Czerwonym Krzyżu. Z mamą spotkałyśmy się dopiero po wojnie, gdy obie wróciłyśmy na gruzy naszego miasta.

Po Piotrusia, a raczej Henryka – dopiero po wojnie, podczas wizyty w Gminie Żydowskiej, wyjawił nam swoje prawdziwe imię – przyjechali krewni, którzy w trakcie wojny uciekli do Związku Sowieckiego. Teraz wrócili po niego i razem z nim wyemigrowali do Palestyny. Strasznie to przeżyłyśmy, Piotrek też. Traktowałam go jak brata. A mama jak syna. On wcale nie chciał się z nami rozstawać. Lepiej mu było z nami niż z tamtą rodziną, ale cóż mogłyśmy zrobić?

Moja siostra Wanda po wyzwoleniu z obozu wyjechała do Wielkiej Brytanii. Wyszła tam za mąż za Polaka, który walczył w Marynarce Wojennej, a po wojnie skończył architekturę na

Oksfordzie. W 1946 roku przyszła do mnie koleżanka siostry z pytaniem, czy nie chciałabym pojechać do niej na Zachód. Pojechałam i przy okazji przeprowadziłam ponad dwudziestu ludzi przez zieloną granicę.

Zamieszkałam z siostrą i jej mężem. Przy okazji poznałam mojego przyszłego męża, Leszka. Pobraliśmy się rok później. Chociaż mogliśmy zostać w Anglii – mąż kończył akurat studia na uniwersytecie w Exeter – zdecydowaliśmy, że wrócimy. Nasze mamy zostały bowiem same w kraju. Potrzebowały nas. Po powrocie UB dało nam zdrowo w kość. Mąż był z rodziny ziemiańskiej, na dodatek służył u Maczka.

Ja z kolei po wojnie nie mogłam dostać pracy – za karę, że byłam sanitariuszką Armii Krajowej w czasie Powstania. Jakoś te najgorsze lata jednak przetrwaliśmy. Pracę w końcu znalazłam i mam ją do dziś... Od pięćdziesięciu ośmiu lat pracuję w szkole, w której jako dziecko sama się uczyłam. Zmieniła się tylko nazwa. Po wojnie szkoła została przemianowana z imienia Aleksandry Piłsudskiej na szkołę imienia Stefanii Sempołowskiej. Pracuję jako sekretarka Rady Rodziców, prowadzę zajęcia z młodzieżą. Bardzo lubię moją pracę. W szkole jestem codziennie.

Urodziłam dwie córki. Starsza, Ewa, mieszka w Nowej Zelandii. Młodsza, Maja, w Polsce. Pierwsza ma sieć pensjonatów, druga pracuje w jednej z warszawskich firm. Same mają dzieci. Mój mąż umarł trzydzieści siedem lat temu. Od tej pory żyję samotnie.

Po Powstaniu, wiosną, chodziłam na ekshumacje. Całe miasto było pełne powstańczych, wykopanych pospiesznie grobów. Teraz trzeba było to uporządkować. Miałam grupę dziesięciu pomocników z łopatami. Wydobywali z ziemi szczątki ludzkie, które ja musiałam opisywać. Musieliśmy się bardzo spieszyć, żeby skończyć prace, zanim zrobi się gorąco. Wówczas bowiem ciała zaczęłyby się szybko rozkładać i dalsza praca byłaby niemożliwa.

Przy niektórych poległych powstańcach i zamordowanych cywilach znajdowałam butelki, zdjęcia, zapiski, łańcuszki, różne charakterystyczne przedmioty. To ułatwiało identyfikację. Pewnego razu odkryliśmy, że w szambie pływa kilka ludzkich zwłok. Okazało się, że Niemcy wrzucili tam tych ludzi żywcem. Potopili ich w tym szambie. Ciała były zakonserwowane, jakby zginęli przed chwilą. Nie udało się jednak zidentyfikować żadnego z nich. Nie mieli bowiem przy sobie niczego.

Gdy brałam udział w ekshumacjach, zrozumiałam, jak niewiele zabrakło, żebym znalazła się pośród tych zabitych. Podczas samego Powstania zbyt dużo się działo, nie miałam czasu myśleć o śmierci, o niebezpieczeństwie. Dotarło to do mnie dopiero później, podobnie jak to, że podczas tej wojny nic nie zostało mojej rodzinie oszczędzone. Ojciec został zamordowany przez Sowietów, my przeszłyśmy przez piekło Powstania.

Czy było warto? Mimo tego wszystkiego, co się stało, odpowiadam bez wahania – tak. Było warto. Dlaczego? Aby to zrozumieć, wystarczy rozejrzeć się wokół siebie.

*Janina Rożecka z domu Gutowska*
*(rocznik 1922)*

# IRENA

## KIEDY MĄŻ IDZIE NA WOJNĘ

– Pamiętaj, żebyś o piątej była w domu.

To ostatnie słowa, które powiedział do mnie mąż, gdy wychodził do Powstania. Powiedział to już na schodach, gdy nagle go coś tknęło, przystanął i spojrzał na mnie raz jeszcze. Pamiętam dokładnie, w co był wtedy ubrany. Na długie buty i bryczesy dla niepoznaki naciągnął jasny, letni garnitur. Skórzany wojskowy płaszcz zrolował i schował do plecaka. Nie miał przy sobie broni, tylko lornetkę, którą w 1939 roku przywiozłam z Wołynia.

Gdy Janek wreszcie się odwrócił i zaczął schodzić w dół, zrobiłam za nim znak krzyża. Mąż poszedł do Powstania nie tylko bez broni, ale i bez żadnej nadziei. Był oficerem, wiedział, jak szczupłe są siły Armii Krajowej i jak potężni są Niemcy. Wiarę w to, że bolszewicy przyjdą Powstaniu z pomocą, uważał zaś za mrzonkę. Mówił o tym bez ogródek. Gdy odchodził, nie wiedziałam nie tylko tego, kiedy się znowu zobaczymy, ale czy zobaczymy się jeszcze w ogóle.

Po zamknięciu drzwi stałam w korytarzu i długo patrzyłam przed siebie. Z zamyślenia wyrwał mnie dopiero płacz dziecka. Mój synek, Jacuś, miał zaledwie trzy miesiące. Spojrzałam na zegarek – była trzecia. Trzeba było działać. Pobiegłam czym prędzej do drogerii po zapasowe smoczki i zasypkę. Mieszkaliśmy wtedy na Barskiej 5. Ponieważ mieszkanie było bardzo obszerne, część pokojów została wynajęta. Mieszkała z nami między innymi pani Ossendowska, była żona słynnego pisarza Ferdynanda Ossendowskiego.

Moja mama, która była sanitariuszką Armii Krajowej, wyszła na koncentrację jeszcze przed Jankiem. Zostałam więc w domu z niemowlęciem na ręku i moją osiemdziesięcioletnią babcią, Wiktorią Wilżyną – nazywaną przez nas Tunią – która zaledwie przed kilkoma dniami przyjechała w odwiedziny z Nowego Targu. Chciała zobaczyć prawnuka. Niestety, termin tej rodzinnej wizyty wybrała fatalnie.

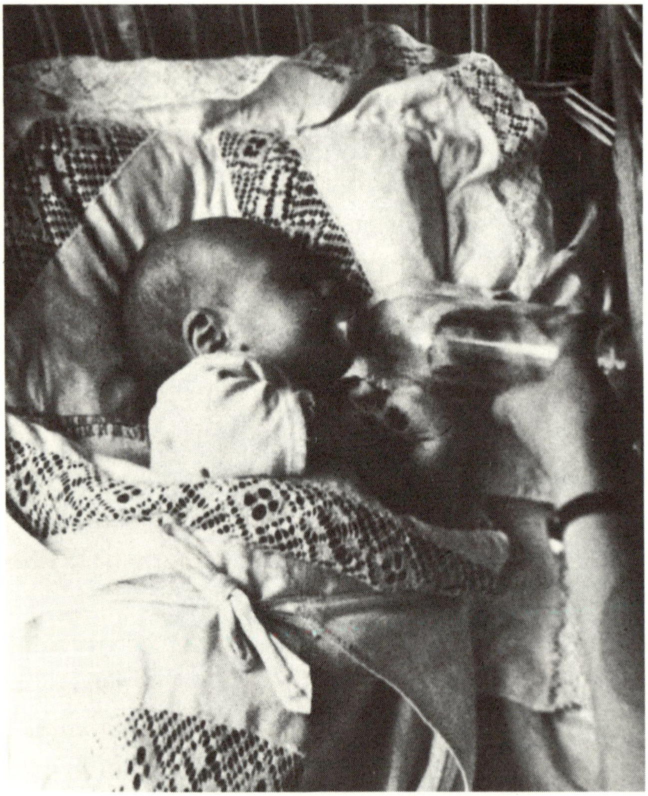

*Mały Jacuś stał się powodem, dla którego Irena robiła wszystko, byle przetrwać Powstanie. Była gotowa na każde poświęcenie dla swojego dziecka. Na zdjęciu: mały Jacek w maju 1944 roku*

Pierwsze strzały usłyszałyśmy punktualnie o piątej. Boże, to już. Zaczęło się. Podbiegłam szybko do okna, żeby je zamknąć. A potem do kołyski. Jacuś na szczęście smacznie spał. Kanonada mu zupełnie nie przeszkadzała. Po chwili rozległ się przeraźliwy łomot na klatce schodowej. To przechodnie, których Powstanie zaskoczyło na ulicy, biegali po schodach i pukali do kolejnych drzwi. Po chwili rozpierzchli się po mieszkaniach. Ja nie wpuściłam nikogo. Bałam się.

Okna naszego mieszkania wychodziły na plac Narutowicza, *vis-à-vis* Domu Akademickiego, który był obsadzony przez silny oddział niemiecki i z którego wkrótce na naszą kamienicę posypały się kule. Niebawem pociski zaczęły wpadać przez okna. Nie było innego wyjścia – musieliśmy zbiec do piwnicy. Tam spędziliśmy pierwszą powstańczą noc. Była to noc niepewności. Co się z nami stanie? Jak to wszystko się skończy? Co z Jankiem? My spałyśmy na rozłożonych materacach, a niemowlę w wózku.

Tak mijały kolejne dni i kolejne noce. Sytuacja była coraz trudniejsza. Siedziałyśmy w ciemnej piwnicy, cały czas słyszałyśmy odgłosy bitwy. Eksplozje pocisków, serie z broni maszynowej, jakieś krzyki. Na dole panowała zaś potworna ciasnota. Gorąco, smród. Z jedzeniem i wodą było kiepsko. Jacuś coraz bardziej się denerwował, dużo płakał. Musiałam cały czas przy nim czuwać, tulić go, karmić. Właściwie trudno mi było zmrużyć oko. Wkrótce z powodu stresu i braku snu straciłam pokarm.

Aby Jacuś mógł zażyć trochę świeżego powietrza i słońca, jedna z kobiet brała go na ręce i stawała na schodkach tuż przy wejściu do piwnicy. Ja tego robić nie byłam w stanie, nie miałam sił. Pamiętam, że raz trochę się pokrzepiliśmy. Nasz dozorca, pan Józef, któregoś dnia złapał bowiem na podwórku kurę. Nie mam pojęcia, skąd ta kura wzięła się w środku Warszawy, w trakcie Powstania. Grunt, że dozorca ugotował na niej rosół i podzielił się nim z nami. To dodało nam nieco sił.

## Bez kapelusza nigdzie nie idę

11 sierpnia z posesji naprzeciwko zaczął dobiegać język rosyjski. Zapanowała ogromna radość. Wszyscy myśleli, że to bolszewicy. Że jednak się ruszyli zza Wisły i przyszli nam na pomoc. Że to koniec Powstania. Niestety, radość zamieniła się w przerażenie. Okazało się, że te wrzaski pochodzą od Rosjan na żołdzie niemieckim. Sporo już słyszałam o tym, co członkowie tych formacji wyprawiali z ludnością cywilną, szczególnie z kobietami. Były to opowieści mrożące krew w żyłach.

Właśnie wtedy zaczęłyśmy się z babcią szykować na śmierć. Spodziewałyśmy się, że lada chwila wygonią nas z piwnicy na rozstrzelanie. I w tym momencie nastąpiła scena, w którą trudno dzisiaj uwierzyć. Otóż babcia zażądała, abym poszła na górę i przyniosła jej z mieszkania kapelusz. Była damą i nie do pomyślenia było dla niej, żeby wyjść na ulicę bez nakrycia głowy. Nawet jeżeli miałaby wyjść prosto przed pluton egzekucyjny. W ostatniej chwili życia też trzeba przyzwoicie wyglądać. Na nic zdały się prośby i tłumaczenia – musiałam iść po ten kapelusz.

W naszej piwnicy był lekarz pediatra. Gdy straciłam pokarm, poradził mi, co robić. Otóż rozbełtywałam trochę mąki i cukru z naszych skromnych zapasów z wodą i podawałam niemowlęciu łyżeczką. Właśnie w chwili, gdy karmiłam Jacusia tą papką, nagle zgasła lampa karbidowa. Zapanowała absolutna ciemność. Po kilku sekundach piwnicę wypełniły wrzaski:

– *Raus, raus!*

I głośne szczekanie psów.

Wyszłam na górę, tak jak stałam. Jacka zawinęłam w kocyk, chwyciłam tylko garnuszek i torebki z mąką i cukrem. Niemcy byli uzbrojeni po zęby i agresywni. Rozstawili nas rzędem na podwórku.

Brama była zawalona gruzem, co bardzo utrudniało wyjście. Przez bramę cisnął się więc gesty tłum przerażonych ludzi. Bałam się, że stratują mnie na śmierć. Poczekałam więc i jakoś udało się wyjść na samym końcu. O wzięciu wózka nie było jednak mowy.

W ciągu następnej godziny przeszliśmy dwanaście rewizji. Dla Niemców i ich wschodnich sojuszników Powstanie było okazją do dzikiej grabieży. Kradli dosłownie wszystko. Przeszukiwali

*Babcia Ireny, Wiktoria Wilżyna, nazywana Tunią, przyjechała zobaczyć prawnuka zaledwie kilka dni przed wybuchem Powstania. Była prawdziwą damą także w najbardziej tragicznych momentach – nawet przed pluton egzekucyjny nie wyszłaby bez nakrycia głowy*

mężczyzn, kobiety i dzieci. Ponieważ bardzo pilnowałam godzin karmienia Jacusia, nie zdjęłam z ręki zegarka. Oczywiście mi go zabrali. Jedyną osobą na Zieleniaku – gdzie nas przepędzili – która znała aktualną godzinę, była babcia Tunia. Zegarek schowała bowiem w bucie.

Zieleniak przed wojną był jednym z największych warszawskich targów warzywnych, dzisiaj znajduje się tam Hala Banacha. Podczas Powstania Niemcy urządzili na jego terenie obóz koncentracyjny dla mieszkańców Ochoty. Gdy dotarliśmy w to miejsce, oczom naszym ukazał się wstrząsający widok. Targ otoczony był ceglanym murem silnie strzeżonym przez Niemców, a w środku tysiące ludzi koczowało na wybrukowanym placu. Tłum był gigantyczny. Ludzie układali się na rzeczach, które zdążyli zabrać z płonących domów. Nie było wody ani urządzeń sanitarnych. Jęki rannych mieszały się z wrzaskami Niemców. Jak się dowiedziałyśmy, w ostatnich dniach na Zieleniaku działy się dantejskie sceny. Ludność była bita i grabiona przez rosyjskich esesmanów z brygady RONA Bronisława Kamińskiego.

Pijani Rosjanie wyciągali z tłumu młode kobiety. Padały one ofiarą brutalnych zbiorowych gwałtów. Ciała zamordowanych były zaś palone na terenie pobliskiej szkoły. Dopiero wtedy opowiedziano nam ze szczegółami o masowych zbrodniach popełnianych podczas rzezi Ochoty. Między innymi o rozstrzeliwaniu ludzi zaraz po wypędzeniu z domów czy o wrzucaniu granatów do okienek piwnic, w których siedziały tłumy cywilów.

My miałyśmy sporo „szczęścia", bo trafiłyśmy na Zieleniak po tym, jak Niemcy zaprowadzili na nim trochę porządku. To, co wyprawiali Kałmucy, było zbyt szokujące nawet dla nich. Ci ludzie zupełnie wymknęli się Niemcom spod kontroli. Poprzedniego dnia przed naszym przybyciem Niemcy wzięli więc to towarzystwo za twarz. Rozstrzelali część żołnierzy RONA i na pewien czas zrobiło się spokojniej.

Na Zieleniaku spędziłyśmy całe szczęście tylko jedną noc. Mimo wszystko było to przeżycie, które trudno zapomnieć. Zanosiło się na deszcz, a siedziałyśmy na gołej ziemi pod gołym niebem. Jacuś zgubił smoczek, płakał, był zmęczony i głodny. Tego wieczora zrobiło się bardzo chłodno, zaczęło mżyć. Całe szczęście znalazłam rozwiązanie. Za garść cukru i mąki jacyś ludzie przyjęli nas do „szałasu" ustawionego z dwóch par drzwi jak domek z kart.

Nad ranem ktoś zabił kozę i ugotował z niej rosół. Dostałam trochę do mojego rondelka. Było to po prostu ohydne, ale przynajmniej się rozgrzałyśmy. Niemcy nie wydali nam niczego. Nawet kubka wody. To, czy przeżyjemy, czy nie, w ogóle ich nie obchodziło.

Rano esesmani ustawili nas w ósemki i wyprowadzili w kierunku Dworca Zachodniego. Szliśmy Opaczewską. Widziałam stamtąd nasz dom na Barskiej. Pomyślałam o pięknych antykach, obrazach, książkach, dorobku całego życia. Wszystko było stracone. Niemcy bowiem sukcesywnie opróżniali domy z każdej rzeczy.

To jednak teraz nie było najważniejsze. Najważniejszy był Jacuś, którego niosłam na rękach. Obiecałam sobie, że zrobię wszystko, żeby uratować to dziecko. Że po prostu musi przeżyć. To dodawało mi siły. Czułam, że mam zadanie, na którym muszę się skoncentrować. Może dlatego nie straciłam w tym wszystkim głowy.

W drodze na dworzec spotkałyśmy słynnego pediatrę doktora Nejmana, który prowadził Jacusia od urodzenia. Lekarz był chory na serce. Jego żona niosła więc za nim w ręku małe rozkładane krzesełko. W momencie, gdy pochód się zatrzymywał, on na tym krzesełku przysiadywał i kilka minut odpoczywał. Serce się po prostu krajało. Ja dawałam mu wówczas na kolana Jacusia. Byłam bowiem bardzo wyczerpana, ręce mi omdlewały.

Wreszcie wpakowali nas do pociągu. Ścisk był niesamowity. Na początku jechaliśmy bardzo wolno. W podwarszawskich wioskach wzdłuż torów stali chłopi i wrzucali nam do wagonów warzywa i chleb. Trudno opisać to wzruszenie. Pani Nejmanowa skorzystała z okazji i wyskoczyła z pociągu. W ten sposób uratowała męża i teściów. Na drugi dzień pojawiła się bowiem w obozie pruszkowskim w białym kitlu jako lekarz Rady Głównej Opiekuńczej. I wyprowadziła rodzinę zza drutów.

W obozie w Pruszkowie – Dulagu 121 – siedziało już wówczas kilkadziesiąt tysięcy wypędzonych warszawiaków. Niemcy zagonili wszystkich do wielkiej hali fabrycznej należącej do kolejowych warsztatów naprawczych. To właśnie wtedy bardzo mi pomogła znajomość niemieckiego. Francuski, który znałam najlepiej, nie przydał mi się zaś w czasie wojny w ogóle.

A było to tak: jak zwykle starałam się trzymać na końcu i wejść do hali jako ostatnia. Przy bramie poprosiłam jakiegoś starszego żołnierza o względnie przyzwoitej twarzy, żeby zaprowadził mnie do lekarza. Powiedziałam mu, że mam chore dziecko. A Jacuś, o dziwo, wyglądał nieźle. Pięknie się opalił w drodze z Zieleniaka na Dworzec Zachodni. Nie sądziłam więc, że Niemiec potraktuje moją prośbę poważnie. A jednak.

Zaprowadził mnie na koniec gigantycznej kolejki do lekarza. Stałam tam dobrych kilka godzin. Już prawie nadeszła moja kolej, kiedy okazało się, że komisja z powodu późnej godziny kończy urzędowanie. Ogarnęła mnie rezygnacja. Musieliśmy spędzić noc na brudnym betonie pokrytym jakimiś smarami i olejami w asyście towarzystwa ze Starego Miasta. I powiem oględnie, że nie było to towarzystwo najlepsze. Gdy spałam, ktoś mnie okradł. Zabrano mi z kieszeni żakietu portfel z pieniędzmi i fotografiami. W ten sposób to, co przegapili Niemcy, wyśledzili i odebrali mi rodacy.

Rano wszystko zaczęło się od nowa. Najpierw badali nas polscy lekarze, którzy wystawiali zaświadczenia z rozpoznaniem choroby, a dopiero potem należało się udać z kwitkiem do komisji niemieckiej. Całe szczęście lekarka, która mnie badała, pani Grzegorczykowa, była moją sąsiadką z Ochoty. Napisała mi więc po łacinie, że mam poronienie w toku. Niemiec, na szczęście, przyjął to bez mrugnięcia okiem. Podpisał gdzie trzeba.

15 sierpnia – święto Wniebowzięcia Najświętszej Maryi Panny. Tego dnia wyszłam z obozu, byłam wolna. Dla mnie Powstanie było skończone. Z Pruszkowa kolejką EKD (dziś WKD) pojechałyśmy do Komorowa, do moich ciotek. Ta jazda była dla mnie szokiem. Po dwóch tygodniach spędzonych w piwnicach i niemieckich obozach wyglądałam fatalnie. Becik Jacusia był wręcz czarny od brudu. Jego pieluszka była w niewiele lepszym stanie. Obok mnie na pociągowych ławkach siedzieli zaś normalni ludzie. Przyzwoicie ubrani, dobrze odżywieni.

Jak gdyby nic się nie stało. Jak gdyby zaledwie kilka kilometrów dalej nie rozgrywała się wielka tragedia, podczas której w gruzy obracała się stolica Polski i codziennie ginęły tysiące ludzi. Pamiętam, że ktoś zapłacił za nasze bilety, bo nie miałyśmy przecież żadnych pieniędzy. Na stacji w Komorowie wpadłam w objęcia ciotek. Okazało się, że wychodziły na każdy pociąg. Obie miały synów w Powstaniu…

## Zgwałcona i postrzelona

Gdy dotarłam do domu ciotek, czekała tam na mnie niespodzianka. Od kilku dni była już z nimi moja mama, Irena. Wraz z ludnością cywilną była prowadzona na Zieleniak. Przechodząc przez plac Narutowicza, u wylotu ulicy Słupeckiej, zobaczyła dziewczynę, która leżała bez ruchu w bramie jakiejś na wpół zburzonej kamienicy.

Mama niepostrzeżenie odłączyła się od kolumny i podeszła do niej. Dziewczyna miała śliczne długie blond warkocze, które były całe unurzane we krwi. Okazało się jednak, że żyje. Gdy mama udzieliła jej pierwszej pomocy, ranna opowiedziała jej swoje przeżycia. Została w bestialski sposób zgwałcona, a następnie postrzelona w szyję przez Kałmuka. Cudem udało jej się wyczołgać z płonącej piwnicy. Przy okazji powiedziała, że ma wujostwo w Komorowie.

Mama, niewiele myśląc, zrobiła coś szalonego. Zatrzymała przejeżdżający akurat niemiecki samochód. Powiedziała, że dziewczyna została zgwałcona, i kazała się natychmiast wieźć do Komorowa. Niemcy widocznie zgłupieli i zaskoczeni tupetem i zdecydowaniem mamy… grzecznie spełnili jej prośbę. Wysiedli z samochodu, pomogli zapakować ranną do środka i zawieźli obie Polki pod Warszawę. Ze względu na delikatność sprawy nie podam nazwiska tej nieszczęśnicy.

Całkiem niedawno odszukała mnie krewna tej dziewczyny. Okazało się, że po tym, co przeszła, nie potrafiła już się pozbierać i wrócić do normalnego, cywilnego życia. Została złamana. Wstąpiła więc do klasztoru sióstr Niepokalanek w Szymanowie. Żyje w nim do dzisiaj.

Wróćmy jednak do Komorowa. U ciotek nie było dla nas miejsca, cały dom był zapakowany po brzegi uchodźcami z Warszawy. Tak się jednak szczęśliwie złożyło, że miały klucze do znajdującego się w pobliżu letniego domku pana Scholla, właściciela znanych przed wojną sklepów z futrami. I tam zamieszkaliśmy. Trzy rodziny zajęły trzy pokoje. Żywiliśmy się wyłącznie zupkami rozdawanymi przez RGO i rosnącymi w pobliżu pomidorami.

Robiło się coraz zimniej. Brakowało witamin dla dziecka i cieplejszych ubrań dla nas wszystkich. Po prostu nie było skąd tego wziąć. Wreszcie babcia Tunia, która była osobą bardzo obrotną, zdobyła dla nas przepustkę do Krakowa. Pojechałyśmy we dwie z Jackiem, bo mama została jako sanitariuszka w szpitalu w Milanówku. W Krakowie zupełnie inny świat. Miasto piękne, nienaruszone przez wojnę. Otwarte kawiarnie, ludzie spacerują po Plantach.

Zatrzymaliśmy się u stryja, który przyjął nas bardzo serdecznie. Pięknie nakryty stół, antyki, spokój, porządek. Cóż za kontrast w porównaniu z Warszawą będącą – gdy ją opuszczałam – płonącym gruzowiskiem, na którym toczyła się krwawa bitwa. W Krakowie dostałam wózek, wreszcie mogłam wykąpać Jacusia w wanience. Pod opiekę wzięła go niania małej Alicji, późniejszej żony Ryszarda Mehoffera, wnuka słynnego malarza Józefa.

Najważniejsze było jednak to, że dowiedziałam się czegoś o Janku. Przybyła do Krakowa znajoma, pani Arkuszewska, powiedziała mi, że przez jej majątek ziemski na Mazowszu przechodził oddział partyzancki. W oddziale tym był Janek! Cóż to była dla mnie za ulga, cóż za radość. Przez cały czas o nim myślałam. Wyobrażałam sobie, co się z nim dzieje? Co robi? Gdzie jest? Czy dalej walczy? Czy dostał się do niewoli? A może stało się to najgorsze? Czy to możliwe, że już nigdy się nie zobaczymy?

Trudno dzisiaj opisać te uczucia. Ten wszechogarniający strach o najbliższą osobę. O mężczyznę, którego malutkie dziecko niosłam na rękach. Teraz wreszcie dowiedziałam się, że wyszedł cało z piekła na ziemi, jakim było Powstanie. Skoro ta sztuka mu się udała – uznałam – teraz nic już mu się nie może przydarzyć. Na pewno niedługo się zobaczymy. Odnajdzie mnie i znów będziemy razem.

Szczęśliwi wyruszyliśmy pociągiem do Nowego Targu, gdzie mieszkała babcia Tunia. Gdy przyjechaliśmy – od razu nieszczęście. Okazało się, że pod nieobecność babci Niemcy zarekwirowali jej piękne mieszkanie przy rynku. Babcia załatwiła nam pokój w „Domeczku" hrabiny Komarowej na Kowańcu. Po pewnym czasie udało się nawiązać kontakt z Jankiem, który razem ze swoim oddziałem walczył w lasach Generalnego Gubernatorstwa.

Wreszcie nadszedł 11 listopada, Święto Niepodległości. O ósmej rano rozległo się pukanie do drzwi. Otwieram, a tam… Janek! Zamiast się cieszyć czy rzucić mu się na szyję, powiedziałam zdumiona:

– Boże, jak ty wyglądasz?

Mundur musiał zostawić w lesie i przebrał się w jakieś nędzne cywilne ciuchy. Jakąś ubożuchną, przyciasną jesionkę i sznurowane, za duże buty, które aż podwijały mu się do góry.

Janek opowiedział o swoich przygodach w Powstaniu. Otóż miejsce koncentracji – służył w „Granacie" – miał wyznaczone w domu na rogu Łowickiej i Fałata, znajdującym się blisko gmachu SGGW. Gmach ten był zaś obsadzony przez silny oddział

*Z Jankiem Irena poznała się jeszcze przed wojną. Oboje wywodzili się z podobnego środowiska, oboje stracili ojców. Wkrótce się zaręczyli. Na zdjęciu: Janek w podchorążówce we Włodzimierzu Wołyńskim, 1935 rok*

esesmanów. Wiadomo było, że lada chwila Niemcy wtargną do budynku po drugiej stronie ulicy.

Tymczasem mój mąż miał pod sobą dwudziestu ludzi, a za cały ich arsenał służył stary, zardzewiały pistolet bez amunicji i jedna sidolka, czyli granat domowej produkcji. Dowództwo nie dostarczyło im żadnej broni, mało tego, nie dostarczyło im też żadnych rozkazów. Pozostawiono ich samym sobie. Wreszcie Janek zdecydował. Z ciężkim sercem wyprowadził swój oddział z Warszawy do pobliskich lasów, ratując w ten sposób żołnierzy przed pewną śmiercią.

Gdy w Nowym Targu słuchałam tych opowieści, ściskało mi się serce. Widziałam, jak wielkim dramatem i rozczarowaniem było dla mojego męża to, co się stało. Do końca życia pozostał przeciwnikiem decyzji o wywołaniu Powstania Warszawskiego.

Niestety urlop szybko mu się skończył i zaraz po skromnym Bożym Narodzeniu Janek wrócił do oddziału. Z zaopatrzeniem było fatalnie. Jako uchodźcy dostawaliśmy z RGO maggi w postaci gęstej marmolady, do tego udawało się dokupić trochę kartofli. Mama – która w międzyczasie do nas dołączyła – musiała więc gotować na okrągło złożone z tych dwóch produktów kopytka z sosem. Nazywaliśmy je kopytka *á la* bolszewik. Mniej więcej w tym czasie przyszli bowiem bolszewicy.

W styczniu Armia Czerwona, która wcześniej zatrzymała się na linii Wisły, by dać Hitlerowi wyrżnąć Warszawę, ruszyła z kopyta na Berlin. Ofensywa sowiecka szła szalenie szybko, wkrótce front znalazł się pod Nowym Targiem. Niemcy postawili działa tuż przed naszym domem. 27 stycznia, przy dwudziestu stopniach mrozu, w wielkich zaspach śnieżnych, pod naszymi oknami rozegrała się regularna bitwa.

Niemcy próbowali wysadzić most na Dunajcu, a bolszewicy próbowali im to uniemożliwić. Nie wiem, jak oni mogli się połapać w tej bitwie, bo jedni i drudzy byli w białych kombinezonach maskujących. Czym prędzej zeszłyśmy do piwnicy, bo kule aż gwizdały w pokoju. Czułam się znowu jak w Powstaniu. Zapamiętałam przede wszystkim potworne zimno, bo zostawiłyśmy wszystkie okna pootwierane. Bałyśmy się, że gdy most wyleci w powietrze, razem z nim wylecą szyby.

Nasze pierwsze spotkanie z Sowietami było fatalne i utwierdziło mnie w przekonaniu, że słusznie w 1939 roku uciekliśmy przed nimi z Wołynia. To była po prostu dzicz. Nowy Targ zdobyły oddziały złożone z sowieckich kryminalistów wypuszczonych z więzień i łagrów. To były chyba jakieś kompanie karne. Jej dowódcy patrzyli przez palce na to, co wyrabiają ich żołnierze. Na miasto padł blady strach przed tymi „wyzwolicielami".

Do naszego domku zwaliła się kupa wojska. Parkiety naszej gospodyni, nad którymi tak się trzęsła, pokryły się grubą warstwą mokrego błota. Zachowywało się to towarzystwo strasznie. Cała sprawa miała jednak i swoją komiczną stronę. Pokój obok naszego został zarekwirowany. Zamieszkał w nim sowiecki pułkownik z żoną, która sama była majorem. Pamiętam, że raz ugotowała kurę... nieoskubaną. W jej zabiedzonym kraju kury były bowiem nie do dostania i ona nie wiedziała, jak się z takim rarytasem obchodzić. Smród z tej „zupy" był niemożliwy.

Sowietka ta zapytała też raz moją mamę, gdzie w Nowym Targu jest „instytut odwszawiania". Gdy usłyszała, że czegoś takiego w Nowym Targu nie ma, wzruszyła ramionami i prychnęła z pogardą:

---

*Nowy Targ, w którym mieszkała babcia Tunia, stał się dla Ireny miejscem szczególnym z wielu względów. To właśnie tam po raz pierwszy po upadku Powstania spotkała się z Jankiem – ze ściśniętym sercem słuchała opowieści o dramacie i rozczarowaniu męża.*
*Na zdjęciu: Irena podczas wakacji w Nowym Targu w 1942 roku*

– *Wot, kultura!*

To, że w przedwojennej Polsce ludzie po prostu nie mieli wszy, nie przyszło jej nawet do głowy.

Pamiętam, że zawsze wystawiałam Jacusia w wózeczku na dwór, żeby wygrzał się trochę na słońcu. Gdy obok maszerowały sowieckie kolumny, żołnierze ze zdumieniem zatrzymywali się i biegli zobaczyć, co to takiego. W życiu nie widzieli dziecięcego wózka! Dziś wywołuje to sprzeczne uczucia. Z jednej strony wydawało się to śmieszne, ale z drugiej budziło współczucie. Boże, jak ci ludzie u siebie żyli.

Szybko przekonaliśmy się zresztą na własnej skórze, czym jest komunizm. Po wkroczeniu Armii Czerwonej nastał głód. Sklepy były pozamykane, nic nie można było kupić za pieniądze. Prowadzono jedynie handel wymienny. Brakowało wszystkiego. Uratowały nas drożdże. Babcia Tunia znalazła jakiś wycinek ze starej gazety z przepisem, jak je zrobić w domu. Pakowałyśmy je później do małych paczuszek i zamieniałyśmy na targu na mleko, mąkę czy jajka. Dzięki temu przetrwałyśmy.

Z biedy wyciągnął nas Janek. Pewnego dnia – było to w Wielki Piątek – przysłał po nas ciężarówkę. Miała nas zawieźć do Krakowa, a stamtąd mieliśmy się udać do Murowańca, rodzinnego majątku męża. Tam miało nie być głodu. Spakowałam się piorunem. Mokre pieluchy włożyłam do wanienki, a wanienkę do wózka, i już byłam gotowa. Wiele więcej ze sobą nie miałam. Wkrótce znaleźliśmy się w Krakowie, gdzie wreszcie połączyłam się z Jankiem. Tym razem już na zawsze.

Przyjazd do Murowańca był jednak dużym rozczarowaniem. Nie wspominam go dobrze. Musiałam bowiem patrzeć na powolną rujnację majątku. W nowej komunistycznej rzeczywistości nie było miejsca na ziemian. Padali ofiarą szykan, ziemia i domy były rekwirowane. To był koniec świata polskich dworów. O powrocie na

Wołyń oczywiście nie było co marzyć. Ta część Polski została oderwana i miała wejść w skład Związku Sowieckiego.

Przyjechaliśmy więc do stolicy. Mieszkanie na Barskiej nie istniało, kupiliśmy więc wypalone mury w kamienicy na ulicy Pługa. W mieszkaniu tym żyję do dzisiaj. Kiedy pierwszy raz wróciłam do Warszawy – to było w roku 1946 – byłam wstrząśnięta. Szłam dróżkami wyżłobionymi między odwalonymi zwałami gruzów. Tyle zostało z przedwojennych deptaków, placów i ulic. Tyle zostało z mojego miasta.

Najgorsze wrażenie robiła Starówka. Tam nie było po prostu nic. Cała dzielnica została zmieciona z powierzchni ziemi. To, co widziałam, po prostu nie mieściło się w głowie. Jak jakiś zły sen. Skala zniszczeń była niewyobrażalna. Po Warszawie jeździły fury, bo tramwajów oczywiście nie było. Przez Wisłę przeciągnięty był most pontonowy, bo wszystkie normalne mosty były wysadzone w powietrze. Ludzie po prostu koczowali w gruzach.

Od Dworca Zachodniego szły tłumy szabrowników, którzy plądrowali wszystkie kamienice. To, co się nie spaliło, wpadło w ręce złodziei. Na placu Zawiszy było targowisko. Tam można było kupić rzeczy ocalałe z Powstania. Pewnego dnia zobaczyłam naszego dozorcę z Barskiej, jak sprzedawał moją alabastrową lampę z biurka i dywany. Okazało się, że kiedy Niemcy nas wygonili na Zieleniak, on ukrył się w kotłowni i przeczekał w niej całe Powstanie. A później pookradał mieszkania. Między innymi nasze.

## Małpa i frak

W wyniku wojny i Powstania Warszawskiego straciliśmy wszystko. Rodzina była dobrze sytuowana, a w roku 1945 musieliśmy zaczynać od nowa. To dowód na to, że historia rzeczywiście lubi się powtarzać.

Dokładnie to samo przeżyli moi rodzice w czasie rewolucji. Mój ojciec bezpowrotnie utracił rodzinny majątek Worobiówkę w pobliżu Kamieńca Podolskiego. Po wojnie 1920 roku dwór znalazł się bowiem po bolszewickiej stronie granicy.

Na Podolu czerwoni wyrzynali polską szlachtę i babcia Tunia musiała z Worobiówki uciekać tak, jak stała. Czyli przeszła przez dokładnie to samo, przez co ćwierć wieku później przeszła w trakcie Powstania. Wtedy przed pewną śmiercią uratowała ją Emunia, niemiecka guwernantka mojego taty, jego braci, a później moja. Otóż gdy do majątku wdarli się bolszewicy, posadziła babcię na krześle, dała jej do ręki igłę i rozrzuciła strzępki materiałów. Powiedziała, że są prostymi krawcowymi, a państwo uciekli.

Rodzinny majątek mojej mamy Hat' znajdował się nieco dalej na Zachód, na Wołyniu, w pobliżu Łucka. Nie uratowało go to jednak przed bolszewikami. Został spalony w 1920 roku, podobnie jak i kilka innych znajdujących się w pobliżu majątków należących do moich wujów i dalszej rodziny. W tym przypadku było chociaż tyle szczęścia, że Wołyń został po naszej stronie granicy. W dwudziestoleciu międzywojennym dwory nasze zostały z wielkim trudem odbudowane.

Dlatego że nasze dwory znajdowały się w ruinie, moi rodzice nie mogli wziąć ślubu w żadnym z rodzinnych domów. Ceremonia odbyła się w kościele Świętego Krzyża na Krakowskim Przedmieściu w lipcu 1920 roku. Kilka dni po ślubie mój ojciec, Jan Wilga, poszedł na front jako ochotnik bronić Warszawy przed armią Tuchaczewskiego. Mama żegnała go dokładne tak, jak ja w 1944 roku żegnałam mojego męża idącego do Powstania.

Urodziłam się w maju 1921 roku. Rodzice posłali mnie do szkoły Sióstr Nazaretanek przy Czerniakowskiej. Po tragicznej śmierci mojego taty – utonął w Bałtyku w trzydziestym piątym roku – mieszkałam w internacie, a moja mama wróciła w rodzinne strony na Wołyń. Ja spędzałam tam wszystkie wakacje i wszystkie święta.

Majątkiem Hat' gospodarował wuj Kazimierz Peretiatkowicz. Był on w znakomitych stosunkach ze wsią. Ukraińscy chłopi go wprost uwielbiali, bo po udanych żniwach kupował im rowery. A poza tym był dla nich niezwykle serdeczny i ojcowski. Przejeżdżając konno przez wsie, zawsze do nich zagadywał, pytał się o zdrowie, oni częstowali go jedzeniem. Pamiętał imiona ich wszystkich dzieci. Innymi słowy – sielanka.

Za to jego brat, wuj Michał Peretiatkowicz, z sąsiedniego majątku Skurcze, był jego absolutnym przeciwieństwem. Z ukraińskimi chłopami nie utrzymywał żadnych stosunków towarzyskich. Na linii dwór–wieś panowała wręcz nienawiść. Na noc wuj spuszczał psy. Doszło do tego, że musiał we dworze wstawić matowe szyby w oknach. Utrzymywał też uzbrojoną straż. Paradoksalnie to właśnie ten konflikt ze wsią uratował mu życie. Ale o tym później.

Wakacje na Wołyniu wspominam z wielką nostalgią. Ponieważ obaj wujowie wszystkie gospodarskie prace doglądali sami, my, dzieci, również braliśmy w tym udział. Potrafiliśmy cały dzień być na folwarku przy młócce czy stawianiu stert siana. Na żniwa sprowadzani byli do nas Poleszucy, którzy do Łucka przypływali Styrem. Do miasta jechał nasz rządca i przywoził ich do pracy. Ubrani byli w piękne haftowane lniane koszule, na nogach nosili łapcie z łyka.

Raz przyjechali też Bojkowie. Ci po pracy długo śpiewali i tańczyli. Byłam tym wszystkim po prostu zachwycona. Kresy to był wspaniały, różnorodny, wielonarodowy świat. Żyliśmy wówczas *Trylogią*, a więc książką, która ten świat opiewała. Odgrywaliśmy sceny z dzieła Sienkiewicza. Chłopcy byli Skrzetuskim, Zagłobą, Wołodyjowskim, a ja Anusią Borzobohatą. Stryj Miś atakował nas na rowerze jako Krzywonos.

Gdy mama była dzieckiem, w Hat' była małpa. Przywiózł ją jakiś krewny jako trofeum z wojny rosyjsko-japońskiej 1905 roku.

Dzieci woziły ją w wózku i wspinały się z nią na drzewa. Małpa ta była jednak strasznie psotna. Cały czas dokazywała. Pewnego razu, przed balem, dobrała się do wiszącego na wieszaku fraka wuja Bronisława Peretiatkowicza. Małpa chyba miała do wuja jakieś pretensje, bo rozlała na podłogę wodę i zaczęła ją tym frakiem wycierać. Frak był całkowicie zniszczony, a wuj wściekły. W końcu miarka się przebrała, gdy małpa ze złości pogryzła babcię. Odesłano ją wtedy do zoo, a dzieci były niepocieszone.

Ja ze swojego dzieciństwa na wołyńskich dworach zapamiętałam wielkie polowania, w których brałam udział jako naganka. Właśnie tak się wówczas mówiło. Naganka, a nie żadna nagonka. Robiło to na mnie wielkie wrażenie. Po obiedzie był zwyczaj odpoczywania na werandzie, dziewczynki siedziały przy ręcznych robótkach, a ciocia głośno nam czytała. Co niedziela jeździło się do kościoła w czwórkę koni linijką. Gdyby nie nowoczesny kort tenisowy, wyglądałoby to wszystko jak sceny z *Pana Tadeusza*.

Kąpać się do pobliskiego stawu chodziłyśmy zawsze pod opieką nauczycielki francuskiego. Nie wolno nam było iść razem z chłopcami, co uważałam za krzywdzące. Poskarżyłam się na to mamie i ta przyznała mi rację. Uznała, że pod opieką chłopców będę bezpieczniejsza, bo gdy zacznę się topić, ktoś silny mi pomoże. W czasie upałów wracaliśmy do dworu w kostiumach kąpielowych i chłopi pracujący w polu przychodzili potem do wuja na skargę. Byli oburzeni, że „panicze goło po polu biegają".

Podczas ostatnich wakacji na Wołyniu, było to już pod koniec sierpnia, wybrałam się wczesnym rankiem na przechadzkę po łące. Bociany szykowały się akurat do odlotu. W pewnym momencie

---

*Odpoczynek na werandzie dworku, ręczne robótki oraz opowieści cioci – tak wyglądało szczęśliwe dzieciństwo Irenki. Na zdjęciu: Irena w 1931 roku*

z szumem skrzydeł wzbiły się całą chmarą w powietrze. Było ich tak dużo – nigdy wcześniej ani potem nie widziałam naraz tylu bocianów. Utworzyły chmurę, która na pewien czas przysłoniła słońce. Zatoczyły koło nad Wołyniem, po czym ruszyły na Zachód. Patrząc na ich znikające sylwetki, nie przypuszczałam, że niedługo podążymy ich śladem.

## Pożegnanie z Wołyniem

O tym, że wybuchła wojna, dowiedzieliśmy się rano 1 września przez radio. Od razu część służby nas opuściła. Po tygodniu przyjechali pierwsi uchodźcy. Do stołu w Skurczu siadało po kilkanaście osób. Po pewnym czasie koło naszego kościoła z powodu braku benzyny wylądował samolot wojskowy. Został zamaskowany pod drzewami, a pilotów zaprosiliśmy na obiad. Kiedy zdobyli paliwo, odlecieli, zrobiwszy nad domem rundę pożegnalną. Huk był tak straszny, że uciekinierzy pozrywali się w panice z łóżek, myśląc, że to bombardowanie.

Wszelka nadzieja zgasła 17 września. Do dzisiaj pamiętam, co tego dnia było na obiad. Zupa, a potem baranina z buraczkami i kompot z jabłek. W trakcie posiłku usłyszeliśmy w radiu wiadomość – Armia Czerwona przekroczyła granicę Polski. Za stołem zapadła grobowa cisza. Po chwili wuj Michał odsunął krzesło, wstał i powiedział spokojnym tonem:

– Za godzinę nas tu nie ma.

Nikt nawet nie tknął drugiego dania. Wszyscy zerwali się od stołu, pozostawiając parujące talerze.

Ktoś pobiegł ostrzec księdza, inni zabrali się za pakowanie, ja rzuciłam się do spiżarni zabrać jedzenie na drogę. Wuj otworzył tymczasem wszystkie stajnie, poodwiązywał konie i wypuścił je na zewnątrz. Niech lecą, byle nie dostały się w ręce wroga.

Potem poszedł do młockarni, wykręcił manometr z kotła i wyrzucił go z rozmachem do studni. W ten sposób cała wielka maszyna była nie do użytku. Zabraliśmy to, co najbardziej potrzebne, i opuściliśmy dom. Nawet nie zamykaliśmy drzwi. Nie miałoby to najmniejszego sensu. Sami zaprzęgliśmy wozy, przyszedł ksiądz z walizeczką i wyjechaliśmy tyłem przez ogród. Tak, aby na wsi nikt się nie zorientował.

Decyzja wuja uratowała nam życie. Wspominałam o drugim wuju, Kazimierzu Peretiatkowiczu, który miał znakomite relacje ze wsią. Otóż 17 września 1939 roku przyszli do niego chłopi i zapewnili, że nie dadzą go bolszewikom skrzywdzić. Powiedzą komisarzom, że był „ludzkim panem", i nie stanie mu się nic złego. Wuj został. Rzeczywiście przez dziesięć dni zostawiono go w spokoju, ale potem przyjechało NKWD i go aresztowało. Nikt nie śmiał zaprotestować.

Wuj Kazimierz został zamordowany w ramach operacji katyńskiej. Dopiero od niedawna wiadomo, gdzie został pochowany. Leży w zbiorowej mogile w Bykowni pod Kijowem. Podobny los spotkał wszystkich naszych krewnych, którzy zostali. Bolszewicy skazali polskich ziemian na eksterminację. Jedna z ciotek, Zofia Chońska, została uwięziona we Lwowie. W sumie „zaliczyła" osiem więzień. Wreszcie udało jej się wraz z armią generała Andersa wydostać z nieludzkiej ziemi do Teheranu. Była jednak wycieńczona, w Iranie zmarła na tyfus. Tam też została pochowana.

My tymczasem jechaliśmy przez zrewoltowany Wołyń. Na wieść o wkroczeniu bolszewików uaktywniły się miejscowe elementy komunistyczne. Pamiętam milicję złożoną z młodych Żydów, z czerwonymi opaskami na rękawach. Przeszukiwali nasze wozy, dopytywali się, kim jesteśmy. Wuj podawał się za ogrodnika. Całe szczęście, że nie zajrzeli pod kozioł, bo mieliśmy tam prawdziwy skład dubeltówek i sztucerów. Gdyby to znaleźli, niechybnie by nas rozstrzelali. W końcu wuj wyrzucił całą broń do rzeki.

Podczas jednego z noclegów dopędzili nas bolszewicy. Przez małe okienka chłopskiej chałupy widzieliśmy, jak sowiecka jazda przegalopowała przez wieś. Jak ci ludzie wyglądali! Po prostu bieda z nędzą. Karabiny na sznurkach, płaszcze w strzępach, śmieszne czapy ze szpicem. Splądrowali miejscowy dwór, a następnie wyrżnęli i zeżarli cały drób. Wywlekli na zewnątrz wannę, wlali do niej wszystkie leki z apteczki i do takiej mikstury wrzucili... książki z biblioteki.

Przyszła do nas córka rządcy i opowiedziała, że obicia na meblach pocięli szablami. Całkowity bezsens. Niszczenie dla samego niszczenia.

Wreszcie przeprawiliśmy się promem przez Bug. Żegnała nas kanonada – to członkowie czerwonej milicji strzelali na wiwat. Tak świętowali to, że Polska kona. Za Bugiem rozstaliśmy się z księdzem, który na pamiątkę podarował mi lornetkę. Tę samą, którą pięć lat później Janek wziął do Powstania.

Do Warszawy dotarliśmy po kapitulacji miasta. Znalazłam się więc pod okupacją niemiecką. Mama pracowała w Szpitalu Ujazdowskim. Pierwszą wojenną Wigilię spędziłam w szpitalu, wałkując ciasto i robiąc kluski z makiem dla naszych rannych żołnierzy. Porobiły mi się od tego pęcherze na palcach.

Z Jankiem znaliśmy się jeszcze sprzed wojny. Tak naprawdę to znali się głównie nasi rodzice. Był ode mnie pięć lat starszy. Zaręczyliśmy się jesienią czterdziestego roku. Obaj nasi ojcowie już nie żyli. To dodatkowo zbliżyło nas do siebie. Wywodziliśmy

---

*7 kwietnia 1942 roku Irena wyszła za Józefa Narlocha, takie bowiem nazwisko widniało w fałszywej kenkarcie Janka. To był prawdziwy wojenny ślub*

się z podobnego środowiska, mieliśmy podobne doświadczenia. Janek z powodu swojej działalności konspiracyjnej musiał się ukrywać pod nazwiskiem Józef Narloch.

Ślub wzięliśmy w kwietniu 1942 roku, w kościele Świętego Jakuba na placu Narutowicza. Co ciekawe, oficjalnie ślub ze mną wziął Narloch. Wszystko zostało bowiem przeprowadzone w oparciu o fałszywą kenkartę mojego męża. Nawet w kościele nie mógł się dekonspirować. Był to więc prawdziwy wojenny ślub.

Decyzję o wywołaniu Powstania Warszawskiego, tak jak mój mąż, oceniam krytycznie. Janek od początku mówił, że to nie ma sensu. Poszedł do walki z obowiązku, był żołnierzem.

Gdyby Powstanie nie wybuchło, Warszawa nie zostałaby tak zniszczona i nie zginęłoby tylu ludzi. Straty nasze w tej bitwie były przecież niewyobrażalne – dwieście tysięcy zamordowanych i poległych. Tylu znajomych, tylu bliskich…

Ja w Powstaniu Warszawskim odniosłam jednak moje małe zwycięstwo. Cel, który sobie postawiłam, osiągnęłam. Jacuś przeżył. Udało mi się go uratować. Po wojnie urodziłam jeszcze trójkę dzieci: Piotra, Tomasza i Urszulę. Jacek jest botanikiem, Piotrek hydrogeologiem, a Tomek archeologiem. Urszula od przeszło trzydziestu lat mieszka w Londynie. Urodziło nam się z Jankiem siedmioro wnuków i wnuczek. Jedną z nich jest autorka tej książki, Anna. Doczekałam się też prawnuczki, Zosi. Na drugie imię ma Irena. Tak jak ja.

Janek zmarł w 2009 roku. Po prawie siedemdziesięciu latach wspólnego życia. Dużo razem przeszliśmy. Po wojnie za działalność w Armii Krajowej mojego męża prześladowało UB. Złamano mu karierę. Potem, podczas „Solidarności", represje spadły na moje dzieci, które działały w opozycji. Cały czas o kogoś się martwiłam. Ale nigdy tak bardzo, jak podczas Powstania Warszawskiego martwiłam się o Janka.

Moje dzieci i wnuki regularnie mnie odwiedzają. Siadają przy stole i skarżą mi się na swoje kłopoty. A to coś nie wyszło w pracy, a to nie udało się czegoś załatwić w urzędzie, a to nie wypalił jakiś wyjazd. Patrzę wtedy na nich zdumiona. I mówię:

– Czy twoje miasto jest bombardowane? Czy twojemu mężowi grozi śmierć od nieprzyjacielskiej kuli? Czy twoje dzieci głodują? Jeżeli nie, to nie masz powodu do narzekania. Wszystko inne jest bowiem błahostką.

*Irena Herbich z domu Wilga*
*(rocznik 1921)*

# Indeks osób

# Źródła ilustracji

Archiwum Fotograficzne Rafała Guza: s. 9, 39, 89, 115, 141, 175, 201, 225, 253, 281

Archiwum Fotograficzne Stefana Bałuka za pośrednictwem Narodowego Archiwum Cyfrowego: s. 124, 131, 248

Archiwum „Ilustrowanego Kuryera Codziennego" za pośrednictwem Narodowego Archiwum Cyfrowego: s. 163

Fototeka Muzeum Powstania Warszawskiego: s. 103, 111, 192, 195, 242

Ministerstwo Informacji i Dokumentacji rządu RP na emigracji za pośrednictwem Narodowego Archiwum Cyfrowego: s. 74

Wydawnictwo Prasowe Kraków-Warszawa za pośrednictwem Narodowego Archiwum Cyfrowego: s. 147, 262

Zbiory własne:
Anny Branickiej-Wolskiej: s. 146, 150, 159, 171
Haliny Jędrzejewskiej: s. 13, 16, 20, 24, 26, 32, 36
Haliny Wiśniewskiej: s. 45, 48, 55, 60
Haliny Wołłowicz-Hołowni: s. 68, 82, 86
Ireny Herbich: s. 284, 287, 294, 297, 302, 307
Jadwigi Bałabuszko-Sławińskiej: s. 120, 137
Jadwigi Łukasik: s. 204, 209, 215, 221
Janiny Rożeckiej: s. 256, 260, 268, 277
Krystyny Sierpińskiej: s. 179, 184, 187, 198
Teresy Potulickiej-Łatyńskiej: s. 232, 234, 237
Zofii Radeckiej: s. 93, 98, 105, 112

Anna Herbich
DZIEWCZYNY
Z POWSTANIA
PRAWDZIWE
HISTORIE
znak
Anna Herbich
DZIEWCZYNY
Z POWSTANIA
PRAWDZIWE
HISTORIE
znak